北京财贸职业学院 2020 年度科研立项课题 "'一带一路'沿线国家法律制度与中国相关法律制度对比研究"（编号 CZYC202004）研究成果

"一带一路"背景下商事活动争议及解决机制研究

吴红霞　著

光明日报出版社

图书在版编目（CIP）数据

"一带一路"背景下商事活动争议及解决机制研究 /
吴红霞著 . -- 北京：光明日报出版社，2021.5
　　ISBN 978-7-5194-6137-9

　　Ⅰ . ①一… Ⅱ . ①吴… Ⅲ . ①"一带一路"—商事仲
裁—研究 Ⅳ . ① D997.4

　　中国版本图书馆 CIP 数据核字（2021）第 100527 号

"一带一路"背景下商事活动争议及解决机制研究
"YIDAIYILU" BEIJING XIA SHANGSHI HUODONG ZHENGYI
JI JIEJUE JIZHI YANJIU

著　　者：吴红霞		
责任编辑：鲍鹏飞	封面设计：皓　月	
责任校对：张慧芳	责任印制：曹　净	

出版发行：光明日报出版社

地　　址：北京市西城区永安路 106 号，100050

电　　话：010-63169890（咨询），010-63131930（邮购）

传　　真：010-63131930

网　　址：http://book.gmw.cn

E － mail：baopf23@yeah.net

法律顾问：北京德恒律师事务所龚柳方律师

印　　刷：河北文盛印刷有限公司

装　　订：河北文盛印刷有限公司

本书如有破损、缺页、装订错误，请与本社联系调换，电话：010-63131930

开　　本：170mm×240mm

字　　数：226 千字　　　　　　印　　张：14.75

版　　次：2021 年 5 月第 1 版　　印　　次：2021 年 5 月第 1 次印刷

书　　号：ISBN 978-7-5194-6137-9

定　　价：79.00 元

前言

　　"一带一路"倡议是党中央、国务院统筹国内国际两个大局做出的重大决策。随着"一带一路"倡议以及国际产能和装备制造合作的深入实施，我国企业在"一带一路"沿线国家的投资贸易活动将日益频繁。笔者在从事会展策划与管理专业相关课程的教学和科研工作，以及与会展企业沟通交流过程中发现，目前作为众多专业贸易展会参展商的民营企业对参与"一带一路"国家投资和贸易具有极大兴趣，这些企业对参加中国企业组织的在该国举办的有关展览比较热衷，但是法律服务的缺少阻碍了这些企业付诸行动的步伐。对民营企业来说，具有相关法律服务资格和经验的人才少之又少，对这些领域的法律服务方面的指南和研究也较少有直接可以使用的成果。

　　通过对中国知网相关文献的收集和整理可知，以"一带一路 法律风险"为关键词的成果期刊文献和硕博士文献有 33 篇，以"一带一路 争端解决"为关键词的成果有 45 篇，这些文献重点从理论方面对中国企业投资海外的法律风险、投资环境、劳工制度、贸易制度、争端解决制度等问题进行了论述，但其中涉及的宏观方面，讨论的问题比较宽泛，对现在民营企业真正走出去能起到现实指导作用还有一段距离。如果将"一带一路"沿线国家的相关法律与中国相关法律制度做对比研究，结果会更加直观。

　　在这样的现实需求背景下，对"一带一路"沿线国家的相关法律的研究的急迫性不言而喻，2016 年 9 月 21 日上午，以"一带一路 法律护航"为主题的首届丝绸之路法律服务合作论坛在新疆国际会展中心举行。该论坛经新疆维吾尔自治区人民政府批准，作为部长级高层论坛之一，首次被纳入正在

1

举行的第五届"中国—亚欧博览会"体系，成为法学界、法律界和企业界推进"一带一路"建设的大舞台；2019 年 5 月 19 日上午，"一带一路"法治和法律服务论坛在西安隆重举行，聚焦"一带一路"建设中的法律服务需求及供给，关注"一带一路"背景下法律服务的创新升级，旨在为建设"一带一路"法律服务高地汇智聚力；2019 年 8 月 7 日，包括中国、美国和印度在内的 46 个国家正式签署了《联合国关于调解所产生的国际和解协议公约》《新加坡调解公约》），以便让不同国家的当事人跨境执行调解的和解协议，其中的 43 个签约国均属于"一带一路"沿线国家。在《新加坡调解公约》签署的背景下，如何促进"一带一路"纠纷解决，成为一个新的课题。2019 年 12 月，第二届"一带一路"法律服务圆桌论坛也将在《新加坡调解公约》背景下将如何促进"一带一路"纠纷解决作为讨论主题之一。

2018 年 1 月 23 日，中共中央总书记、国家主席、中央军委主席习近平主持召开中央全面深化改革领导小组会议，审议通过了《关于建立"一带一路"国际商事争端解决机制和机构的意见》，提出最高人民法院设立国际商事法庭，在广东省深圳市设立"第一国际商事法庭"，在陕西省西安市设立"第二国际商事法庭"，受理当事人之间的跨境商事纠纷案件。最高人民法院民事审判第四庭负责协调并指导两个国际商事法庭工作。最高人民法院牵头组建国际商事专家委员会，支持"一带一路"国际商事纠纷通过调解、仲裁等方式解决，推动建立诉讼与调解、仲裁有效衔接的多元化纠纷解决机制，形成便利、快捷、低成本的"一站式"争端解决中心，为"一带一路"建设参与国当事人提供优质高效的法律服务。

正是由于"一带一路"沿线国家的法律制度研究的必要性和紧迫性，本研究拟站在前人的肩膀上，开展对"一带一路"主要沿线国家争议解决的法律制度的研究，以不同法系为脉络，对"一带一路"沿线主要大陆法系国家、主要英美法系国家、主要伊斯兰法系国家以及主要混合法系国家的法律环境和争议解决制度进行探讨研究，从而与中国相关法律制度进行对比，并且以最高人民法院打造的国际商事法庭这一"一体化"争议解决平台和争议解决机制为出发点，对未来"一带一路"沿线国家参与国际商事活动的争议解决方式和机制进行探讨，以期填补该方向比较研究的空白，细化有关研究成果，从而对该课题的研究人员和有实际需求的企业在对外投资和贸易方面起到一定的参考作用。由于笔者水平所限，疏漏在所难免，敬请读者批评指正。

吴红霞

2020 年 9 月

目　录

第一章 "一带一路"倡议

一、"一带一路"倡议的发展历程

（一）"一带一路"倡议的提出

东起长安（今西安）、西达罗马的古丝绸之路曾是维系中国与欧亚各国的重要贸易通道。最早提出"丝绸之路"这一名称的是德国地貌地质学家李希霍芬（Richthofen，1833—1905），在其所著的《中国》中提出了这一概念。历史上，中国将丝绸、瓷器、茶叶、漆器、竹器、铜铁、火药、金银器等货物源源不断传入中亚与欧洲；同时，西方的葡萄、胡桃、石榴、苜蓿、香料、药材、胡椒、宝石、玻璃、骏马、狮子等特产也大量传入中国。除了陆上丝路，还有海上丝路之谓，即从中国东部和南部海港出发途经东南亚、西亚、非洲的海路，历史上著名的郑和下西洋就是海上丝绸之路奏响的中华文明曲。无论是陆上丝路还是海上丝路，其存在的历史意义绝不仅仅是贸易的互通有无，更重要的是在人类科技尚不发达的古代，海陆两条丝绸之路是东西方文化相互传播的世界桥梁。诞生于中国的四大发明——造纸术、印刷术、火药、指南针为欧洲文明发展做出了贡献；印度的佛教、西方的基督教、中亚的伊斯兰教等也在中国落地开花。李白的诗句"葡萄美酒夜光杯"描绘了盛唐时多文化交融的景象、欧洲贵族因对中国瓷器的热爱而将中国称为"China"、非洲出土的文物中中国物品的隆盛等，所有这些历史景象向我们展现出古丝绸之路在促进东西方文明交融和中华文明走向中亚、欧洲、非洲的过程中所起的重要作用。可以毫不夸张地说，欧亚大陆东西两端的文明交流，中国与非洲的历史交往，中国与印度、中国与东南亚、中国与中亚等的沟通传播，陆海两丝路功莫大焉！

为进一步发挥丝绸之路的历史符号作用，习近平主席、李克强总理等国家领导人先后出访 20 多个国家，出席加强互联互通伙伴关系对话会、中阿合作论坛第六届部长级会议，就双边关系和地区发展问题多次与有关国家元首和政府首脑进行会晤，深入阐释"一带一路"的深刻内涵和积极意义，就共建"一带一路"达成广泛共识。2013 年 9 月，中国国家主席习近平在哈萨克斯坦纳扎尔巴耶夫大学发表演讲，倡议共同建设"丝绸之路经济带"，以点带面，从线到片，逐步形成区域大合作。同年 10 月 3 日，习近平又在印尼国会发表演说，倡议中国与印尼共同建设"21 世纪海上丝绸之路"；而在此前一天，习近平在同印尼总统苏西诺会谈中，倡议成立亚投行，为包括东盟在内的亚洲国家基础设施建设服务。至此，中国向世界公开宣示了"一带一路"倡议。

中国提出的这两个符合欧亚大陆经济整合的大战略——"丝绸之路经济带"倡议和"21 世纪海上丝绸之路"倡议，合称为"一带一路"倡议。中国国务院总理李克强参加 2013 年中国—东盟博览会时强调，铺就面向东盟的海上丝绸之路，打造带动腹地发展的战略支点。2014 年 8 月，习近平出访蒙古国时，表示欢迎周边国家"搭便车"。2015 年 2 月 1 日，推进"一带一路"建设工作会议在北京召开。2015 年 3 月，为推进实施"一带一路"，让古丝绸之路焕发新的生机与活力，以新的形式使亚欧非各国联系更加紧密，互利合作迈向新的历史高度，中国政府特制定并发布《推动共建丝绸之路经济带和 21 世纪海上丝绸之路的愿景与行动》。

2015 年 5 月 7 日，中国国家主席习近平开启对欧亚三国的访问，首站抵达哈萨克斯坦。此次访哈可视作"丝绸之路经济带"的落实之旅，将进一步助推"一带一路"的建设。2015 年，博鳌亚洲论坛开幕式上，习近平发表主旨演讲，表示"一带一路"建设不是要替代现有地区合作机制和倡议，而是要在已有基础上，推动沿线各国实现经济战略相互对接、优势互补。

丝绸之路经济带涵盖东南亚、东北亚，并最终融合在一起通向欧洲，形成欧亚大陆经济整合的大趋势。21 世纪海上丝绸之路从海上联通欧亚非三个大陆和丝绸之路经济带形成一个海上、陆地的闭环。

（二）"一带一路"倡议的覆盖范围

陆上丝绸之路经济带圈定我国新疆、重庆、陕西、甘肃、宁夏、青海、内蒙古、黑龙江、吉林、辽宁、广西、云南、西藏13省（自治区、直辖市）；21世纪海上丝绸之路圈定上海、福建、广东、浙江、海南5省（自治区、直辖市）。"一带一路"圈定共计18个省、自治区、直辖市。

"一带一路"沿线除中国外，共65个国家和地区，分别为东亚地区1国：蒙古；东盟10国——新加坡、马来西亚、印度尼西亚、缅甸、泰国、老挝、柬埔寨、越南、文莱、菲律宾；西亚18国——伊朗、伊拉克、土耳其、叙利亚、约旦、黎巴嫩、以色列、巴勒斯坦、沙特阿拉伯、也门、阿曼、阿联酋、卡塔尔、科威特、巴林、希腊、塞浦路斯、埃及；南亚8国——印度、巴基斯坦、孟加拉国、阿富汗、斯里兰卡、马尔代夫、尼泊尔、不丹；中亚5国——哈萨克斯坦、乌兹别克斯坦、土库曼斯坦、塔吉克斯坦、吉尔吉斯斯坦；独联体7国——俄罗斯、乌克兰、白俄罗斯、格鲁吉亚、阿塞拜疆、亚美尼亚、摩尔多瓦；中东欧16国——波兰、立陶宛、爱沙尼亚、拉脱维亚、捷克、斯洛伐克、匈牙利、斯洛文尼亚、克罗地亚、波黑、黑山、塞尔维亚、阿尔巴尼亚、罗马尼亚、保加利亚和马其顿。

二、"一带一路"倡议的重点合作内容

（一）共建原则

根据《推动共建丝绸之路经济带和21世纪海上丝绸之路的愿景与行动》，"一带一路"倡议有如下几项共建原则。

1. 恪守联合国宪章的宗旨和原则

遵守和平共处五项原则，即尊重各国主权和领土完整、互不侵犯、互不干涉内政、和平共处、平等互利。这是"一带一路"倡议共建最基本的原则，也是引领我们开展"一带一路"倡议各项工作的纲领。

2. 坚持开放合作

"一带一路"相关的国家基于但不限于古代丝绸之路的范围，各国和各国际、地区组织均可参与，让共建成果惠及更广泛的区域。

3. 坚持和谐包容

倡导文明宽容，尊重各国发展道路和模式的选择，加强不同文明之间的对话，求同存异、兼容并蓄、和平共处、共生共荣。

4. 坚持市场运作

遵循市场规律和国际通行规则，充分发挥市场在资源配置中的决定性作用和各类企业的主体作用，同时发挥好政府的作用。

5. 坚持互利共赢

兼顾各方利益和关切，寻求利益契合点和合作最大公约数，体现各方智慧和创意，各施所长，各尽所能，把各方优势和潜力充分发挥出来。只有互利共赢，各国才有长期坚持的动力和积极性，才能真正实现"一带一路"构想的意义。

（二）合作重点

"一带一路"沿线各国资源禀赋各异，经济互补性较强，彼此合作潜力和空间很大。"一带一路"建设以政策沟通、设施联通、贸易畅通、资金融通、民心相通为主要内容，重点在以下方面加强合作。

1. 政策沟通

加强政策沟通是"一带一路"建设的重要保障。加强政府间合作，构建多层次政府间宏观政策沟通交流机制，深化利益融合，促进政治互信，达成合作新共识。沿线各国可以就经济发展战略和对策进行充分交流对接，共同制订推进区域合作的规划和措施，协商解决合作中的问题，共同为务实合作及大型项目实施提供政策支持。

2. 设施联通

基础设施互联互通是"一带一路"建设的优先领域。在尊重相关国家主权和安全关切的基础上，沿线国家宜加强基础设施建设规划、技术标准体系的对接，共同推进国际骨干通道建设，逐步形成连接亚洲各次区域以及亚欧非之间的基础设施网络。强化基础设施绿色低碳化建设和运营管理，在建设中充分考虑气候变化影响。

在共建中，要抓住交通基础设施的关键通道、关键节点和重点工程，优先打通缺失路段，畅通瓶颈路段，配套完善道路安全防护设施和交通管理设施设备，提升道路通达水平。推进建立统一的全程运输协调机制，促进国际通关、换装、多式联运有机衔接，逐步形成兼容规范的运输规则，实现国际运输便利化。推动口岸基础设施建设，畅通陆水联运通道，推进港口合作建设，增加海上航线和班次，加强海上物流信息化合作。拓展建立民航全面合作的平台和机制，加快提升航空基础设施水平。

3. 贸易畅通

投资贸易合作是"一带一路"建设的重点内容。宜着力研究解决投资贸易便利化问题，消除投资和贸易壁垒，构建区域内和各国间良好的营商环境，同沿线国家和地区共同商建自由贸易区，激发释放合作潜力，做大做好合作"蛋糕"。

为保证贸易畅通，应加快投资便利化进程，消除投资壁垒。加强双边投资保护协定、避免双重征税协定磋商，保护投资者的合法权益。

同时拓展相互投资领域，开展农林牧渔业、农机及农产品生产加工等领域深度合作，积极推进海水养殖、远洋渔业、水产品加工、海水淡化、海洋生物制药、海洋工程技术、环保产业和海上旅游等领域合作。加大煤炭、油气、金属矿产等传统能源资源勘探开发合作，积极推动水电、核电、风电、太阳能等清洁、可再生能源合作，推进能源资源就地就近加工转化合作，形成能源资源合作上下游一体化产业链。加强能源资源深加工技术、装备与工程服务合作。

此外，要推动新兴产业合作，按照优势互补、互利共赢的原则，促进沿线国家加强在新一代信息技术、生物、新能源、新材料等新兴产业领域的深入合作，推动建立创业投资合作机制。

4. 资金融通

资金融通是"一带一路"建设的重要支撑。深化金融合作，推进亚洲货币稳定体系、投融资体系和信用体系建设。扩大沿线国家双边本币互换、结算的范围和规模。推动亚洲债券市场的开放和发展。共同推进亚洲基础设施投资银行、金砖国家开发银行筹建，有关各方就建立上海合作组织融资机构开展磋商。加快丝路基金组建运营。深化中国—东盟银行联合体、上合组织银行联合体务实合作，以银团贷款、银行授信等方式开展多边金融合作。支持沿线国家政府和信用等级较高的企业以及金融机构在中国境内发行人民币债券。符合条件的中国境内金融机构和企业可以在境外发行人民币债券和外币债券，鼓励在沿线国家使用所筹资金。

同时要加强金融监管合作，推动签署双边监管合作谅解备忘录，逐步在区域内建立高效监管协调机制。完善风险应对和危机处置制度安排，构建区域性金融风险预警系统，形成应对跨境风险和危机处置的交流合作机制。加强征信管理部门、征信机构和评级机构之间的跨境交流与合作。充分发挥丝路基金以及各国主权基金作用，引导商业性股权投资基金和社会资金共同参与"一带一路"重点项目建设。

5. 民心相通

民心相通是"一带一路"建设的社会根基。传承和弘扬丝绸之路友好合作精神，广泛开展文化交流、学术往来、人才交流合作、媒体合作、青年和妇女交往、志愿者服务等，为深化双边和多边合作奠定坚实的民意基础。

扩大相互间留学生规模，开展合作办学，中国每年向沿线国家提供1万个政府奖学金名额。沿线国家互办文化年、艺术节、电影节、电视周和图书展等活动，合作开展广播影视剧精品创作及翻译，联合申请世界文化遗产，共同开展世界遗产的联合保护工作。深化沿线国家的人才交流合作。

加强旅游合作，扩大旅游规模，互办旅游推广周、宣传月等活动，联合打造具有丝绸之路特色的国际精品旅游线路和旅游产品，提高沿线各国游客签证便利化水平。推动21世纪海上丝绸之路邮轮旅游合作。开展体育交流活动，支持沿线国家申办重大国际体育赛事。

强化与周边国家在传染病疫情信息沟通、防治技术交流、专业人才培养等方面的合作，提高合作处理突发公共卫生事件的能力。为有关国家提供医疗援助和应急医疗救助，在妇幼健康、残疾人康复以及艾滋病、结核、疟疾等主要传染病领域开展务实合作，扩大在传统医药领域的合作。

加强科技合作，共建联合实验室（研究中心）、国际技术转移中心、海上合作中心，促进科技人员交流，合作开展重大科技攻关，共同提升科技创新能力。

整合现有资源，开拓和推进与沿线国家在青年就业、创业培训、职业技能开发、社会保障管理服务、公共行政管理等共同关心领域的务实合作。

充分发挥政党、议会交往的桥梁作用，加强沿线国家之间立法机构、主要党派和政治组织的友好往来。开展城市交流合作，欢迎沿线国家重要城市之间互结友好城市，以人文交流为重点，突出务实合作，形成更多鲜活的合作范例。欢迎沿线国家智库之间开展联合研究、合作举办论坛等。

加强沿线国家民间组织的交流合作，重点面向基层民众，广泛开展教育、医疗、减贫开发、生物多样性和生态环保等各类公益慈善活动，促进沿线贫困地区生产生活条件改善。加强文化传媒的国际交流合作，积极利用网络平台，运用新媒体工具，塑造和谐友好的文化生态和舆论环境。

（三）合作机制

首先要加强双边合作，开展多层次、多渠道沟通磋商，推动双边关系全面发展。推动签署合作备忘录或合作规划，建设一批双边合作示范。建立并完善双边联合工作机制，研究推进"一带一路"建设的实施方案、行动路线图。充分发挥现有联委会、混委会、协委会、指导委员会、管理委员会等双边机制作用，协调推动合作项目实施。

其次还要强化多边合作机制作用，发挥上海合作组织（SCO）、中国—东盟"10+1"、亚太经合组织（APEC）、亚欧会议（ASEM）、亚洲合作对话（ACD）、亚信会议（CICA）、中阿合作论坛、中国—海合会战略对话、大湄公河次区域（GMS）经济合作、中亚区域经济合作（CAREC）等现有多边合作机制作用，相关国家加强沟通，让更多国家和地区参与"一带一路"建设。

同时继续发挥沿线各国区域、次区域相关国际论坛、展会以及博鳌亚洲论坛、中国—东盟博览会、中国—亚欧博览会、欧亚经济论坛、中国国际投资贸易洽谈会，以及中国—南亚博览会、中国—阿拉伯博览会、中国西部国际博览会、中国—俄罗斯博览会、前海合作论坛等平台的建设性作用。支持沿线国家和地区、民间挖掘"一带一路"历史文化遗产，联合举办专项投资、贸易、文化交流活动，办好丝绸之路（敦煌）国际文化博览会、丝绸之路国际电影节和图书展。倡议建立"一带一路"国际高峰论坛。

三、"一带一路"倡议的合作成果及现状

（一）政策成果

中国政府统筹国内各种资源，强化政策支持。推动亚洲基础设施投资银行筹建，发起设立丝路基金，强化中国—欧亚经济合作基金投资功能。推动银行卡清算机构开展跨境清算业务和支付机构开展跨境支付业务。积极推进

7

投资贸易便利化，推进区域通关一体化改革。

1. 亚洲基础设施投资银行

2013 年 10 月 2 日，习近平主席提出筹建亚洲基础设施投资银行倡议，2014 年 10 月 24 日，中国、印度、新加坡等 21 个首批意向创始成员国的财长和授权代表在北京签约，共同决定成立亚洲基础设施投资银行。截至 2015 年 4 月 15 日，亚投行意向创始成员国确定为 57 个，其中域内国家 37 个、域外国家 20 个。涵盖了除美、日之外的主要西方国家，以及亚欧区域的大部分国家，成员遍及五大洲。其他国家和地区今后仍可以作为普通成员加入亚投行。4 月 28 日，亚投行 57 个意向创始成员国名单最终确定后各创始成员国的代表齐聚北京，代表们对多边临时秘书处起草的《亚投行章程（草案）》修订稿进行讨论并取得显著进展，2015 年年中完成亚投行章程谈判并签署，年底前完成章程生效程序，正式成立亚投行。

过去几年，亚投行投资多个惠及民生的项目，积极活跃在国际资本市场，建立了高标准的治理架构，为银行长期发展打下了坚实的基础。自开业至今，亚投行已批准 87 个项目，涉及 24 个经济体，投资总额近 200 亿美元，涵盖能源、交通、通信、农业、公共卫生、金融、水资源等基建领域。

2020 年 7 月 28 日，亚投行理事会批准利比里亚入行申请。至此，亚投行的非洲国家获批成员总数达到 19 个，该国成为亚投行第 103 个成员。

2. 合作协议

2015 年 6 月 6 日，正在匈牙利进行正式访问的外交部部长王毅，在布达佩斯同匈牙利外交与对外经济部部长西亚尔托签署了《中华人民共和国政府和匈牙利政府关于共同推进丝绸之路经济带和 21 世纪海上丝绸之路建设的谅解备忘录》。这是中国同欧洲国家签署的第一个此类合作文件。

截至 2021 年 1 月 30 日，中国已经同 140 个国家和 31 个国际组织签署 205 份共建"一带一路"合作文件。商签范围由亚欧地区延伸至非洲、拉美、南太、西欧。同时，"一带一路"倡议还与俄罗斯欧亚经济联盟、菲律宾大建特建计划等多国规划对接，推动与合作基础坚实、合作体量较大、合作意愿强烈的国家联合制订合作规划。此外，还于 2017 年 5 月和 2019 年 4 月分别开展第一届和第二届"一带一路"国际合作高峰论坛，均有数十位国家元首和政府首脑出席论坛，形成近三百项建设性成果。2018 年 7 月 5 日，乌克兰"一带一路"贸易投资促进中心在乌克兰首都基辅乌克兰工商会大楼内正式揭牌。从政策建设方面来看，"一带一路"倡议成果斐然。

（二）投资及贸易成果

1. 项目成果

"一带一路"建设注意加强与沿线有关国家的沟通磋商，在基础设施互联互通、产业投资、资源开发、经贸合作、金融合作、人文交流、生态保护、海上合作等领域，推进了一批条件成熟的重点合作项目。

中国积极开展亚洲公路网、泛亚铁路网规划和建设，与东北亚、中亚、南亚及东南亚国家开通公路 13 条、铁路 8 条。此外，油气管道、跨界桥梁、输电线路、光缆传输系统等基础设施建设取得成果。这些设施建设，为"一带一路"打下牢固的物质基础。其中最重要也是最现实可行的通道路线是日本—韩国—日本海—扎鲁比诺港—珲春—吉林—长春—白城—蒙古国—俄罗斯—欧盟的高铁和高速公路规划。

（1）蒙内铁路

肯尼亚是中国"一带一路"倡议在非洲唯一的支点，是新丝路建设中获得中国资金援助最多的国家。2014 年 5 月李克强总理访问肯尼亚期间，中肯签署了关于蒙巴萨—内罗毕铁路相关合作协议，蒙内铁路是肯尼亚百年来建设的首条新铁路，是东非铁路网的咽喉，也是东非次区域互联互通重大项目，规划全长 2700 千米，预计总造价 250 亿美元。

中国企业携手通用电气开拓 EPC 市场的力度也不断加大，比如 2015 年中国机械工业集团在其承建的肯尼亚基佩托风电项目中采用 60 台通用 1.7-103 风机。

（2）卫星通信

为保障"一带一路"通信卫星信号无障碍，国内的相关企业和政府机构已经对"一带一路"的卫星发射进行了规划和研究，2016 年 1 月 16 日 0 点 57 分，西昌卫星发射中心，我国长征三号乙运载火箭托举着白俄罗斯通信卫星一号成功进入太空。这标志着我国整星在轨交付业务首次打开欧洲市场，走进欧洲人民生活。2018 年，北斗全球卫星导航系统基本建成，服务"一带一路"；

风云二号 H 星成功发射，服务"一带一路"沿线国家，此外还有老挝一号卫星、巴基斯坦遥感卫星等，均在"一带一路"沿线国家中发挥了重要作用。

（3）卡拉奇—拉合尔高速公路

2015 年 12 月 22 日，中国建筑股份有限公司与巴基斯坦国家高速公路管理局正式签署巴基斯坦卡拉奇—拉合尔高速公路（苏库尔—木尔坦段）项目 EPC 总承包合同。

卡拉奇—拉合尔高速公路项目为中巴经济走廊最大交通基础设施项目，全长约 1152 千米，采用双向 6 车道设计，设计时速 120 千米／小时。中国建筑股份有限公司本次签约承建的苏库尔—木尔坦段，为中巴经济走廊早期收获项目，全长 392 千米，建设工期 36 个月。合同金额 2943 亿卢比，约折合人民币 184.6 亿元，约占公司 2014 年度经审计营业收入的 2.31%。公司推进"一带一路"项目取得重大实质性成果。

（4）巴基斯坦卡洛特水电站

2016 年 1 月 10 日，在距离巴基斯坦首都伊斯兰堡 50 多千米处的吉拉姆河畔，三峡集团承建的卡洛特水电站主体工程开工。这是丝路基金首个对外投资项目。中国政府已承诺在 2030 年前向巴基斯坦投资至少 350 亿美元，为建造发电厂提供融资。通用电气表示目前在巴基斯坦的订单金额已超过 10 亿美元，而五年前还不足 1 亿美元。

（5）六大经济走廊

"一带一路"六大经济走廊是指中国正与"一带一路"沿线国家积极规划的中蒙俄、新亚欧大陆桥、中国—中亚—西亚、中国—中南半岛、中巴、孟中印缅六大经济走廊。六大经济走廊都取得了重要进展，以中巴经济走廊为例，2015 年 12 月 31 日，"中巴经济走廊——2016 中国产能合作友好访问团"新闻发布会暨大型纪录片《巴铁》启动仪式在巴基斯坦驻华大使馆举行。截至 2018 年年底，走廊框架下已启动或建成项目 19 个，总投资近 200 亿美元。能源领域已投产运营项目 7 个，总装机 340 万千瓦，可满足 860 万户家庭用电需求。交通建设项目已启动 3 个，喀喇昆仑公路升级改造二期、卡拉奇至白沙瓦高速、拉合尔橙线稳步推进。

（6）中亚天然气管线项目

2009 年，该项目由中石油海外工程集团承建，GE 为该项目提供了四个压缩机站的十二台压缩机和航改型燃机。除技术、资金支持外，GE 还调动沿线国家的本土团队，协助进行项目沟通，从中亚进口的天然气，通过中亚管道接入西气东输管道，覆盖国内 25 个省市和香港特别行政区，造福 5 亿多人。

（7）印尼雅万高铁

2016 年 1 月 21 日，印尼雅万高铁开工奠基仪式举行。这将是印尼乃至东南亚地区的首条高铁。

（8）德黑兰至马什哈德高铁

2016 年 2 月 6 日，伊朗总统鲁哈尼出席了德黑兰—马什哈德铁路电气化改造项目的开工仪式，项目竣工后还有 5 年的维护期。该项目将由伊朗基础设施工程集团 MAPNA 和中国中机公司及苏电集团承建。

（9）老挝铁路

2016 年 12 月 25 日，老挝北部琅勃拉邦，一支筑路队伍整装待发。老挝总理通伦亲自挥铲破土，鸣锣九响，标志着中国老挝铁路全线开工。根据规划，中老铁路将于 2021 年全线贯通，届时从中国边境到万象只需 4 小时，多山缺路的老挝将实现从"陆锁国"变为"陆联国"的梦想。

（10）孟加拉国希拉甘杰电站二期

通过安排股权投资、项目贷款、出口信贷和提供融资咨询服务，西门子成功帮助 EPC 项目完成融资。以与中国机械进出口（集团）有限公司合作的孟加拉国希拉甘杰电站二期 225MW 联合循环电厂项目为例，西门子通过协调 EPC 企业、业主和相关机构，帮助项目成功获得德国出口信用保险公司 Euler Hermes 的担保，形成了中国出口信用保险公司和德国 Euler Hermes 联合担保的结构，为项目最终获得由渣打银行牵头并包括西门子银行在内的商业银行团的贷款提供了关键的一环。该项目最终顺利落地，现已进入建设期。项目建成后将缓解孟加拉国当地用电紧张的状况。

2. 中欧班列

截至 2019 年 6 月底，中欧班列累计开行数量近 1.7 万列，国内开行城市达 62 个，境外到达 16 个国家的 53 个城市。回程班列已达 99%，基本实现去一回一，综合重箱率达88%。

3. "一带一路"建设贸易额

从贸易额来看，截至2018年，中国同"一带一路"国家贸易总额超过6万亿美元，对"一带一路"国家直接投资超过900亿美元，仅中国对外直接投资净额，2018年就达14303731万美元，对外直接投资存量截止到2018年金额为198226585万美元，如图1-1、图1-2所示，"六廊六路多国多港"的互联互通架构基本形成。另外，中国进口博览会已经成功举办两届，2020年11月份将举办第三届，此外中国同"一带一路"国家共建82个境外合作园区，上缴东道国税费20多亿美元，带动当地近30万人就业，为各国民众带来了更便利的生活条件、更良好的营商环境、更多样的发展机遇。

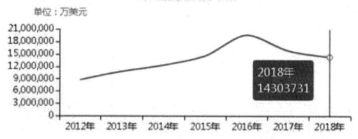

图1-1 "一带一路"建设中国对外直接投资净额统计图

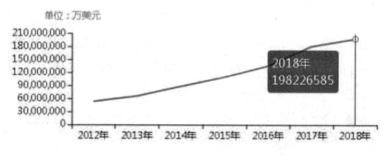

图1-2 "一带一路"建设中国对外直接投资存量统计图

四、"一带一路"建设面临的主要问题

"一带一路"倡议提出以来,从政策、经济、文化等方面都取得了很大的成绩。"一带一路"是弘扬古代丝绸之路精神的合作共赢之路,也是推动构建人类命运共同体的创新实践之路。截至目前,"一带一路"倡议已经得到140多个国家和地区的积极响应,有力推动了世界贸易和投资的自由化、便利化。但是不可避免,"一带一路"的建设也存在许多问题。只有客观面对这些问题,并进行分析研究,从而建立相对的解决机制,才能确保这个宏伟蓝图顺利实施。面临的问题主要有政治环境问题、经济环境问题、法律环境问题等,不一而足。

(一)政治环境问题

结合"一带一路"涉及的国家和现实情况,中亚、俄罗斯、南亚和东南亚国家是优先发展的方向,中东和东非国家也在"一带一路"的交汇处,未来与欧洲、独联体和非洲部分国家也有合作的可能,这些接受投资的国家,风格复杂,很多都没有完成现代化的转型,如中东国家和土耳其等国的世俗化政治和伊斯兰宗教一直在拉锯中,俄罗斯与欧美发达国家的冲突日趋升级。东南亚的不少国家,与中国还有领土纠纷,中国与它们的合作总是不可避免地要涉及立场,对中国的外交政策是不小的挑战。

(二)经济环境问题

受援国经济发展能力不足,经济效益不高也是"一带一路"建设面临的问题。即使援建的基础设施可以建成投产,这些设施能否派上用场,产生多大投资收益还是未知数。中国对"一带一路"相关国家的基础设施的援建,最终要产生收益,还是要靠该国、地区的经济有起色。这恐怕并非易事,这些国家之所以贫穷,没有基础设施当然是一个重要因素,但更根本的还在于它们的投资环境、贸易便利性等软环境。这也意味着,"一带一路"建设在输出基础设施的同时,还需要输出配套制度,帮助、督促输入国建立适宜的投资环境、减少贸易障碍、保护境外与私人投资等,在项目选择等方面,更要注意市场导向,确保基础设施投资可以产生经济与社会效益。

(三)法律环境问题

一部分"一带一路"沿线国家未完成或未开始现代化的转型,其劳动力

素质、基础设施还不及中国，更别提法治水平、契约精神、商业环境，有的国家连政局都不稳。南亚、中亚等国的投资环境远不及中国，如何保证中国投资的权益，是一个很大的问题。

"一带一路"沿线国家绝大部分是转型中国家和发展中国家，且其中很多国家有被殖民的历史，这些国家也因此在很大程度上沿袭了发达国家的法律制度。同时，沿线国家的文化、宗教的差异，导致很多国家的法律制度也有各自不同的国别特点。比如，沿袭欧洲大陆国家的属于大陆法系，其中俄罗斯及其他东欧国家较为特殊，虽然也属于大陆法系国家，但其独特的历史导致其与其他大陆法国家存在差异。沿线国家中沿袭英国、美国、加拿大、澳大利亚等国家的属于普通法系；阿拉伯国家及伊朗属于阿拉伯法系；伊斯兰国家属于伊斯兰法系。除了法律制度本身外，部分沿线国家的法律体系很大程度上还深受宗教影响，但即使拥有同样宗教背景的国家，法律体系也可能差异颇大。例如，同为伊斯兰国家，土耳其由于地理位置和早期对西方法律体系的吸收，法律体系不同于其他大多数伊斯兰国家。

同时，由于沿线国家大多还处在发展中，法律制度并不完善，执法的随意性较大，也存在通过颁布法律对境外投资者的跨国并购投资设置特别条件和程序予以限制的情况，导致对特定国家的投资风险较大。另外，除国别风险外，还存在争端解决及仲裁裁决执行风险。比如，有些国家与中国没有司法协助的双边条约或协定；有些国家不是世界贸易组织成员，其有关法律、政策不受世贸组织关于国际贸易仲裁制度的约束；有些国家不是《纽约公约》的缔约国，针对这些国别的投资项目的国际仲裁，即使取得有利于中方的裁决，在获得东道国法院对仲裁裁决的承认和执行方面仍存在重大的不确定性因素。有些国家虽然是《纽约公约》的缔约国，但在执行外国生效判决中也存在障碍，例如阿联酋是《纽约公约》的缔约国，但外国判决结果在阿联酋的执行仍然存在困难。

"一带一路"建设为中国企业"走出去"带来发展机遇的同时也带来了大量制度和法律风险。投资者在"一带一路"投资项目中可能面临的法律风险主要包括市场准入、采购法、竞争法、反腐败法、产品质量法、合同法、环境法、劳工保护法、知识产权法等方面的法律风险。此外，在项目的投资或并购、立项、融资、规划、设计、运营、税收以及诉讼等过程中也很可能存在法律风险。

随着"一带一路"基础设施联通、贸易畅通和资金融通的深化，人民法院受理的国际贸易、国际工程承包、国际物流等跨境商事纠纷不断增加。2013年至2017年5年间各级人民法院共审执结涉外民商事案件20余万件，较过去5年增长一倍以上。因此对"一带一路"沿线国家的相关法律规定和司法制度的研究十分有必要，只有事先了解相关投资国家的法律规定、争端解决等法律环境，并正确运用，才能为自己的投资和国际商事行为保驾护航。

"一带一路"沿线涉及65个国家和地区，包括东亚的蒙古国、东盟10国、西亚18国、南亚8国、中亚5国、独联体7国和中东欧16国。"一带一路"跨越诸多经济带和文化圈，各个国家的经济发展水平以及制度差别较大，不同的法律体系、社会背景和经济环境给中国投资者带来了显著的未知性和不确定性。东道国的整体法律环境作为投资项目中重要的游戏规则，决定了中国企业在相关领域中应当如何投资、如何建设、如何运营以及如何退出的大背景。与此同时，中国企业的海外投资项目大多涉及基础设施和能源领域，而这类业务往往要求与东道国政府或者政府代表谈判并签署长期合同。其中东道国政府既是交易的参与者，又是交易规则的制定者，作为市场一方的企业明显处于不利地位。各个东道国的法律规定差别大，与中国的相关规定有很大的不同，中国一些"走出去"的企业因对所投资国的法律环境研究不够，在投资项目中交了很多"学费"，甚至让大笔投资有去无回。因此，了解东道国相关的法律规则对投资者处理、控制和管理"一带一路"投资项目中的法律风险尤为重要。投资者应对所投资国的法律环境、相关国际条约进行深入研究，在此基础上对项目的可行性和营利性进行充分的分析调查，以控制甚至规避项目中的法律风险，减少投资项目失败的概率。

"一带一路"倡导的不仅是国家与国家之间的合作，更是区域与区域之间的合作。除东道国的相关法律法规外，相关双边和多边国际条约也是"一带一路"投资项目中投资者应该仔细研究的法律文件，尤其是沿线国家的区域性投资规则，主要涉及亚太经合组织、欧盟以及东盟等国际组织的相关协议和规定。相关国际条约中往往规定了国际投资项目中合同的适用法律、争议解决等条款，投资者应在了解这些法律的基础上选择适用的法律，在项目初始就设计好争议解决机制，争取在出现争议时最大化保全己方的利益。倡导国际法制合作，是投资者能够充分、有效利用法律工具保护投资利益的前提，也是我国实现"一带一路"倡仪影响力的有效途径。

第二章 "一带一路"沿线主要法系国家的法律制度研究

"一带一路"沿线国家众多，社会发展水平不一，法律制度各不相同，这些差异主要集中在立法机构在法律制定中的作用、法官和法院在适用和解释法律中的作用以及法律程序三个方面。当今世界范围内存在若干种法律体系，如普通法法系、民法法系、伊斯兰法法系和混合法法系以及后苏联加盟共和国法系等。这些法系在各自的法律制定、法律适用以及法律程序等方面具有自己的特点。

"一带一路"的目标是建立一个政治互信、经济融合、文化包容的利益共同体、命运共同体和责任共同体，使包括欧亚大陆在内的世界各国形成一个互惠互利的利益、命运和责任共同体。在这一过程中，了解相关国家的法律体系和法律制度，对于把控投资风险、把握投资机遇尤为重要。

一、"一带一路"沿线主要大陆法系国家的法律制度研究

（一）法系

法系指根据若干国家和地区基于历史传统原因在法律实践和法律意识等方面所具有的共性而进行的法律的一种分类，它是这些具有共性或共同传统的法律的总称。大陆法系（Civil Law System）和英美法系（Common Law System）是当今世界的两大主要法系，其他法系还包括伊斯兰法法系、混合法法系、后苏联法系等。20世纪，自日本法学家穗积陈重提出"法系"一词以来，关于此问题的争论就从来没有停止过。是如绍塞尔－霍尔所说的分为印欧法系、闪米特法系和蒙古法系，还是如阿尔曼戎、诺尔德、沃尔夫主张

的世界存在法国法系、日耳曼法系、斯堪的纳维亚法系、英吉利法系、俄罗斯法系、伊斯兰法系和印度法系这七大法系，这个问题似乎比较复杂。但是至少在一点上东西方学者达成了一致，即以法、德为主的欧洲大陆，拉丁美洲以及一些亚洲国家被统统归入大陆法系这一法系之中。

近代"混合法系"和"混合法域"观点的提出，是对传统的法系理论的颠覆，这一观点认为在法律全球化的背景下，世界各国或地区的法系都面临着法律文化的融合。这一现象在一些转型国家中尤为典型，例如乌兹别克斯坦是大陆法系和伊斯兰法系的混合法系国家，巴基斯坦是英美法系和伊斯兰法系的混合法系国家。

（二）大陆法系

大陆法系，又称民法法系、法典法系、罗马法系，是以罗马法为基础而发展起来的法律的总称。1896 年，德国以《法国民法典》为蓝本，制定了《德国民法典》，该法典以后为一些国家所仿效，故大陆法系又称为罗马—德意志法系。属于这个法系的除法国、德国两国外，还有奥地利、比利时、荷兰、意大利、瑞士、西班牙、明治维新后的日本以及亚、非、拉部分法语国家或地区。大陆法系首先产生于欧洲大陆，后来又扩展到了拉丁族和日耳曼族各国。历史上的罗马法以民法为主要内容，以法典化的成文法为主要形式。

欧洲资产阶级革命取得胜利，许多国家的资本主义制度确立并得以巩固以后，为适应资本主义经济、政治、文化的发展以及国家之间的交往，这些国家的法律制度相互之间的联系和共同特征获得进一步发展，出现了法国法系和德国法系这两个大陆法系的支系。首先是在法国，以资产阶级革命为动力，在罗马法的直接影响下，开创了制定有完整体系成文法的模式。1804年《法国民法典》是法国法系形成的标志，它以强调个人权利为主导思想，确立了民事权利地位平等、私有财产所有权无限制、契约自治和过失责任的基本原则，充分反映了自由资本主义时期社会经济的特点。随后在德国，在继承罗马法、研究和吸收法国立法经验的基础上，制定了一系列法典，其中以 1896年《德国民法典》为标志。德国法系强调了国家干预和社会利益，反映了资本主义从自由经济时代到垄断经济时代的发展特点。

大陆法系国家的分布范围极为广泛。欧洲大陆的大多数国家（英国除外）

都属于大陆法系，如法国、德国、比利时、意大利、西班牙、葡萄牙等；曾为这些欧洲国家殖民地的非洲和拉丁美洲的一些国家，如阿尔及利亚、埃塞俄比亚等以及亚洲的许多国家，如比较典型的日本、韩国等，也都属于大陆法系国家。

1. 大陆法系的历史渊源

大陆法系国家涵盖大多数欧洲国家、斯堪的纳维亚国家、拉丁美洲国家、日本、俄罗斯等。非洲很多国家属于大陆法系混合国家（混合部落法），中国基本上属于大陆法系国家，但同时混合有社会主义经济法和传统儒家价值观。

（1）早期罗马法

早期罗马法可追溯至公元前几百年。当时已出现的最早的成文罗马法典是写刻在青铜器或石碑之上、置于公共场所的简单法律条文。随着罗马大军四处征战，罗马法得以广泛传播。最终，在几代皇帝的支持下，古罗马编纂了数千本涵盖法令、规则和惩罚的法律著作。历经几个世纪，其中的大部分著作已不适应时代要求。公元 529 年，罗马已不再是罗马帝国的首都，东罗马帝国的首都迁至拜占庭（现在的伊斯坦布尔）。东罗马帝国的皇帝查士丁尼支持重新编纂罗马法，将所有法律浓缩为一部法典，称为《查士丁尼法典》。该法典将法律规则进行分类，通过逻辑编排使之成为法律之"躯干"，便于学习、理解和适用。但后来东罗马帝国政权被日耳曼游牧民族推翻，东罗马帝国灭亡，《查士丁尼法典》也随之遗失和被遗忘。

（2）《查士丁尼法典》的复兴

东罗马帝国灭亡几百年后（约 1100 年），《查士丁尼法典》的一些篇章被重新发现。意大利及世界范围内的法律学者对此产生了浓厚兴趣。他们惊叹于《查士丁尼法典》的内容浩大和体系严谨。在随后的几个世纪里，罗马法仅作为法学科目在大学讲授（主要在意大利各大学）。

又过了几个世纪，时任法国皇帝的拿破仑因罗马法内容清晰、体系完备而大感兴趣，于是在 1804 年以罗马法的原则为基础，将所有法国法律编纂为一部法典——《拿破仑法典》。很快《拿破仑法典》被译成多国文字，为欧洲和世界各国所借鉴。1804 年后从西班牙统治下独立的拉丁美洲各国也纷纷以《拿破仑法典》为模板建立了新的法律体系。

19 世纪末，德国也以罗马法为基础启动了统一法典的制定工作。1900年德国制定了民法典、商法典和刑法典。如今《德国民法典》依然有效（其间历次修订，最近一次修订完成于 2002 年）。《拿破仑法典》和《德国民法典》对民法法系在世界范围内的发展发挥了重要作用。先前我们已经看到德国法对日本的影响。实际上，德国法也对中国、葡萄牙和巴西的法律体系产生了影响。时至今日，民法法系已发展成为世界上有重要影响的法律体系。北美地区的法律也受到《拿破仑法典》的影响，美国路易斯安那州的大部分法律仍属于法国（以及西班牙）民法体系。加拿大魁北克省的法律体系虽然适用了一些普通法概念，但仍保有法国民法的传统。魁北克省的法律文件的官方版本均有法语和英语两个版本，这也缘于200多年前颁布的《拿破仑法典》对罗马法的传承，现代民法法典得以保有罗马法的根基。虽然经滑铁卢一役拿破仑在军事上一败涂地，但他在民法典制定中的胜利却长久流传。

尽管法国、德国、瑞士、中国、俄罗斯等均属民法法系，但彼此之间也存在很多差异。苏格兰、南非和斯堪的纳维亚的法律体系则是对传统民法法系的变形。

2. 大陆法系的特点

大陆法系具有以下基本特点。

（1）全面继承罗马法

罗马帝国在欧洲统治长达十几个世纪，造就了其法律文明在欧陆大地的生根发芽。自查士丁尼的《国法大全》，到意大利波伦亚城《国法大全》的重新发现，再到法国、德国两国民法典的编纂，在此过程中，虽然几经盛衰，但在欧洲人心目中，罗马法一直被视为最高文明的象征，顶礼膜拜。此罗马法的很多原则、制度和概念都被保留下来，被继承并得以继续发展，如赋予某些人的集合体以特定的权利能力和行为能力、所有权的绝对性、取得财产的各种方法、某人享有他人所有物的某些权利、侵权行为与契约制度、遗嘱继承与法定继承相结合制度等。大陆法系还接受了罗马法学家的整套技术方法，如公法与私法的划分，人法、物法、诉讼法的私法体系，物权与债权的分类等。

（2）实行法典化，法律规范的抽象化和概括化

大陆法系的最基本特点就是拥有条例清晰、概念明确的成文法典。自查士丁尼编纂《国法大全》开始，"完整、清晰、逻辑严密"就成了大陆法系法学家们孜孜不倦的追求。也许在他们看来，只有明确、确定的法典才是法制的保障，除此以外别无他法，而不会像英美法系那样将此诉诸法官的"正义"之手。19世纪诞生的《法国民法典》和《德国民法典》就是大陆法系成文法典的卓越代表，一直沿用至今。法典一经颁行实施，必须严格执行，同类问题的旧法即丧失效力。法典化的成文法体系一般包括宪法、行政法、民法、刑法、民事诉讼法、刑事诉讼法和行政诉讼法。法律条文的内容具有一定的抽象性、概括性、精确性和整体性。例如1896年的《德国民法典》，它的基本概念定义严格而准确，并由这些基本概念出发，演绎出具体的法条。同时，这部《德国民法典》采用了适度概括而非罗列的方法，有着一定的概括性，既避免了条文的重复，又尽量不使之出现漏洞。这与英美法系有着很大的区别，英美法系的判例法常常多而庞杂，缺乏体系化。

（3）明确立法与司法的分工，强调制定法的权威，一般不承认法官的造法功能

18世纪开始的西方资产阶级革命以摧枯拉朽的理性力量，使大陆法系发生了重大的历史变革。革命的思想意识渗透于大陆法系的法律之中（尤其是公法领域），在一定程度上改变了大陆法系的传统模式，而形成了富有革命意义的新颖格局。胜利的资产阶级提出了三权分立的政治格局，即立法、行政、司法严格分权、互不干涉、彼此牵制。资产阶级提出了立法权只能来源于人民，而属于司法部门的法官们的职责是严格执行法律规定。强调制定法的权威性，制定法的效力优先于其他法律，而且将全部法律划分为公法和私法两类，法律体系完整，概念明确。在大陆法系中，没有"所言即为法律"的法官，法官的地位被确定在对成文法典的倚重上，任何自我感情的创造，不但无益于法律的正义，相反只能破坏权力制约的界碑。

（4）在法律推理形式和方法上采取演绎法

由于司法权受到重大限制，法律只能由代议制的立法机关制定，法官只能运用既定的法律判案。因此，在大陆法系国家中，法官的作用在于从现存

的法律规定中找到适用的法律条款，将其与事实相联系，推论出必然的结果。

需要指出的是，大陆法系从来都不是僵死、凝固、一成不变的东西，而是处于不断的变革之中。

3. 大陆法系与英美法系的主要区别

（1）大陆法系国家是成文法国家，习惯于用法典的形式对某一法律部门所涉及的规范做统一的系统规定，法典构成了法律体系结构的主干，法律条文具有确定性、透明性和稳定性。因此，我们在投资某一大陆法系国家时，系统地对该国家主要法律部门或针对某一特定法律部门的法典进行搜集并研究成为可能及必要，从而能够对这一国家的法律环境或者某一特定领域的法律规定有一个整体、大致的了解。而在英美法系国家中，很少制定法典，而是习惯用单行法的形式对某一类问题做专门的规定。并且，除制定法外，判例法在整个法律体系中占有非常大的比重和非常重要的地位。法律规定分散、繁多、缺乏体系性，很难一目了然、比较全面地掌握某一个英美法系国家的法律制度。

（2）大陆法系国家强调法官只能援用成文法中的规定来审判案件，法官对成文法的解释也需受成文法本身的严格限制，因此法官只能适用法律而不能创造法律。而英美法系国家的法官既可以援用成文法，也可以援用已有的判例来审判案件，并且在一定的条件下，还可以运用法律解释和法律推理的技术创造新的判例。法官不仅适用法律，也在一定的范围内创造法律。因此，在英美法系国家中，法官权力一旦被滥用，或者被不法分子钻空子，作为外来投资者，必定会处于非常不利的地位。而这种情形在大陆法系国家中，理论上则较少出现。

（3）在民事诉讼程序中，总体来看，大陆法系国家的民事诉讼程序与英美法系国家相比主要有以下不同之处。①大陆法系国家一般将一个民事诉讼程序分为几个独立的阶段，比如预备阶段、取证阶段、判决阶段，这就导致一个案件不可能通过一次开庭就解决。英美法系国家由于陪审团制度，要求审判程序必须一次完成。②对待证人证词的程序不同。由于在集中性、直接性和言辞性上的标准不同，英美法系国家采取"听审—裁定—聆听证人证词"的方式来决定证人是否出庭做证。对于大陆法系，美国著名法学家约翰·亨利·梅利曼曾调侃道："此种程序将延绵数周甚至数月：原告律师请求法官传唤证人；被告律师提出异议并简要说明理由；原告律师再进行答辩，然后由法官予以裁定，最后由等候在法庭的证人出庭做证。"③在证据制度上，英美法系国家有陪审团参加，设置了一系列的排除规则，最突出的例子是"传闻规则"。传闻证据规则是英美证据法中最重要的证据规则之一，它原则上在审判中排除传闻证据要求，证人证言须在法庭上接受检验，只有在符合法定的例外情形时才允许采纳庭外陈述。而大陆法系仅有从"法定证据"演化而来的"推定事实不容辩驳"的规定。④执行程序不同。大陆法系国家中没有类似英美法系国家的"民事藐视法庭罪"，仅要求违反法庭命令的当事人对他方当事人负有支付损害赔偿金的责任。

（4）在刑事诉讼程序中，一般而言，虽然两大法系的刑事诉讼程序有所融合，但是以下认识仍有正确之处：大陆法系国家采用"纠问式"的诉讼程序，而英美法系国家则采用"控诉式"的诉讼程序。当然，随着大陆法系的发展，其刑事诉讼程序已经开始慢慢改变了"纠问式"的固有不足，朝着更为正当和人道的方向发展。

二、"一带一路"沿线英美法系国家的法律制度研究

（一）英美法系

关于"丝绸之路经济带"和"21世纪海上丝绸之路"已涉及的60多个国家和地区中，东南亚地区自古以来就是"海上丝绸之路"的重要枢纽，"海上丝绸之路"的发展方向是以东南亚国家联盟成员国为依托，辐射带动周边及南亚地区，向中东、南非和欧洲延伸。其中，东盟的新加坡、缅甸；南亚的印度、孟加拉国以及中国香港等都是英美法系国家及地区的代表，东盟的菲律宾与南亚的斯里兰卡则都是普通法与大陆法等法系混合体国家。

英美法系是著名的法律体系之一，又称为海洋法系或者普通法法系，发源于英格兰，是以英国普通法为基础发展起来的法律，但并不仅仅指普通法，它涵盖了英国的三种法律，即普通法（Common Law）、衡平法（Equity Law）和制定法。普通法（Common Law）是指12世纪前后在英国最早开始形成的一种以判例形式出现的适用于全国的法律。衡平法（Equity Law），也

称为公平法、公证法，是为了解决判例法的缺点而设计出的另一套法律系统。出现于英国 14 世纪末，以"正义、良心和公正"为基本原则，以实现和体现自然正义为主要任务。制定法，又称为成文法，是由国家享有立法权的机关依照法定程序制定和公布的法律。英美法系的渊源可以追溯到英国的君主制，当事人提起诉讼，应先向法官申请以国王的名义发出令状，令状载明诉讼的条件和类别，法官只能在令状的范围内进行审判，其设置程序的规则较为笨拙。然而，在另一种意义上，普通法是具体的、明确的，并逐渐演变出具有法律效力的法院判例；其立法行为以及制定的成文法，是立法机关或主权议会的意志体现。在这个特定意义上，英美法系的普通法有别于成文法律和法典法（民法）。

（二）英美法系的特点

英美法系具有以下基本特点。

（1）英美法系以判例法作为主要形式。英美法系与其他法系有诸多的区别，最主要的区别在于其以判例法作为主要形式，适用"类似的事实将产生类似的结果"的原则。例如，类似的案例曾经发生并已判定，法院会遵循之前使用的推理决策做出判定，这里称为遵循先例原则；当法庭发现，目前的争端案件不同于以往的任何一个判例时，这称为"第一印象"，法官就有权利和义务通过现有法律创建先例。此后，新的判定将成为先例，并将用于未来的遵循先例原则的判定。各方的听证被大众采纳，案件的判定是基于先例，而不是个人观点或武断的判断。可以说，判例原则在很大程度上保障了法律体系的稳定性和一致性。判例原则是英美法系的核心与基础，也是其与大陆法系等其他法系迥异的代表性区别。

（2）在法律分类方面，英美法系没有严格的部门法概念，即没有系统的、逻辑性很强的法律分类。英美法系的法律分类倾向于实用性，很少制定法典，习惯用单行法的形式对某类问题进行归纳整理。因而在法律体系的结构上，英美法系是以单行法和判例法为主干而发展起来的。英美法系国家法官可以援用成文法也可以援引已有的判例来审判案件，而且，也可以在一定的条件下运用法律解释和法律推理来创造新的判例。所以，在英美法系国家，法官不仅适用法律，也可以在一定程度上以及范围内创造法律。

（3）在诉讼程序上，英美法系的法官扮演"仲裁人"角色，庭审中，当事人双方通过抗辩程序发表自己的观点和证据，展示各方的角色，不参与案件的辩论；同时，陪审团制度作用非凡，职业法官的职责为适用法律，而认定事实则由陪审团负责。陪审团的主要职责是做出事实上的结论和法律上的基本结论（有罪或无罪的判定），法官在庭审中负责做出法律上的具体结论，即判决。英美法系的传统是强调根据具体的经验解决具体的问题，因而具有很强的针对性和灵活性。

（三）英美法系的发展历程

英美法系已有超过 1000 年的演变和进化史。根据英美法系不同时期的突出变革，大致可以分为四个阶段。

第一阶段，11 世纪以前的盎克鲁 – 撒克逊时期。公元五六世纪盎克鲁 – 撒克逊人入侵英国，建立了部落国家。此时期的英国社会已处于原始社会解体和封建制逐渐形成的时期。法庭对于被告行为的宣判仍采用宣誓或神明裁判的方式。对此后的英美法系没有太大的影响，但是可以作为一个发展的历史阶段来看待。

虽然许多英美法律术语源于法语和拉丁语，但 21 世纪罗马法在欧洲大陆复兴的风潮并未刮到英国，英国发展出了另外一条法律史轨迹。自罗马帝国衰落直至 1066 年诺曼底征服，大不列颠实施的主要是由国王及议会命令和地方习惯法构成的盎格鲁 – 撒克逊法。1066 年以前，法律争端均由盎格鲁 – 撒克逊法院审理（包括郡法庭，郡法庭由郡长主持）。当时采用的审判形式被称为"证明模式"，但实际上并不要求提交证据或进行事实上的举证，也没有证人。其中采用的一种证明方式是宣誓帮助人。被告人和他的帮助人将依一定仪式背诵一段保证被告人所言非虚的誓词。在这个过程中，如出现错误或口误，被告人将被视为说谎或有罪。在有些案件中会通过神明裁判进行审理。将被告人投入水中或将他的手置于火中，如果沉下去或者他的手烧伤后感染了，则认为他说谎；如果浮了上来或者他的手烧伤后痊愈，则认为他所说的是事实。

第二阶段，在 1066 年以后普通法形成。1066 年，在黑斯廷斯战役中撒克逊的末代王哈罗德被诺曼底公爵威廉击败，英国法的发展轨迹由此被永久性改变。征服者威廉引入了一套称为封建制的政治经济制度。在封建制下，威廉将所有土地都赐封给他的亲兵和领主，亲兵和领主再将土地分封，如此层层分封。保有土地的佃户享有一定的权利，但对其领主也需承担一定的义务，主要包括耕种土地、骑士兵役、承包收尾等。教会也会获得赐封土地。实际上，威廉最早建立的一批英格兰法就是关于保障土地封建权利的法律。

欧洲的封建制已经消亡，但威廉及其继任者创设的法律制度体系依然存在。他们宣称英格兰的司法权属于国王及国王法庭。法官被派往各地巡回审理案件，最终发展出了一种新的审理方式，即陪审团审判。陪审团审判风靡后神明裁判衰落并最终导致旧有的盎格鲁－撒克逊法院消亡。这些巡回法官在审理案件时会将判决成文并与国王法庭中的其他法官分享交流。在审理类似案件时法官即可援引其他法官的判决来论证自己的观点。于是便出现了一种共同的法律，普通法法系开始建立——法官对案件的判决成为法律。法律先例对将来类似案件的判决具有约束力。这就是普通法中的遵循先例原则，意即法院应该让已有判决有效，除非经由更高权威推翻。

普通法在整个英国被广泛采纳。现今属于普通法法系的国家包括澳大利亚、加拿大、加纳、英国、美国及许多加勒比国家。印度属于普通法基础上的混合法法系，甚至许多民法法系国家也采纳了一些普通法原则。

第三阶段，15世纪末至19世纪中叶，衡平法发展的时期。衡平法的出现是为了解决判例法的缺陷而设计出的另一套法律系统。一个原因是随着资本主义的经济增长，合同的作用日渐凸显，但关于合同执行的约束法律尚未形成；另外一个原因是普通法院已经成为国会一方反对君主专制的抗衡力量，王朝为了加强专制统治，建立了衡平法院，用以受理民事案件，以此来制约普通法院。此时，在同一个案件中，当事人可以根据自己的案情，自由选择普通法诉讼或衡平法诉讼。

第四阶段，19世纪后，英国进入现代立法时期。在这一时期，英国开始了大规模的立法，主要的几部法律包括《票据交易法（1882）》《合伙法（1890）》《法的解释（1893）》以及《海洋保险法（1906）》。尽管这些法律与大陆法系单行法相似，但其内容却大不相同。

众所周知，英美法系首先产生于英国，故适用英美法的国家，大多曾是英国殖民地或附属国，包括美国、加拿大、新加坡、巴基斯坦、孟加拉国、缅甸、马来西亚、印度、中国香港等，其中也有一些非洲国家和地区。

一个国家的法律环境是开展海外投资的决定性因素之一，会很大程度地影响投资者在此国的商业行为、商业策略以及商业交易的相关权利和义务。在英美法系国家投资，首先需要关注的是英美法系国家纷繁复杂的法律体系与庞杂的法律环境，其复杂性很难被非专业人士所了解。在英美法系国家，法官在特定环境下有权解释法律个案，判例法占据重要地位，公法与私法并无严格区分，也不重视法律的分类，其注重从诸多个别的具体事务中找到普遍的共同规律，也就是说更注重法律的实用性。

英美法系国家的法律体制较为复杂，不同于中国的近大陆法系体制，成文法与判例法在商业活动中均发挥重要作用，中国投资者前往英美法系国家投资务必关注法律环境，对于法律体系较完备的国家，严守法纪是重中之重。还应关注合同的重要性，因为更注重判例法的缘故，英美法系的合同较其他法系国家，体现更多的内容与细节，权利与义务的约定也更为细化和清晰。同时，还应密切关注当地法律动向，建议聘请当地有经验的律师为法律顾问，为企业在当地的投资活动提供专业支持。

三、"一带一路"沿线伊斯兰法系国家的法律制度研究
（一）伊斯兰法系

丝绸之路自古以来就穿越世界上主要的伊斯兰区域。在现代"丝绸之路经济带"和"21世纪海上丝绸之路"沿线上，从中亚五国到西亚多国，西至欧洲的塞浦路斯、希腊和北非的埃及，南至南亚八国及印度尼西亚、马来西亚和文莱等，"一带一路"沿途约有30个国家尊奉伊斯兰教为国教，或者其国内多数居民信奉伊斯兰教。我们称这些国家为伊斯兰国家，如哈萨克斯坦、乌兹别克斯坦、土库曼斯坦、塔吉克斯坦和吉尔吉斯斯坦、伊朗、伊拉克、土耳其、叙利亚、约旦、黎巴嫩、巴勒斯坦、沙特阿拉伯、也门、阿曼、阿联酋、卡塔尔、科威特、巴林、巴基斯坦、孟加拉国国、阿富汗、斯里兰卡、马尔代夫等。

伊斯兰国家的法律制度与其政治、经济和文化一样受伊斯兰文明的深刻

影响，有着独有的特点。因此，研究伊斯兰法系，分析伊斯兰国家法律的共性和特性，旨在为有意走出国门，在相关国家开展投资合作的读者厘清思路，并从法律角度做出风险提示，提出参考意见。

伊斯兰国家有着特殊的历史和文化传统，这些有着共同传统的国家的法律基本特征，形成了其独立的法系——伊斯兰法系。伊斯兰法系基本上属于法制史上的概念，是指中世纪信奉伊斯兰教、以伊斯兰教法为共同基本法律制度的阿拉伯各国和其他一些伊斯兰国家的法律的总称，又称阿拉伯法系或穆斯林法系。

伊斯兰法系以伊斯兰教法为基础，由多个以伊斯兰教法为基本法律的国家组成。伊斯兰教法，中文音译"沙里亚"，字面意思为通向饮水池的道路，是以伊斯兰教教义为基本准则的宗教法律体系，在2世纪和3世纪形成体系。完全和无条件服从安拉（神）的旨意是伊斯兰教的基本信条，因此，伊斯兰教法是安拉对穆斯林社会旨意的表达，构成了穆斯林义不容辞的宗教信仰义务。伊斯兰教法兼具宗教和道德规范性质，对穆斯林日常生活和行为做出法律规定，内容极为广泛，其私法比重大于公法。

（二）伊斯兰教法的主要内容

伊斯兰教法可分为向安拉行礼仪的义务和针对个人的义务。

1. 向安拉行礼仪的义务。这是穆斯林的首要义务，即信仰安拉。每一个穆斯林必须执行5种善功，即念功、拜功、斋功、朝功和课功。

2. 针对个人的义务。对于针对个人的义务，传统伊斯兰教法的主要内容包括以下几点。

（1）刑法。攻击他人者，从杀害到伤人，采取与犯罪人罪行相同方式进行报复以做惩罚。保留了血亲复仇制度，但若被害者近亲属同意，可缴纳赎罪金。

（2）交易法。交易行为能力的判断取决于对其"谨慎的辨识"，一般取决于生理成熟。法律有如下推定：12岁以下的男孩和9岁以下的女孩视为未达到生理成熟；达到15岁的自然人视为已达到生理成熟。未达生理成熟的自然人必须得到其监护人认可才能做交易。基本的交易类型包括买卖、租赁、赠予和借贷。但是伊斯兰教法严厉禁止利息，禁止赌博性质的交易，规定已宣誓确认的诺言必须实践，食言者应以施舍赎罪。因欺诈、错误、强迫而缔结的契约无效。

（3）家庭法。婚姻是一种契约，妇女不是缔约当事人，而是契约的标的物，必须由监护人代为订立。男方必须交聘金，一夫可娶妻四人。血统近亲、乳母近亲禁止结婚。宗教信仰不同等也禁止结婚。妻子应尊敬和服从丈夫，只有在极少数情况下，如丈夫不赡养妻子，妻子才可以请求离婚。休妻制盛行。妇女应披长衫，除丈夫、父母、子女、兄弟、姐妹等外，在人前不能显露身体和面容，不能轻易和男人直接交谈。

（4）继承法。非穆斯林不能继承穆斯林的财产，除近亲属（包括妇女）外，盟友也可继承。每一继承人都应得一定份额，若有其他继承人，依比例递减。立遗嘱人只能处分其财产的1/3。

（5）土地所有权。土地是安拉的财产，只有先知的继承人哈里发才有权支配，阿拉伯贵族和普通自由人只享有占有权。麦加城及其邻近地区是圣地，非穆斯林不得在该地居住。

（6）程序和证据。传统上，伊斯兰教法由法院的单独法官执行，对于不同的法律问题，法官可以听取专业法学家的意见。法院不分层级，没有上诉制度。由办事员组织法庭程序。在很大程度上，传统审判程序只是法院的自我操作。在决定了哪一方负有举证责任后，法官仅仅负责完成已确定的法律程序，即证据是否已提供、是否已宣誓和下结论。

（三）伊斯兰法系的特征

因为伊斯兰法系国家都以伊斯兰教法为法律基础，所以伊斯兰教法的特征也是伊斯兰法系的特征。伊斯兰教法的特征主要有以下几点。

（1）立法神圣。伊斯兰教法的立法基础为《古兰经》和圣训，立法者只能是安拉和他的使者穆罕默德，对于《古兰经》和圣训明文规定的律例，任何人只能遵循不得更改；没有明文规定的，才允许法学家根据《古兰经》和圣训的精神和原则，从事律例的推演和说明。

（2）内容广泛。伊斯兰教法是将教规和法制结合起来的世界法系，也是把道德和法律紧密结合的一种宗教法，具有不同于一般法律制度的广泛内容。

（3）执法灵活。当个人利益与集体利益发生冲突时，首先注重集体利益；当两个人的利益冲突时，则首先注重受害更大者的利益。建立在次要渊源基础上的法规律例，可以因人、因时、因地、因事灵活运用，但这种灵活性不能超出教法基本原则和宗旨的范围。

（四）伊斯兰法系的变革

随着19世纪西方文化对伊斯兰国家的影响，伊斯兰教法昔日的特殊地位在许多国家已不复存在，尤其在民事与商业交易和刑法方面，伊斯兰国家的法律发生了巨大变革。许多伊斯兰国家完成了一系列法律移植和法制改革，这使得伊斯兰法系成为东方三大法系即伊斯兰法系、印度法系和中华法系中唯一存活至今的法系。

作为变革的结果，众多伊斯兰国家放弃了传统的刑法和普通民法，取而代之的是全新的欧洲的世俗法律制度。即使在仍全面适用伊斯兰教法的阿拉伯半岛，从20世纪起也明显对其教法的应用进行了限制，尤其在家庭法和继承法方面。例如巴基斯坦，家庭法已经有了新的成文法。而有的国家则已经完全放弃了传统的伊斯兰教法。

概括地说，传统伊斯兰法系国家在法律变革后形成以下三类。

第一类，现代伊斯兰法系国家，至今仍然把伊斯兰教法作为本国基本法律制度。在"一带一路"沿线，属于这类的国家主要是阿拉伯半岛的沙特阿拉伯、也门、阿曼、卡塔尔、巴林、科威特以及伊朗、阿富汗和马尔代夫。这些国家的法律制度虽然进行了部分改革，但是并没有从根本上动摇传统伊斯兰教法。因此，这些国家至今依然属于伊斯兰法系成员。

第二类，非伊斯兰教法国家。虽然历史上曾经长时间奉行过伊斯兰教法，但在近代以来的改革中已经彻底放弃了伊斯兰教法，代之以从其他法系引进的法律制度。在"一带一路"沿线，属于这类的典型国家是土耳其。土耳其在1926年全面放弃了教法，而采用了瑞士的家庭法。土耳其现今已不属于伊斯兰法系成员国，成为大陆法系的成员。

第三类，混合法系国家。这些国家介于前两类之间，伊斯兰教法只在家庭和继承等个别领域继续有效，其他法律领域中占主导地位的是从西方引进的世俗法律。现在的伊斯兰国家大多数属于这种类型。这类国家所适用的是混合型法律制度，即传统的法律与从西方引进的法律相混合，或者是大陆法与伊斯兰教法相混合，或者是普通法与伊斯兰教法相混合，或者是大陆法、普通法与伊斯兰教法相混合。例如，叙利亚法律属于大陆法系，但又属于伊斯兰法系。在"一带一路"沿线，较为典型的国家有巴基斯坦、孟加拉国、伊拉克、黎巴嫩、阿联酋、叙利亚、埃及、马来西亚、印度尼西亚等。

应该指出的是，巴基斯坦在伊斯兰教法复兴的运动中恢复了许多传统的法律制度，开始呈现出传统法律制度排斥外来世俗法律制度的趋势。但是从总体上看，这些国家的法律仍然呈现出混合的特征，同时仍然持有一定的保留态度。

"一带一路"倡议提出以来，建设项目工作取得了重大进展，实现了良好开局。一批在建重点项目取得早期收益，一批重点项目合作协议顺利签署。我国在"一带一路"沿线国家的合作项目已涉及基础设施、能源资源、产能合作、信息通信、环境保护、社会事业、人文交流、金融合作等众多领域。"一带一路"沿线的伊斯兰法系国家集聚了全球主要能源资源，供应潜力巨大。而我国能源资源市场消费增长迅猛，因此在能源资源合作方面，我国企业面临着良好的投资机遇。

四、"一带一路"沿线后苏联加盟共和国法系国家的法律制度研究

（一）苏维埃社会主义法系的历史

1. 立法初期

十月革命胜利后的最初阶段，苏维埃政权对旧的法律体系采取了全盘否定的立场，旧的法律制度被推翻，而代之以革命行政命令，并先后颁布了《和平法令》《土地法令》《关于法院的法令》（第1、2、3号）等一系列重要法律文件。这些法令构成了苏维埃政权最初的立法基础。基于巩固新生政权的考虑，苏维埃1918年7月19日颁布施行了《俄罗斯苏维埃联邦社会主义共和国宪法》。这是世界上第一部苏维埃宪法，规定了根据列宁理论所创建的苏维埃社会主义国家的基本政治和经济制度，为其他各苏维埃社会主义国家宪法的制定提供了样本，之后所有同类宪法——无论是苏联层面的宪法还

是各加盟共和国层面的宪法，都以之为蓝本，其影响甚至超出了苏联的国境。

1917 年，布尔什维克党领导的俄国"十月革命"取得胜利，1922 年建立了苏维埃社会主义共和国联盟（简称"苏联"），并在 20 世纪 20 年代以实行新经济政策为契机，在几年的时间里迅速完成主要法典的制定，初步建成苏维埃社会主义法律体系。

2. 发展期

苏维埃社会主义制度及其法律体系建立伊始即在世界范围内产生巨大影响，尤其是第二次世界大战后，包括中国在内的亚洲、非洲以及中东欧一些国家追随苏联而实行苏联式的社会主义制度，立法上也依照苏联模式建立新的法律体系，从而在世界范围内形成了西方比较法学者所称道的以苏联法为核心的"苏维埃社会主义法系"。这是苏维埃社会主义法的鼎盛和辉煌时期。

3. 消亡期

随着苏联于 20 世纪 90 年代初的解体和东欧等国家纷纷转向西方市场经济制度，无论是"苏维埃社会主义法律体系"还是"苏维埃社会主义法系"都随之消亡，转眼之间成为历史陈迹。

总体而言，以社会主义法为特征的苏联法大概经历了社会主义法的探索阶段、形成阶段以及变革和消亡阶段。第一阶段的特征是对社会主义法存在怀疑，认为法是资产阶级商品经济的产物，社会主义国家不应该有法的存在；在承认法存在的情况下则否定私法的存在，所有的法都是公法。其代表人物是斯图奇卡和帕舒坎尼斯。第二阶段的特征是肯定社会主义法的存在，而且应该加强，具有强制性，是国家统治的工具；暴力工具论盛行；批判旧法观点。第三阶段的特点是从原来的经典马克思主义观点逐渐发生变化，有限度地接受法的共同性和普遍性观点，强调共存与和平过渡，斗争性减弱，强调法律的多元性，并最终放弃马克思主义法学理论。

（二）后苏联法律制度国家和后苏联法律制度

1. 后苏联法律制度国家

苏维埃社会主义共和国联盟（简称"苏联"）是指 1922—1991 年由 4 ~ 16 个主权共和国组成的联邦制国家。苏联的解体导致了一些国家（简称"后苏联"）的独立。后苏联国家一般分为以下五个主要部分：①俄罗斯（俄罗斯联邦）与白俄罗斯；②波罗的海国家：拉脱维亚、立陶宛与爱沙尼亚；③东欧：乌克兰、摩尔多瓦；④高加索：格鲁吉亚、亚美尼亚与阿塞拜疆；⑤中亚：哈萨克斯坦、吉尔吉斯斯坦、塔吉克斯坦、乌兹别克斯坦与土库曼斯坦。

后苏联国家之间基于地理和文化因素同属一组。同样的因素也决定了这些国家的立法特点。截至2015年上半年，后苏联国家人口超过2.93亿。这些人大多数都说比较流利的俄语，他们的社会生活和商务活动跟俄语和俄罗斯文化有很深的关联。后苏联国家基本上也说民族语言，唯一的例外是白俄罗斯，俄语是其大部分居民的语言。除了白俄罗斯以外，俄语在哈萨克斯坦和吉尔吉斯斯坦也作为一种官方语言。

了解这些国家立法的特征，可以使投资者更有效地开展业务并清楚地了解可能的法律风险。

2. 后苏联法律制度的特征

后苏联国家的法律制度于苏联解体后开始形成。很多后苏联国家的法律制度本身决定了法律制度的进一步发展。首先，在苏联的法律体系中，法律的渊源、法律的结构与法律的方法和实践，在很大程度上都类似于罗马—日耳曼法系。但是外部特征的相似性却没有符合苏联法律制度的内在内容。苏联法律制度的特点是结构笨重、市场经济条件下的无效性，最重要的是公众的法律意识较低。

3. 区域法律制度发展的未来

在后苏联国家法律发展过程中，国际法和欧洲法的重要性日益突出。特别是人权法律框架的显著加强以及立法的国际标准化。立法发展的主要方向之一是使立法符合国际经济组织的规定，如世界贸易组织、上海合作组织、欧亚经济联盟。一些后苏联国家希望加入欧盟，这也是决定其法律制度发展的一个重要因素。目前，波罗的海三国均已加入欧盟、欧元区、申根区和北约。俄罗斯法律制度依然对大多数后苏联国家有重要影响。这是由于这些国家有着共同的历史，这些国家和人民之间有着共同的政治、经济和人口关系。后苏联国家所形成的法律制度主要区别在于，在社会生活中法律的作用不太重要，而且公民社会机制的作用也不太重要，这些作用都是建立在社会生活主体的独立性和积极性基础上的。这仍然是苏联的历史遗留所致。

（三）后苏联国家的法律制度

后苏联国家法律制度渊源的体系是由与罗马—日耳曼法律制度统一的立法行为所导致的。更高的法律效力使宪法在所有这些国家都得到了认可。各国议会批准的立法是下一层法律的渊源。之后是国家机构的立法行为。规范性法律制度还包括地方自治条例。这些国家的法律制度一般不认为法院的判决是一种法律的渊源。这些国家的宪法遵循法院判决只服从法律的原则，而不遵循另一个法院曾经做出的裁决。然而，这并不影响上级法院裁决对于其他法院有没有真正权威的问题。如果最高法院对某些案件做出裁决，解释如何适用某项法律，下级法院通常会遵循这种做法。否则，下级法院判决会在最高法院被撤销。

根据大多数后苏联国家的宪法，普遍受到认可的国际法和国际条约的原则和规范也作为其法律渊源，成为法律制度的一个组成部分。在某些法律制度中，特别是在乌克兰，2006 年后欧洲人权法院的裁决是可以作为先例，并在该国是强制性的。

从实践的角度来看，找到这些国家的上述法律渊源相当简单。尤其是在欧盟成员国、俄罗斯、乌克兰、白俄罗斯与哈萨克斯坦。许多国家还有更多功能性的商业法律数据库。在通常情况下，可以用民族语言，也可以用俄语。英文的法律制度比较有限，但每年都会有一些增进。

1. 波罗的海国家的法律制度

拉脱维亚、爱沙尼亚、立陶宛实际上加入了罗马—日耳曼法律体系。证据就是这些国家完全融入欧盟。这应该是在加入苏联前的历史背景推动的。例如，拉脱维亚的法律制度是在过去两个世纪中受各种法律文化的影响而形成的，主要是德国、俄罗斯帝国和苏联的法律文化影响。德国法典化的发展，是以古代罗马法原则为基础制定了立法法典。其中一些立法到 19 世纪还具有法律效力。

在这些国家的领土上，目前充分实施了欧盟立法，国家立法符合欧洲委员会的决定。由于波罗的海国家与其他俄语国家保持着相同的语言和文化共性，波罗的海国家成为一个吸引投资的中心以及重要的银行服务中心和经济中心。高标准的合规性造就了一些国际公认最高水平的交易和项目。

2. 与欧盟有关的国家的法律制度

过去的十年中，特别是2014年，在所有后苏联国家中，有两个国家在积极接近欧盟的行动中表现得尤为突出。首先是摩尔多瓦，其公民相当积极地与罗马尼亚（欧盟成员）统一思想。近年来，摩尔多瓦最重要的立法已符合欧盟立法。其国家管理程序的高度完善使得2015年摩尔多瓦公民欧盟游免签证得以启动。其次是乌克兰。乌克兰当局为了统一立法接近欧洲标准，正在进行连续而充分的快速改革。要实现这一目标的绝对障碍是乌克兰东部困难的经济形势和正在发生的冲突。尽管如此，变化正在迅速地发生。与摩尔多瓦不同的是，乌克兰与俄罗斯有着更为紧密的关系，并且在欧盟也没有这样的亲密伙伴。

3. 统一关税联盟与高加索国家的法律制度

以罗马—日耳曼法律为导向并且以加入罗马—日耳曼法律体系为改革方向的国家包括俄罗斯、哈萨克斯坦、白俄罗斯、亚美尼亚和格鲁吉亚。虽然这些国家法律制度的外在形式与罗马—日耳曼法律制度并没有很大不同，但是有很多原因不允许把这些国家的法律制度归因于上述法律制度，特别是在司法领域以及公共管理与经济活动的实践中。无论如何，应注意到在立法方面改善金融和经济活动领域的重大进展。统一关税联盟发挥了特殊的作用。

俄罗斯、白俄罗斯和哈萨克斯坦之间关税壁垒的缺失，实际上创造了一个共同的商品和金融市场。这个事实使得这些国家在企业监管领域的立法更加完善。事实上大企业可以利用一个国家的特点，决定在那里进行的核心业务，如在税收方面的特点。这种竞争的一个显著的例子是在设立公司的简易化评级中，白俄罗斯排第十二，新加坡和加拿大分别是第十和第十一。另一个重要的例子是俄罗斯民事立法的改革，这导致了许多公司立法接近于最佳西方实践。特别提出的是管理协议，现在可以由有限责任公司的参与者签署。高加索国家、亚美尼亚与格鲁吉亚都没有取得如此显著的成就。然而，在适当的筹备改革之后，亚美尼亚有望成为关税联盟的成员。另外国际上得到公认的格鲁吉亚，在打击腐败的斗争中取得了很大进展。国际竞争的挑战将为进一步改善这些国家的立法创造条件。

4. 中亚穆斯林占多数的后苏联国家的法律制度

中亚穆斯林占多数的后苏联国家中的乌兹别克斯坦、塔吉克斯坦、吉尔吉斯斯坦、土库曼斯坦与阿塞拜疆以罗马—日耳曼法为引导。虽然这些国家伊斯兰法律本质是一种声明，但确实不影响这些国家的法律制度的功能。这些国家成为一组的原因是这些国家的大多数人口都是穆斯林，而伊斯兰法作为伊斯兰共同体的权力，可以规范穆斯林生活的不同方面。这主要表现在法律意识的起源、法律意识和法律文化方面。不过在该组不同的国家中，情况是不同的。哈萨克斯坦，不考虑其地理位置，法律规定的质量有根本的不同，并未划入本组。比伊斯兰法影响更大的是官员的决定，法律和司法为商业提供的保障很薄弱。许多问题和冲突都不是通过法律程序解决的，而是通过非正式的谈判和接触解决的。由于对法律制度的低需求，这些国家的法律发展相当缓慢，并且没有形成一致的立法。也许最特别的是土库曼斯坦，因为土库曼斯坦是这些国家中最封闭的。事实上，在这个国家中，法律的作用是总统意志的实现。

综上所述，后苏联国家经过时代和历史的选择，有些已经对原先的经济法律制度进行了变革，现在，原先的苏维埃社会主义法系已成为历史，后苏联国家也加入大陆法系的阵营。

没有民事法律制度的发展，市场经济的运行是不可能的。苏联监管民事关系的改革是 1986 年的自我雇佣合法化。1988 年新合作社法律通过。因此，私有制和私有企业的合法化是在 1990 年年底发生的。后苏联国家面临建立自己新经济立法的需要，这些立法将确保这些国家的新经济系统的运行。民事法律制度改革的结果，是已完成法典汇编，利用了欧洲国家经验并结合其自身传统的特色。《俄罗斯联邦民法典》、1998 年的《白俄罗斯共和国民法典》、2003 年的《乌克兰共和国民法典》，连同《商业法典》一起，奠定了乌克兰经济管理的基础，并规范了商业关系。这些国家的民事法律都有相似的原则，如契约自由、保护财产、不干涉私人事务、拒绝前行政管理制度的原则。

与民事立法类似的系统为学说汇纂派，类似的民事法律制度序列，建立、变更和终止民事权利和义务的顺序，违约行为的法律责任以及免除此法律责任的条件，所有权的概念和内容，以及许多其他关键要求和立法行为的决定都是相同的。在几乎所有后苏联国家中，外国投资的法律制度与国内投资的法律制度相同，甚至更有利可图。这些国家中没有一个对外国企业的设立和外国董事有限制性规定。此外，一般来说，按照法律规定公司注册手续不需要很长时间，也没规定必须由公司法定代表人或经理本人到场办理。此类现象可能与腐败或国家机关工作效率低下有关。

后苏联国家的基本特征应包括其共同的文化空间以及共同的商业准则。如果某家外国企业有在其中一个属于后苏联国家开展业务的成功经验，那么该公司的成功经验也可以运用于其他后苏联国家。正是由于这一原因，国际公司通常把在后苏联国家的经营活动作为一个单独的区域划分出来。

在该区域内从事经营活动的主要风险如下：

（1）国家政权机构的高度腐败；

（2）所有权的较弱保障程度以及法律制度的较低发展水平；

（3）法律的复杂性，诸如许多部门机关层级制定的法规；

（4）国家政策制定的不透明性，政策制定缺乏长远发展计划，国家机构及其负责人决策的不可预测性；

（5）国家公职人员较弱的职业能力；

（6）商业经营方面的语言障碍；

（7）商务关系方面的素养较低，公司之间的互信程度较低。

在该区域内从事经营活动的主要优势如下：

（1）商业经营的高盈利率，许多经济领域方面的低竞争；

（2）相对而言较低的税负以及更多税收优化方面的可能性；

（3）商业经营方面的低费用、低劳动力成本；

（4）易于获得自然资源。

许多国家在国际直接投资领域已经采取了相当有效的立法措施。例如，哈萨克斯坦 2003 年通过了《投资法》，这项法律收集了与投资有关的规定，并通过向在哈萨克斯坦经营的投资者提供担保，建立了类似的外国和国内投资的法律制度。因此，根据哈萨克斯坦《投资法》第 4 条规定，哈萨克斯坦对投资者的权利和利益，以及政府当局的法律与哈萨克斯坦的立法不一致时，为适用政府当局的法律而导致的损失进行索赔的权利提供了充分和无条件的保护，确保投资者和哈萨克斯坦国家机构之间的合同条件的稳定性。为了加快对哈萨克斯坦的经济投资所需要获得的各种政府机构的许可证的批准，2015 年 12 月 1 日哈萨克斯坦完成了新"一站式服务"的构建。

白俄罗斯 2001 年通过了《投资法》，该投资法是一套管理复杂投资问题的法律规范。《投资法》规定了白俄罗斯投资活动的一般法律条件，并建立了激励机制和政府支持，还保证了投资者在白俄罗斯的权益保护。《投资法》保护外国投资者的财产权利，给他们不少于国内企业家的有利的经营环境，为他们在税收、关税和货币方面制定了特别优惠政策。

在乌克兰，关于投资活动问题的主要法律规定是《乌克兰共和国投资活动法》，该法第 9 条规定投资活动主体之间是一种特殊契约关系。关于投资活动的乌克兰法律，以及白俄罗斯和哈萨克斯坦的立法中，特别关注对投资活动主体权利的保障。

1999 年 7 月 9 日的联邦法《关于在俄罗斯境内的国外投资》，确立了向外国投资者提供在俄罗斯联邦境内进行投资及其因投资所获得的收入和利润、在俄境内开展企业活动的基本权利保障。具体来说，该法规定：（1）外国投资者开展业务活动和使用投资所得利润的法律制度优惠不能少于向本国投资者提供的法律制度。（2）向在俄罗斯联邦境内的外国投资者提供全面的无条件的权利和利益保护。这种保护由俄罗斯联邦法、其他联邦法律和俄罗斯联邦的相关法律法规以及俄罗斯联邦签署的国际条约来保障。（3）因国家机关或上述机构的公职人员的不法行为（或不作为）给外国投资者造成损失的，外国投资者有权索赔。（4）外国投资者有权在俄罗斯联邦境内以俄罗斯联邦法律不禁止的任何形式进行投资。（5）在例外情况下和依据联邦法律或俄罗斯联邦的国际条约之规定，外国投资者或有外资参加的商业组织的财产不应被强行剥夺，包括收归国有和征用。（6）外国投资者因在俄罗斯联邦境内开展投资和企业活动而引起的纠纷，依据俄罗斯联邦的国际条约和联邦法律，通过法庭或仲裁庭或国际仲裁（仲裁法庭）来解决。（7）俄罗斯联邦宪法规定，普遍公认的国际法原则和准则及俄罗斯联邦国际条约是俄罗斯联邦法律体系的组成部分。如果俄罗斯联邦国际条约确立了不同于法律所规定的规则，则适用国际条约规则。

后苏联国家采用的法律制度相当现代化，而且满足了全球经济的需求。对于那些已经对罗马—日耳曼法系有经验的投资者，其很容易理解这些国家的法律工作的组织原理。额外的复杂性可能是语言障碍和腐败。但是这些可以通过聘用专业顾问来避免。

公司法务部门和律师事务所为了在后苏联国家进行有效工作，不应局限于法律顾问的工作范围，还需要律师积极参与到实际商谈的过程中去；只有对商务有很深刻的理解，所提出的法律条文才会具有效力，才能提供确切的保障。这和不够健全的法律制度有着一定的关系，法律制度往往受到很多非法律因素干扰。正因为如此，在不考虑实际情况的条件下，就后苏联国家的相关法律问题仅进行咨询解答，往往会不实用并且不适用。

第三章 "一带一路"主要沿线国家投资法律环境分析与研究

自"一带一路"倡议提出以来，在"一带一路"沿线国家的投资已经明显增多，但整体而言，中国企业缺乏"走出去"的经验，与沿线大多数国家的互联互通任重道远。理论界对"一带一路"理论、战略构想等层面的解读较多，但对实际操作过程中应当怎样知己知彼，如何把控风险、保证安全等实务的探讨比较匮乏。深入研究"一带一路"实施过程中可能遇到的各类实际问题，是能让"一带一路"走得更远、影响更深的重要保障。

一、"一带一路"沿线主要大陆法系国家的法律环境分析

在"一带一路"沿线国家中，属于大陆法系的国家主要有泰国、越南、老挝、柬埔寨、伊拉克、土耳其、希腊、埃及、俄罗斯、乌克兰、白俄罗斯、格鲁吉亚、阿塞拜疆、摩尔多瓦、波兰、立陶宛、爱沙尼亚、拉脱维亚、捷克、斯洛伐克、匈牙利、斯洛文尼亚、克罗地亚、波黑、黑山、塞尔维亚、阿尔巴尼亚、罗马尼亚、保加利亚和马其顿。下文将选取其中几个具有代表性的国家，对其投资法律政策环境进行简要的介绍。

（一）泰国

1. 泰国的法律环境概况

泰国位于东南亚中部，与缅甸、老挝、柬埔寨和马来西亚接壤。人口约6800万，作为东南亚唯一没有被殖民过的国家，泰国以此为傲。这里自然资源丰富，具有"亚洲大米篮子"的称号，可为全国人口提供充裕的食品。这一切确保了泰国在亚洲经济竞争过程中，可专注于其现代化建设以及科技基

础设施的发展。

泰国法律的主体具有以罗马法典体系为基础的特征，混合了英国普通法和泰国自有的传统法。泰国的最高法为宪法，主要立法规范包括民法及商法、刑法、民事诉讼法、刑事诉讼法、税收法和土地法。

泰国的司法体系由四个主要机构组成，分别为司法法院、行政法院、宪法法院和军事法院。司法法院为其中最大的机构，并包含三级：一审法院、上诉法院和最高法院。行政法院包含两级：一审行政法院和最高行政法院，它们主要管辖处理国家或政府机构与公民之间的诉讼。宪法法院为高等法院，处理政府与宪法事宜。军事法院对军事犯罪和法律规定下的其他案件具有司法管辖权。

2. 泰国的投资法律制度

对于部分重要敏感产业之外的其他领域，泰国鼓励外国投资。为促进外商投资流入本国，并对拟投资项目的适当性进行评估，泰国政府于1977年设立了投资促进委员会（BOI）并制定了投资促进法案［B.E2520（1977）］。投资促进委员会的要求和政策曾进行数次更新和修改，以便进一步促进海外投资，特别是在那些对泰国经济有益的，且能为泰国带来新技术，创造更多就业机会和促进泰国社会发展的产业领域。

（1）外资企业法

规制外资活动的主要法律是1999年制定的《外商经营法》（FBA），该法限制外资企业在泰国从事某些活动，同时定义了"外国人"的具体内涵，将限制外资投资领域分为三类。《外商经营法》限制的外商投资项目分类有以下几点。

①清单1：在本清单上的商业活动对于外国人无例外地绝对禁止。此类活动包括土地交易、新闻机构、水稻种植、畜牧业、林业和森林木材加工、泰国草药提取。

②清单2：本清单上的商业活动禁止外国人参与，除非获得商务部的内阁决议批准，或外国人可获得来自投资促进委员会的投资促进许可，或由泰国工业管理局（IEAT）批准经营工业或出口贸易。

清单2上的商业活动涉及国家安全、文化问题、风俗传统以及国家自然资源与环境问题，如枪支维护、弹药、火药、炸药、船只、飞行器和其他军用车辆；古董贸易；木雕生产、金器、银器、乌银器、铜器或漆器；甘蔗制糖、矿盐生产；生产家具和器具用的木材加工业。

③清单 3：在本清单上的内容被认为是泰国人尚无法与外国人相竞争的商业活动。因此，外国人被限制参与此类商业活动。除非获得商务部公司注册处主管许可及外商委员会的批准，或获得投资促进委员会的投资促进许可，或获得工业管理局批准进行工业或出口贸易。

清单 3 上的商业活动包括如所有类型的批发（每家商铺注册资本至少 1 亿泰铢），所有种类的零售商品（最低注册资本小于 1 亿泰铢或每家商铺最低注册资本小于 2 亿泰铢），法律服务、会计服务、碾米业、经济或代理业务、拍卖销售、与传统农作物相关的国内贸易、商品或饮料销售、酒店业务（除酒店管理服务以外），以及导游和其他服务业。

（2）《外商经营法》（FBA）中的豁免情形

尽管存在以上规定，《外商经营法》规定了对外国人所适用的要求可以有例外，包括：

①因为泰国作为某国际条约的缔约方或受该条约义务约束，而使得外国人可以从事上述清单内的某一行业；

②获得泰国政府特许，外国人在一定时间内可以从事上述清单内的某一行业。

另外，其他《外商经营法》中描述的条件（或由相关部门规定的）也需外国人遵守并服从。包括最低注册资本要求、在泰国有住所的外国董事的数量、负债权益比率、启动商业运营所需的最低资本及维持时间、所需的技术贡献、专有技术或资产，以及政府或条约中规定的其他条件。

违反《外商经营法》的外国人或泰国人将面临入狱或罚金的处罚。另外，法院还可能命令其停止违法商业运营或关闭企业，或命令终止控股或合伙运营。违反法院命令的人将在违反期间被处以每日 10000 ~ 50000 泰铢的罚款。

（3）投资促进

通过投资促进法案，投资促进委员会提供了税务和非税务激励、国家担保和商业保护以鼓励外商来泰投资。此类促进类优惠鼓励政策，往往附带诸如外资所有权比率规定、资本的数额和来源，以及工人、技术人员和专家的数量及国籍、最低生产水平和负债权益比率等条件。

（二）越南

1. 越南的基本法律环境概况

越南社会主义共和国位于印度支那半岛东部，与中国、老挝、柬埔寨三国接壤。越南大约有9000万人口，越南人是人口最多的种族，占总人口的88%，其他则是少数民族。

越南的法律制度属于大陆法系，源自法国民法。越南的法律也受其他国家法律的影响，比如中国。然而，越南的立法者在制定法律的时候不考虑法律的体系。

2. 越南的投资法律概况

（1）投资主管部门

越南投资的主管机构是各省的计划和投资局或者是各个工业区、出口加工区、高新技术区、经济开发区的管理委员会。某些投资项目可能需要国会、总理或者其他相关省份的人民委员会根据个案情况进行审查。

（2）投资行业规定

2014年的《投资法》以及2014年的《企业法》（统称"新法"）于2015年7月1日生效并取代了2005年的《投资法》和《企业法》。

（3）投资方式

新法允许境外投资者（法律实体或个人）参与越南以下主要种类的经济活动，但是特殊行业的投资如银行和保险需要符合特殊法律法规的规定。

①通过对经济组织出资，购买经济组织全部或部分股份。一个境外投资者可以通过以下形式对经济组织进行出资：购买股份公司首次公开发行的股份或增发的股份；对有限责任公司或者合伙企业进行出资；对经济组织进行其他形式的出资。

②以商业合作合同的形式进行投资。商业合作合同（BCC）不是一个法律实体，而是一个或多个境外投资者与一个或多个境内投资者之间的合同。商业合作合同必须规定各方的权利和义务。商业合作合同被允许在越南设立运营办公室作为商业合作合同的代表处。在业务进行过程中，各方可以设立

一个协调委员会来处理合作的业务。协调委员会的职能、义务、权利由各方进行约定。

③以公私合作模式合同的形式投资（PPP）。2014 投资法提供了一种新的投资形式：公私合作模式（PPP）。PPP 合同不是一个法律实体，而是一种私人投资者和政府机构之间关于项目建设、修缮、升级、扩建、管理和基础设施运营的合同。

④建设—运营—转让（BOT），建设—转让（BT），建设—转让—运营（BTO），或建设—运营（BO）的安排。上述这些投资形式用于诸如运输、电力、供水、水处理、排水等基础设施的建设。在基础建设领域对境外投资者没有限制。在公共投资法以及政府于 2015 年 2 月 14 日颁布的规定 15/2015/ND–CP 中，政府鼓励投资者对包括道路、铁路、航空、海运、水利、垃圾回收、电站、输电站等方面的基础设施进行投资。

⑤分支机构。分支机构是境外实体的一部分，可以根据越南签署的国际条约开展相关的商业活动。原则上政府会在最长 13 天之内对设立分支机构或代表处的申请完成审批，而实际上目前来讲基本不可能在越南获得设立分支机构的许可。

⑥代表处。除境外投资的许可之外，越南还允许境外投资者设立代表处。

（三）老挝

1. 老挝的政治、经济、社会和法律环境概述

老挝是一个政治稳定、严格恪守文化传统和践行务实的全球经济一体化国家。在 20 世纪 90 代中期，国家开始进行改革开放，允许外商投资及贸易，这一举措在 2000—2010 年中期急剧加速。现今，作为东南亚国家联盟（以下简称"东盟"）和世界贸易组织（以下简称"世贸"）的成员，老挝已致力于与其邻国有更深层次的经贸往来。

老挝北部与中国、缅甸接壤，东部与越南接壤，西部与泰国接壤，处于地理战略地位。对基础设施的投资促进了中国和东盟贸易的增长，且这一势头还将持续。当局计划将老挝从一个闭塞的内陆国家转变为四通八达的陆上交通枢纽，这同样也显示了老挝政府正着力利用其独特的战略性地理位置为自身谋取利益，希望借助一条东西走向的经济走廊，连接起东部越南的沿海

口岸、曼谷制造业的中心，以及缅甸的港口土瓦和提拉瓦。老挝已在重要前沿地区布局经济特区网络格局，致力于促进双边贸易、物流业、现代制造业及加工业。

老挝的经济多样化和更加灵活的监管机制对国际投资者来说也许更具吸引力，但值得注意的是这一国际经济一体化进程仍被认为是谨慎的。监管改革，本能地支持一体化，也保护了国家的文化价值观和环境资源。

老挝的法律制度在很大程度上受习惯法的影响，习惯法是调解老挝居民法律关系的重要方式之一，同时在法国殖民统治时期也受成文法编制的影响。现代编纂的法律体系仍处于萌芽阶段，司法机构的水平也需进一步提高。近年来，由于法律的宣传和出版以及管控机制的完善，立法程序也更加透明。

2. 老挝的外商投资法律概述

在老挝，主管外商投资的法律是《投资促进法》及《投资促进法实施条例》。老挝与外国投资相关的主要法律有以下几部。

（1）投资法

《老挝人民民主共和国投资促进法》（2010）由原来的《老挝人民民主共和国国内投资促进管理法》和《促进和管理外国在老挝投资法》合并而成。该法鼓励外国投资者以多种投资方式投资老挝各领域，包括农林业、工业、服务业等。设立"一站式"投资服务机构以简化手续。该法许可外资设立独资企业和合资企业。合资企业中外方出资额不得少于注册资本的30%。

在手续办理方面，老挝政府部门的效率仍然比较低下，需要外方想方设法推动进程。

（2）土地法

如前所述，根据《老挝人民民主共和国土地法》（1997），土地的所有权属于国家。土地设立使用权，可授予个人和组织。本国公民可以取得无期限的使用权并获得土地证。该使用权也可以转让、抵押、继承。但是各类组织所取得的土地使用权只能占有使用，无权转让、出租、出资入股或设定担保。对于外国人和外国企业，则只能租赁土地，不能取得物权意义上的土地使用权。

（3）进出口管理法

这方面的法律主要有《老挝人民民主共和国进出口关税统一与税率制度商品目录条例》（1994）、《老挝人民民主共和国出口与进口管理令》（2001）、《老挝人民民主共和国海关法》（2005）、《老挝人民民主共和国关税法》（2005）等。老挝对企业经营进出口业务没有资格限制。对少数商品有出口限制，如禁止原木和锯材直接出口，必须加工为成品后才能出口。

（4）外汇管理法

这方面的立法主要有《老挝人民民主共和国中央银行法》《老挝人民民主共和国关于外汇和贵金属流通管理的法令》《老挝人民民主共和国银行关于在境内使用外汇的公告》等。根据这些法律，外币在本国的使用受到严格禁止。

（5）税法

根据2005年的新税法，税种包括间接税和直接税，间接税包括营业税、消费税，直接税有利润税、最低税、所得税、各种手续费和服务费，课税对象既包括任何个人和法人组织在本国的财产和收入，也包括在老挝拥有户籍或经营场所的个人、法人组织在境外的收入。

（6）劳动法

《老挝人民民主共和国劳动法》（2007）要求外国投资者优先雇用老挝公民。其第25条对此做了专门规定，如雇用外籍员工，必须经过选拔程序且通过劳动管理机关的批准。同时规定了外籍员工所占比例：对于体力劳动岗位，劳动单位接受的外籍雇员的人数可占总雇员人数的10%；对于专业岗位，允许接受的外籍雇员的人数可占总雇员人数的20%。若需超过此限度，则须获得政府批准。外籍员工有义务将专业知识传授给老挝工人。政府还制定保留职业列表禁止聘用外籍雇员。此规定须引起中方投资者或建筑商的注意。若大规模从国内调动工人跨境作业，就需要合理地设置劳动关系，并说服老挝政府劳动部门理解和接受中方的安排。

（四）柬埔寨

1. 柬埔寨的社会法律环境

柬埔寨是君主立宪制国家，其宪法确立了柬埔寨采用自由、多党民主和市场经济原则。虽然国王实施统治且是国家元首，但不参与国家治理。柬埔寨政府分为行政、立法和司法三个部门。柬埔寨在其宪法中也采取了中立和不结盟的立场。除加入其他组织外，柬埔寨还于 1995 年加入联合国，于 1999 年加入东盟。柬埔寨于 2004 年成为世界贸易组织的成员。

柬埔寨实行开放的自由市场经济政策，经济活动自由度高；同时美国、欧盟、日本等 28 个国家 / 地区给予柬埔寨普惠制待遇（GSP）；另外世界七大奇观之一的吴哥古迹等旅游风景区，每年吸引数百万的外国游客，同时也吸引着具有国际管理经验的外商投资其酒店等旅游产业。

柬埔寨政府视外国直接投资为经济发展的主要动力。没有专门的外商投资法，对外资和内资基本给予同等的待遇，其政策主要体现在《柬埔寨投资法》及其修正法等相关法律规定中，为外国投资者提供了相对优惠的税收、土地租赁等政策。

柬埔寨发展理事会是唯一负责重建、发展和投资监管事务的一站式服务机构，由柬埔寨重建和发展委员会以及柬埔寨投资委员会组成。该机构负责对全部重建、发展工作和投资项目活动进行评估和决策，批准投资人注册申请的合格投资项目，并颁发最终注册证书。但对于以下条件的投资项目，需提交内阁办公厅批准：①投资额超过 5000 万美元；②涉及政治敏感问题；③矿产及自然资源的勘探与开发；④可能对环境产生不利影响；⑤基础设施项目；⑥长期开发战略。

柬埔寨的法律不健全，特别是关于经济、商业、贸易等方面的法律法规欠缺，无经济法庭，在一定程度上存在着"无法可依""有法不依""执法不严""违法不究"的现象。在前往柬埔寨进行投资时，应对此情况高度重视。建议聘请当地有经验的律师解决纠纷，保护自身利益。

这个国家一直致力于更好地融入全球经济，通过在亚洲建立一个外国投资最开放的市场，为外商直接投资创造一个友好的环境，并且为外商投资提供了大量的激励措施。

2. 柬埔寨的投资法律制度概况

（1）投资监管部门

柬埔寨发展理事会（CDC）是柬埔寨公共和私人领域投资寻求投资激励

的主要决策机构。柬埔寨发展理事会由首相担任理事会主席，并由各政府机构的高级部长组成，旨在为柬埔寨的国外和本国投资者提供一站式服务。如果投资者想要建立一个普通企业，即不从事受管控领域或不欲获得投资激励，投资者无须柬埔寨发展理事会批准，而是通过商务部（MOC）开展相关业务活动。

（2）投资行业的法律法规

1994 年通过并于 2003 年修订的《投资法》是促进和管制柬埔寨投资的主要法律。该法创造了非常开放的投资环境，对外国投资的限制很少。《投资法》通过两个主要途径实现投资激励，即合格投资项目和经济特区。

第 111 号二级法令 AN K/BK 配备一份附件，列出了禁止类投资活动以及允许开展但无激励类投资活动。禁止类投资活动例如生产麻醉品和生产影响公众健康和环境的有毒化学品或农药。允许开展但无激励类投资活动包括银行和金融、餐馆、专业服务、旅游服务和商业活动，包含进出口、批发和零售。较小规模的农业、畜牧业和木材生产无法获得投资激励，但这些领域的大型项目则可能符合获得投资激励的资格。

第 148 号二级法令 AN K/BK 及其修正案，通过第 28 号二级法令 AN K/BK，涵盖了在柬埔寨建立和管理经济特区各方面的内容，以便改善投资环境。除了制定建立和管理经济特区的法律框架外，它还概述了开发经济特区以及投资在经济特区经营的企业可享受到的税收和非税收激励。

（3）投资形式

①合格投资项目

合格投资项目是一种在柬埔寨发展理事会注册的投资项目，因此有权享受《投资法》规定的投资激励和优惠。《投资法》下的具体保证包括任何合格投资项目不会被国有化，也不会受到对所提供商品或服务的价格管控。合格投资项目的投资者也可以自由汇出外汇。

合格投资项目分为三类。第一类，国内合格投资项目不以出口为目标，而着眼于当地消费。该项目可以为其非出口产品进口免税的建筑材料和生产设备。第二类，出口合格投资项目，至少部分产品用于出口。该项目可以进口与出口产品相关的免税的建筑材料、生产设备。第三类，扶持产业合格投资项目将其 100% 的产品提供给出口合格投资项目，以代替该项目定期进口原材料或配件。除了进出口关税的豁免外，合格投资项目还将获得税收利润奖励，包括免交至少 3 年的利润税。此外，这些项目中作为管理人员、技术员和技术工人的外国雇员还可获得签证和工作许可。

②经济特区

经济特区的目的是将工业和相关活动集中在一个区域。每个经济特区应设有一个生产区，可设自由贸易区、服务区、住宅区和旅游区。经济特区可包括一般工业活动或出口加工活动。每个经济特区的最终登记证书对其激励措施进行描述，投资激励措施须向区域开发商和区域投资者提供。区域开发商是开发经济特区包括开发其实体基础设施的自然人或法人。区域投资者是在经济特区运营、从事投资活动的自然人或法人。类似于经济特区外的合格投资项目，经济特区可以免除建筑材料、生产设备和其他生产性进口的关税，也可以为区域投资者提供利润税和增值税税收激励。

（4）市场准入标准及审核

柬埔寨市场通常对外国投资非常开放，被认为是东盟国家中最开放的市场。除土地所有权外，几乎所有领域都向外国投资者开放。在允许外国投资的任何领域中，外国投资者享有与当地投资者平等的待遇。外国人可以拥有某些物业单位，但外国人不能拥有柬埔寨的土地。不过外国人可以长期租赁土地。

市场准入的确切要求将取决于外国投资者是寻求投资激励还是寻求投资受管控领域，如银行和金融或电信。若外国投资者只是试图在柬埔寨建立一家业务活动不受特殊管控的公司，并且该公司不寻求投资激励的，其一般程序首先是通过商务部的在线业务登记门户向商务部注册。在向商务部注册后，公司将向柬埔寨税务机关以及劳动和职业培训部注册，以便能够合法开始业务活动。

（五）埃及

1. **埃及的法律环境概况**

埃及受法国法律体系影响，是大陆法系国家。埃及宪法是埃及的基本法。目前的埃及宪法（2014）是在 2014 年元月经公投通过的。2014 年宪法主要确定了政府的组织结构和各职能机构，以及各职能机构之间的相互关系。同时，宪法也规定了议会和政府在立法时应当遵守的重要的法律原则。

2. 埃及投资法律概况

这些法律主要有 1997 年第 8 号《投资法》及 2015 年第 17 号修正案（统称《投资法》）、1981 年第 159 号《公司法》及其 2015 年第 17 号修正案（统称《公司法》）、2005 年第 91 号《所得税法》及其 2015 年第 17 号和第 96 号修正案（统称《所得税法》）。

总体上，埃及的法律是对投资者有利的。基本上，埃及大多数关于投资的法律并没有区分外国投资者和本国投资者，原因主要包括以下几点。

（1）法律规定从事某些行业的公司的注册资本金必须全部由本国投资者出资，这些行业包括经销、进口、货币兑换。除了这些以外，法律允许外国投资者设立商事组织而不要求该组织必须有埃及本国投资人做股东。另外，法律允许股份公司的董事会成员全部是外国人，而股份公司是埃及大中型企业最常见的组织形态。

（2）法律允许公司包括外商独资公司为经营需要而购买不动产，如土地和房屋。

（3）埃及法律中投资保障和激励措施同等适用于外商投资者和本国投资者。

（4）立法不限制外国投资者将投资收益汇出，只要该汇款是通过在埃及设立的银行汇出的。外商投资者也无法定义务必须将部分投资收益再投资埃及。

（5）埃及投资方面的法律禁止政府国有化任何公司。

（6）总的说来，投资保障和激励措施并没有特别利于某些特定的商业活动而不利于其他商业活动。

上述的法律规定似乎有利于投资者，也的确吸引了外国投资者到本国投资。然而，在投资过程中，处理与政府当局的关系仍然是许多投资者面临的挑战，尤其是在 2011 年埃及革命后许多政府官员由于害怕承担责任而怠于履行职责。

2011 年埃及革命之后以及接下来的几年，埃及政府在挽救动荡的经济和挽回不断减少的投资方面做出了巨大的努力，原因是经济发展和外商投资对埃及的稳定和发展非常重要。政府当局对投资框架做了广泛修改。最主要体现在埃及试图通过改善框架本身以及对特定的行业提供保障和激励措施来吸引外国投资者。激励措施主要是优化程序和非征税优惠，但不等同于税收减免。整个20世纪90年代和21世纪前10年非征税优惠一直是主要的吸引投资的措施，但事实证明该优惠措施在吸引长期投资方面并未起效。

作为投资框架协议的一部分，埃及发布了新的法律来规范动产质押。它解决了融资提供方所面临的现实问题，同时也从根本上改变了质权的法律规范体系。新的法律创设了一个新的在线平台，该平台一旦启动，将会改变工程项目融资方式。

同时，埃及新制定了一项法律，对《投资法》《公司法》和《所得税法》进行了修正。这项法律的基本导向是集中化，内阁从微观管控后勤经济发展，主要负责决定投资地区、投资领域、投资重点和激励措施。除此之外，修正案对特定的投资项目引入了非征税激励措施，包括较低的能源关税，以及无偿土地和低价土地。新法重新构建了部分行业部门，包括不动产抵押贷款、私募保险基金、采石和采矿、证券和汇款、药物注册以及植物品种保护。

（六）希腊

1. 关于希腊政治、经济、社会及法律环境的简介

20世纪90年代末，希腊金融投资行业一直处于稳定向上的成长态势。直到2008年，受世界金融危机的影响，希腊国内爆发了严重的经济危机，希腊的发展及投资就此受到严重影响。

由于世界经济的滑铁卢，包括希腊在内的欧元区中，某些薄弱的经济环节受到了致命的打击。为了应对经济颓势，2009年年末，十年期希腊国债匆匆上马。然而，这一措施非但未缓解压力，反而和激增的国库赤字、对外部投资的过度依赖一起加重了希腊的经济负担，令各种项目和资金投入降到了冰点。

在2010年到2015年之间，由于财政预算减少，希腊政府不得不多次采取财政紧缩措施，却也因此加剧了市场的衰退。希腊政府为振兴经济，推行新的法律法规以进一步吸引对希腊的投资，进而反制不利的经济及社会环境。

2010 年，《快速通道法》通过，提供了一系列豁免及简易程序，以加快对战略投资的授权和批准。2016 年，在《快速通道法》期限届满后，《投资激励法》正式生效，进一步为广泛的商业领域内符合条件的投资计划提供补贴。

希腊私有化项目于 2011 年启动，一方面诚邀投资者在基础设施建设、能源、不动产和其他经济领域进行直接投资，另一方面试图吸引国际资本对港口、机场、供水、高速路、铁路以及能源等大规模综合性基础建设进行投资。尽管 2014 年后期以及 2015 年大部分时间内存在诸多不利因素，该项目仍在进行。2015 年年末至 2016 年，很多大型交易圆满完成，包括 14 个地区的机场私有化和比雷埃夫斯港务局向中国远洋运输集团转让大部分股权等项目。

2. 希腊投资法律概述

（1）投资监管部门

希腊的投资政策主要是由经济发展部制定的。"希腊企业网"设立的初衷是成为面向外国投资者的联系中心。作为希腊政府的官方代理机构，希腊企业网由希腊经济发展部监管，旨在促进对希腊的投资以及引导有意在希腊经商的投资者。但是，不同的投资领域可能会有其他具有投资监管职能或许可职能的政府部门、地方当局、政府代理机构和独立监管机构的介入。例如，能源领域的投资由能源部和独立能源监管机构监管及许可；类似的，如果投资者涉及的市场属于希腊竞争委员会的监管范围，则需取得希腊竞争委员会的许可。

希腊私有化项目旨在为希腊吸引基础设施、能源和房地产方面的投资。希腊资产发展基金（HR ADF）是在该私有化项目下为吸引投资而设立的，该基金的主要任务是希腊发展及资产出售所得收益的最大化。希腊资产发展基金（HR ADF）负责资产处招投标活动的发起及筛选，决定优先的投资者。

（2）投资行业法律法规

针对不同的投资领域，投资者可能需要面对不同的法律法规。

自 2010 年起，由于财政预算减少，希腊政府不得不多次采取财政紧缩措施，却也因此加剧了市场的衰退。希腊政府为复苏经济，推行新的法律法规以进一步吸引投资，进而反制不利的经济及社会环境。

修订后现行有效的《加快及透明实施战略投资的规定》（3894/2010）或《快速通道法》为实施大型的公共项目或私有项目提供了一套统一的规则、程序及管理架构，旨在扫清诸如官僚主义、立法错综复杂、缺乏透明度等关键障碍。

《为战略及民间投资创造友好发展环境的规定》（4146/2013）是对《快速通道法》的进一步强调和补充，它简化了行政许可程序并试图为战略投资建立一个"一站式审批大厅"。

（3）投资方式

通常，投资者向希腊投资的方式会受到限制。投资者可选择直接投资（如股权参与或资产收购）或通过购买可转换债券的方式进行间接投资。

（4）市场准入标准及审查

希腊作为欧盟成员国，是欧盟统一市场的一部分。欧盟统一市场有时也被称为欧盟内部市场，是一个欧盟内部人员、货物、服务及货币可以如同在一国国内自由流通的市场。非欧盟成员国国民原则上可以自由进入该市场，除非出于国家及公共利益或国家安全考虑而施加限制。

（七）俄罗斯

1. **俄罗斯的投资环境优势**

俄罗斯联邦是一个幅员辽阔、资源丰富的国家，并具有多样性。俄罗斯覆盖亚洲和欧洲部分地区，与之接壤的国家有挪威、芬兰、爱沙尼亚、拉脱维亚、波兰、白俄罗斯、乌克兰、格鲁吉亚、哈萨克斯坦、中国、蒙古国和朝鲜。俄罗斯拥有 60 多个民族，俄罗斯族占人口大多数。

政府体系为联邦制，国家元首是总统，政府首脑是总理。俄罗斯联邦由 83 个联邦主体组成，其中，莫斯科是国家的首都。俄罗斯已经成为一个以市场经济为基础的国家。俄罗斯是亚太经济合作组织（APEC）和欧亚经济联盟（EAEU）的成员。

俄罗斯的法律体系遵循成文法，其基于制定法，而不像判例法基于判决先例。俄罗斯的制定法包括宪法、联邦宪法性法律、联邦法、总统法令、政府规章和联邦地方成员的法律。按照俄罗斯法律体制，俄罗斯司法制度分为三个分支：普通法院系统、仲裁法院系统（其以最高法院为最高审级），以及宪法法院（其为无下级法院的机构）。

近年来，俄罗斯联邦创造最有利于外商投资的环境，稳定经济和法律环境。为此，俄罗斯联邦对促进外商投资相关法律进行了定期和有效的修订。此外，金融机构也处在吸引外资的发展进程中。

金融危机爆发后的2009年，俄罗斯吸引外资陷入低谷。为吸引更多外资，俄罗斯政府提出了"现代化战略"，推行国有资产私有化，并通过修改相关法律法规，简化外资手续、调低外资准入门槛，成立"俄罗斯直接投资基金"等措施，吸引外资呈回暖趋势。根据世界经济论坛《2014—2015年全球竞争力报告》，俄罗斯在全球最具竞争力的144个国家和地区中，排第53位。

2. 俄罗斯的投资法律环境

俄罗斯与投资相关的主要法律有《俄罗斯联邦外国投资法》《俄罗斯联邦海关法》《俄罗斯联邦劳动法》《俄罗斯联邦税务法》《俄罗斯联邦民事法》《俄罗斯联邦建筑法》《俄罗斯联邦经济特区法》《俄罗斯联邦证券市场法》《俄罗斯联邦环境保护法》《俄罗斯联邦租赁法》《俄罗斯联邦矿产资源法》《俄罗斯联邦对保护国防和国家安全具有战略意义的经济主体进行外国投资的程序法》等。

俄罗斯主管投资的政府部门有经济发展部、工业贸易部、国家资产委员会、司法部国家注册局、反垄断局、联邦政府外国投资咨询委员会、中央银行、财政部、联邦金融资产管理署、联邦政府外国投资者监管委员会等。俄罗斯政府鼓励外商直接投资的领域大多是传统产业，如石油、天然气、煤炭、木材加工、建材、建筑、交通和通信设备、食品加工、纺织、汽车制造等。2008年，俄罗斯通过了《俄罗斯联邦对保护国防和国家安全具有战略意义的经济主体进行外国投资的程序法》，明确规定了13大类42种经营活动被视为战略性行业，属于限制性投资行业。俄罗斯禁止外资投资经营赌博业、人寿保险业，禁止外资银行设立分行，禁止外国保险公司参与其强制保险方案。

2011年，俄罗斯对《俄罗斯联邦外国投资法》进行了修改，简化了公司注册程序，降低了外资进入门槛，目前政府已通过一揽子修改条款，涉及简化外资进入食品、医疗、银行及地下资源使用等行业的手续。如前所述，由于俄罗斯在关系到国家安全的42个战略领域上，对外资比例设定了严格的限制，因此，在去俄罗斯开展投资活动时，建议向当地资深律师咨询项目的可行性及投资领域、规模、期限等限制。中俄两国签订有相互保护投资协定等协议，建议投资者充分了解其内容，以维护自身的合法权利和利益。

（1）投资监管与主管部门

投资是基于市场导向经济而发生的复杂且多面的现象。它为大量参与者提供了积极协作的机会，包括私人、公司和国家。在各自的特定场合中，这些主体能够有不同目标，但又能不断地共同追求利润和增加资本。一国稳定的投资环境主要归功于稳定的立法，它是市场客观要求的反映。俄罗斯联邦有关投资事项的立法包括《俄罗斯联邦外国投资法》《俄罗斯联邦资本性投资行为法》《联邦投资基金法》等。上述法案大多存在 15 年以上，因此也进行了大量的修订。对修订的分析可以得出这样的结论：联邦投资法律的趋势是逐渐"抹去"国内投资者和外国投资者的差别待遇。

联邦法律中具有重大意义的是《俄罗斯联邦外国投资法》，其作为一部基本法案以应对关键经济领域的挑战，发挥了吸引外国资本来俄罗斯的作用。该法界定了外国投资者活动的法律领域，提供了与其相关的保障体系，以及付诸实施所需的有效操作手段。此外，该法根据《反垄断法》引入了竞争领域的外国投资者行为规制的特征，而且授权俄罗斯联邦政府以联邦代理的身份来负责将外国资本引进俄罗斯。

（2）投资行业的规定

在法规层面，至关重要的是出台关于市场准入的例外清单。在俄罗斯联邦没有针对本国和外国投资人的负面清单。然而，对投资于国防和国家安全等战略性领域的公司是有特别规定的，这意味着外国投资者必须遵守一定的例外要求。

根据《俄联邦外国投资具有国防支持和国家安全保障战略意义经营实体的程序法》，在以下相关行业存在限制性市场准入：

①在联邦重要区域进行矿产资源的开发和生产；

②航空航天；

③在俄罗斯市场自然垄断和公司占据主导地位；

④生物资源的输出；

⑤水文气象和地热处理；

⑥核材料和放射性物质；

⑦加密工具和机密数据仪器；

⑧军事。

对外国企业的限制也适用于向其他信贷组织和保险公司放置存款或投入现金。

关于保险，如果外国股份在保险公司注册资本所占比例超过25%，保险监管机构要停止发放保险公司许可。

（3）投资方式

基于分类标准，投资可以分为：①实体，金融和投机；②直接和组合投资；③总投资和净投资。

投资也可以被明确为短期投资（1年以下）、中期投资（1～3年）和长期投资。根据营利因素可选择高、中、低和无营利的投资。根据使用资本的来源可以将投资分为初始投资（启动投资）、再投资和撤资。其他的分类有净投资和毛投资以及创新投资和无形资产投资。有种特殊形式的投资是年金型的，其在特殊时间进行，但只有在规定的期限之后或确定的事件发生时才产生利润。此类投资往往与高风险相关联。

（4）准入条件及审查

《俄联邦外国投资具有国防支持和国家安全保障战略意义经营实体的程序法》禁止外国、国际组织以及其控制下的组织，进行可导致对从事国防和国家安全特别重要活动的组织形成控制的交易，以及进行收购资产价值达该组织资产价值25%以上的财产所有权的收购行为。所以，外国国家组织不被允许进行能使其控制俄罗斯战略重要性公司的交易，例如购买此类公司50%以上表决权股份（股票）。

"控制外国投资的政府委员会"对导致外国投资者或包括外国投资者的团组控制战略型经营实体的交易，执行初步审批。

另外，一些交易种类能够由外国组织单独进行，其前提是取得公共机构的事先同意，例如收购俄罗斯战略重要性公司5%以上表决权股份（股票）。

就农业用地，不仅对有100%外国资本的外国法律实体进行限制，而且对注册资本中外国公民、外国法律实体和无国籍人持股超过 50% 的俄国法律实体也进行了限制。就此类土地，外国实体只能以租赁方式取得供应。

俄罗斯联邦反垄断服务局（FAS）在控制外国投资方面的主要目标包括：控制外国投资；给控制外国投资的政府委员会提供信息和分析支持；在该领域实施侦查和预防违法的措施；对俄罗斯 FAS 地区办事处提供方法性支持。

（八）白俄罗斯

1. 白俄罗斯的主要社会法律概况

白俄罗斯是位于东欧平原的内陆国家，毗邻俄罗斯联邦、乌克兰、波兰三个东欧大国。1991 年 8 月 25 日，白俄罗斯宣布脱离苏联独立，宪法将国名定为"白俄罗斯共和国"，并将首都设于明斯克，国土面积约为 20.76 万平方公里。白俄罗斯是独联体成员国，欧亚联盟创始国。近年来，白俄罗斯政局稳定，经济发展平缓，国民教育基础良好，劳动力素质较高，具备一定的投资与贸易前景。中国与白俄罗斯自 1992 年建交以来，两国关系发展顺利，贸易往来增速较快。由于其连接独联体与东欧的地理优势，白俄罗斯成为中国企业进驻欧洲市场、独联体市场的重要平台。中国与白俄罗斯已有大量成功项目与交易案例。2014 年 12 月，中国开通世界最长铁路"义新欧"（义乌—新疆—欧洲）线路，途经白俄罗斯。2015 年 4 月，中国国航开通北京—明斯克—布达佩斯航线。

白俄罗斯由于其长期的计划经济体制导致拥有大量的国家企业，私有化程度较弱。近年来的几次经济危机使白俄罗斯意识到经济体制改革的重要性。重视私有财产、国有企业与资产的改革与重组已经成为白俄罗斯经济发展的趋势。新的改革举措与合作模式的提出为投资白俄罗斯的中国企业带来了前所未有的商机。为了刺激国内经济发展与对外贸易的力度，白俄罗斯为投资者制定了一系列的优惠政策，例如通过利润税优惠吸引外资，设立自由经济区（FEZ）鼓励新型先进技术行业的兴起和发展，在高科技园区实行税额减免政策，为高新产业的发展带来实惠。另外，为外国投资者简化了企业实体注册程序，放宽了外汇交易，简化了商品的进出口与储藏途径。

白俄罗斯的法律总体上较为稳定。然而伴随着经济体制的改革，法律的制定与修订、政策规范的制定与改良也不可避免。因此，对于中国的投资者而言，掌握最新的法律与政策显得尤为重要。

2. 白俄罗斯的投资法律概况

根据世界银行公布的一份报告，白俄罗斯近期在其经商容易度排行榜中排名第 37 位，这主要归功于白俄罗斯有关创办企业的程序得到了很大改善。排名改善的原因还包括公司、税收和投资法律的持续稳健改革。

独立后的 25 年间，白俄罗斯已经成功创造了自己的投资，其中有成功也有失败。白俄罗斯在苏联解体后市场经济改革实施缓慢，导致其拥有大量的国有资产，70% 的工业部门为国有。私有化进程通常在经济低迷时更活跃，并以效率最大化为目标。

白俄罗斯的经济受到俄罗斯市场和世界石油价格的严重影响。白俄罗斯拥有强大的炼油行业，该行业以低廉的价格采购俄罗斯原油并以市场价格出口成品油。在 2006 年至 2009 年油价较高时，白俄罗斯积累了一定的财政储备，也为国有控股企业和可持续的市场发展以及 GDP 增长提供了重要的政府支持和财政援助。这些事实缓解了全球金融危机的严重影响，并与法律和商业环境的逐步有利变化一起刺激了白俄罗斯经济 2008 年至 2010 年的发展。

尽管如此，白俄罗斯在 2011 年仍遭受了金融危机的严重影响，引发危机的原因是政府在没有足够的生产力增长支持的情况下执行了工资上调。危机的产生还受到俄罗斯能源投入的成本增加以及白俄罗斯卢布估值过高的影响，并最终导致白俄罗斯卢布将近 3 倍的贬值。这场危机可以说在一定程度上促使白俄罗斯启动了私有化进程。38 家中小型重组国有企业的股份被成功出售给白俄罗斯和俄罗斯的投资者。

白俄罗斯经济的发展并未停滞不前，一个与私有化不同的新的趋势开始出现，即外国投资者选择与当地企业成立合资公司。一个典型的合资项目涉及一家大型国有控股公司，还应与国家签订投资协议以确保项目的稳定。

白俄罗斯正努力发展自身的商务法律框架以便维持其在地区中的竞争力，进而吸引更多的外国投资以推动出口导向型行业的发展，促进经济的现代化。

（1）监督投资部门

投资问题涉及多个主管部门，包括总统、部长会议（国民政府）、地方行政和监管机构，主要是由经济发展部及下属的国家投资和私有化局掌管。经济部负责协调其他主管部门和机构，制定促进和吸引投资的措施，确保来自预算和其他投资来源的资本投资额，并监督资金的使用。

国家投资和私有化局代表白俄罗斯共和国处理投资和私有化问题，并促进直接投资；负责寻找投资者，与他们达成协议，组织以私有化为目的的特定程序和活动，制定并执行建立和改善白俄罗斯共和国投资形象的措施。

（2）投资行业法律法规

《投资法》规定了与投资有关术语的主要定义，确定了投资原则和方式；还规定了投资的特定限制条件，比如禁止投资白俄罗斯共和国法律规定的禁止投资领域，以及除非获得反垄断主管部门的同意，禁止投资占市场支配地位的法人实体。

（3）投资方式的规定

《关于建立在白俄罗斯共和国投资附加条件的总统令》调整了就优先类型的活动和经济行业与白俄罗斯共和国达成投资协议的问题。《关于国有资产私有化和国有单一制企业转变为上市的股份公司的法律》规定了国有公司私有化和国有单一制企业转变为上市股份公司的问题。《公私合营法》于2016年7月2日生效，确定了国家（国家合作方）与私营企业（私营合作方）之间建立的一种新型正式的契约安排，即PPP协议——此种协议可通过国家主管部门组织的投标程序达成。

（4）双边投资协定

白俄罗斯通过一系列关于促进和保护投资的协议为外国投资者在白俄罗斯的活动提供了多重保障。

白俄罗斯当前与中国、英国、法国以及"一带一路"沿线国家共60余个国家签订了有关促进和保护投资协议，其还是多个跨境投资活动多边条约的参与国。

（5）投资形式

《投资法》规定可通过下列方式进行投资：

①建立商业组织；

②购买或创建（包括建造）不动产；

③获得知识产权的实体权利；

④购买股份；

⑤其他方式。

上述形式受适当的法规约束，但不具有投资法律规定的重要特性。

（九）哈萨克斯坦

1. 哈萨克斯坦的法律环境概述

哈萨克斯坦与俄罗斯联邦、乌兹别克斯坦、中国、吉尔吉斯斯坦和土库曼斯坦接壤，毗邻里海。哈萨克斯坦是一个多民族、多宗教信仰的国家。哈萨克斯坦民族众多，大多数人信仰伊斯兰教或者俄罗斯东正教。

哈萨克斯坦是一个单一制的世俗国家，政府是总统制。哈萨克斯坦于苏联解体后获得独立，经历了从苏联计划经济到新兴市场经济的迅速过渡。在过渡过程中，政府实施了重大变革，并通过了大量法律，以满足新兴市场经济的复杂需求。但部分法律没有达到预期效果，导致频繁修改。

哈萨克斯坦石油、天然气以及其他许多天然矿物资源储量丰富，从而成为对外国投资者具有吸引力的市场。同时，政府越来越多地考虑建设更多的医院、学校、机场、发电站、水处理等基础设施项目。总体上，主要投资机会在于石油和天然气、电力和能源、自然资源（如煤炭、铁矿、铀、铜、钛和镁）、贵金属、水泥、交通运输和制造业。

鉴于法律环境日新月异，对于有意向投资哈萨克斯坦或者相邻独联体地区其他地方的外国投资者，要首先评估当地状况、法律状况，评估与投资相关的风险和利益。

哈萨克斯坦的法律制度为大陆法系。宪法、法案、国际条约、宪法委员会和哈萨克斯坦最高法院的决议构成哈萨克斯坦的成文法。1995年8月30日通过的《哈萨克斯坦共和国宪法》为哈萨克斯坦的基本法（最近一次修正时间为2011年2月2日），其他所有法律均不得违反宪法。

经哈萨克斯坦批准的国际条约通常优先于除宪法之外的法律，可以直接/自动适用。议会通过的法律经总统签署并在官方出版物上公布后生效。总统拥有否决权，两院议员可在一个月内同时以2/3多数推翻总统的否决权。否则，该法律视作未通过或者以总统提议的文字表述通过。如总统的否决被推翻，则总统应签署法律。总统通过的敕令和法令应在哈萨克斯坦境内执行。在某些情况下如战时，对于总统宣布为"紧急法律"的任何法律，如果议会未在一个月内通过，总统有权通过法律或者具备法律效力的敕令。

中央政府、地方代表机关（Maslikhats）和地方行政机关（Akimats）有权通过自己的法令，这些法令不得违反宪法以及总统敕令和政令。任何下位法案均不得违反上位法案。

哈萨克斯坦的司法体系分为地方城市法院、地区法院、哈萨克斯坦最高法院，以及其他可根据法律设立的法院，如区际专门经济法院或金融法院。最高法院为最高司法机关，监督下级法院，并就司法实践中的问题发布解释。

根据《国际商事仲裁法》和《裁决人法院法》，仲裁院和裁决人法院也可以行使司法职能，但仲裁院和裁决人法院不属于法院系统。仲裁院和裁决人法院可以是常设的，也可以是临时的。《国际商事仲裁法》与《联合国国际贸易法委员会国际商事仲裁示范法》有一定相似性，适用于至少一方当事人为非本国居民的争端。

应当注意的是，哈萨克斯坦是以下公约的缔约国：《关于承认及执行外国仲裁裁决公约》（1958）、《欧洲国际商事仲裁公约》（1961）以及《关于解决国家与其他国家国民之间投资争端公约》（1965）。

2. 哈萨克斯坦的投资法律概况

（1）投资监管部门

哈萨克斯坦投资和发展部成立于 2014 年 8 月，其组织机构如下：

①投资委员会；

②产业发展和安全委员会；

③技术监管和气象委员会；

④地质和底土利用委员会；

⑤公路委员会；

⑥民航委员会；

⑦交通委员会；

⑧通信、信息化和信息委员会；

⑨空间委员会。

（2）投资产业法律法规

哈萨克斯坦通过了《2015 年创业法典》，以此对哈萨克斯坦境内的投资活动进行监管。该法典是一份复杂的文件，对商业和投资者进行总体监管，建立了私有行业经营者和公共行业经营者之间的交易监管机制。商业实践还受到哈萨克斯坦宪法和其他法律的监管，例如 1994 年 12 月 27 日和 1999 年 7 月 1 日的《民法典》、2008 年的《哈萨克斯坦共和国税法典》、2010 年的《哈萨克斯坦共和国海关法典》以及 2003 年的《哈萨克斯坦共和国土地法典》等。

（3）投资形式

根据《投资法典》第 274 条的规定，投资是指投资者用于法律实体注册资本出资或增加经营活动固定资产或者用于执行私营—公共合伙项目（包括特许）的各种形式的财产（指定供个人使用的产品除外）及其权利，包括租赁协议日期的融资租赁标的物。

《创业法典》还将大额投资者定义为投资额不低于 200 万 MCI（最低计算指数，2016 年的 MCI 等于 KZT2121），大约等于 24.2 亿坚戈（tenge，中文又名探戈、腾格，货币代码 ISO4217：KZT，2020 年 9 月 23 日汇率 1KZT=0.0023USD）。

（4）市场准入和审查标准

货物和服务出口至哈萨克斯坦之前必须满足某些法律要求。这些要求适用于安全、技术和卫生法规。对于大部分产品，这些要求均要适用于欧亚经济联盟（EEU）成员国之间的协定。哈萨克斯坦是欧亚经济联盟的创始会员国。对于不适用 EEU 条例的货物和服务，适用哈萨克斯坦的标准和条例，包括医疗、气象、技术等领域。认证程序为正式要求，可能要求提供某些文件。哈萨克斯坦于 2015 年加入 WTO。

二、"一带一路"沿线主要英美法系国家的法律环境分析

本书仅对"一带一路"背景下，英美法系相关国家的法律投资环境做简要介绍，每个国家都有自己的传统和政策，所以如要在某个特定英美法系国家进行投资发展，还须详细深入研究相关国家的具体投资要求和法律规定。那么，在英美法系国家如何更好地规避法律风险，如何让中国企业实现在海

外的"可持续发展"？我们将从法律层面着手，对"一带一路"沿线的几个国家进行法律投资环境的相关分析，希望能为投资者起到助力作用。

英美法系国家主要有澳大利亚、加拿大、加纳、英国、美国及许多加勒比国家。印度属于普通法基础上的混合法法系。甚至许多民法法系国家也采纳了一些普通法原则。东盟的新加坡、缅甸，南亚的印度、孟加拉国以及中国香港等都是英美法系国家（地区）的代表，东盟的菲律宾与南亚的斯里兰卡则都是普通法与大陆法等法系混合体国家。

（一）新加坡

1. 新加坡的法律环境概述

新加坡是东南亚的一个岛国，人口超过 500 万，于 1965 年获得独立，成立共和国。在独立前，新加坡曾于 1963 年至 1965 年与马来西亚有过一段短暂合并的历史；自 19 世纪早期以来，英国的殖民统治占据了新加坡近代史的绝大多数篇章，因此，新加坡的政治与法律体系都留下了深刻的英国烙印。

新加坡是"一带一路"东南亚沿线重要国家，自独立以来，一直致力于把国家建设成世界政治、贸易、金融、航运中心，经济发展始终保持在先进行列。新加坡的法律体系归属于英国普通法，英美法系特征鲜明，但也有其独创性。新加坡的国家政策透明度较高，法制建设也较为完备，已建成全世界都堪称先进的法律体系。

新加坡的政体以威斯敏斯特体系为蓝本，采用议会民主制。国会成员包括民选议员、非选区议员和由总统委任的官委议员。大部分国会成员通过简单多数制选举产生。国会大选每 5 年举行一次。国会多数党党魁经总统任命，当选为总理，总理从民选议员中选拔成员共同组成内阁，内阁负责新加坡所有政府政策和国家行政管理事务。总统是国家元首，通过普选产生。总统任期 6 年。总统对一系列具体的行政决定具有否决权，比如，有权否决政府动用国家储备金及否决法官任命。

新加坡是全球贸易、金融和交通运输的枢纽。2015 年和 2016 年，世界经济论坛两次将新加坡评为全球竞争力排名第二位的国家，在世界银行发布的《2016 年全球经商环境报告》中，新加坡高居榜首。

新加坡是全球人均 GDP 最高的国家之一。对于全球的投资者和商业贸易而言，新加坡的吸引力在于其战略位置、先进的基础设施、稳定的商业环境和政治环境，以及高素质的劳动力。新加坡的货币是由新加坡金融管理局发行的新加坡元。

新加坡的人口由不同种族构成，许多是来自中国、马来半岛和印度次大陆的移民的后裔。新加坡有四种官方语言：英语、普通话、马来语、泰米尔语。英语是政府工作和商业交易语言。

新加坡在联合国人类发展指数排名中名列前茅，尤其在教育、医疗保健、人均寿命、生活质量、个人安全和住房保障等方面表现优秀。

新加坡的法律渊源包括新加坡宪法，新加坡立法机构通过的成文法，各政府部门根据法令拟定的各类法规、规则等。新加坡法律使用的语言是英语。

由于新加坡的法律体系源于英国普通法系，新加坡法庭的判例，即法官造法也是新加坡的法律渊源之一。长期以来，新加坡法律体系已经积累了大量的本国判例法。地方法院也酌情援引和适用英国法院的判决，同时也会参考英联邦其他司法管辖区的判决。

新加坡的司法系统由最高法院和国家各级法院构成。司法机构的负责人是首席大法官。最高法院由上诉法院、高等法院和专门法院（如2015年1月建立的新加坡国际商事法庭）组成。

新加坡司法机构分为高等法院和上诉院；最高法院具有广泛的民事和刑事管辖权；上诉院是新加坡的终极法院。下级法院由民事法院、地方法院及简易法院构成。

值得注意的是新加坡的仲裁，仲裁是涉外投资和贸易过程中最常用的争议解决方式之一。中心为国际和国内商事仲裁提供了便利，其规则主要是基于贸易法委员会的仲裁规则和国际仲裁规则。新加坡的国际仲裁中心可提供中文以及涉及中国新加坡国际仲裁法律的仲裁员，且中国和新加坡同属于《承认及执行外国仲裁裁决公约》的成员国。根据世界银行2015年10月出具的《2016年营商环境报告》，新加坡已连续多年在全球营商排行榜蝉联第一。

在法律适用方面，新加坡的习惯法与判例法均很重要，尽管新加坡已制定出很多成文法，但习惯法在新加坡仍占有很重要的位置。有关贸易投资的成文法则相对少见。新加坡对于外资进入的方式并无限制，且大多数产业领域对外资的股权比例无限制性措施，但企业的投资并购等都须遵守《新加坡共和国公司法》《新加坡共和国竞争法》《新加坡共和国证券期货法》《新加坡共和国海关法》《新加坡共和国进出口商品管理法》《新加坡共和国商业注册法》《新加坡共和国进出口贸易规则法令》《新加坡共和国自由贸易区法令》等相关法律的规定。

新加坡各项法律法规较为完善，公民的法律意识也很强，属于法制建设较完备、重视信誉、重视合同的国家。中国投资者在进行商务合作时，务必重视合同的重要性，一定要签订全面有效的投资或贸易合同，且在合同中约定清晰双方的权利义务、争议解决等条款，做好风险预警工作。另外，在新加坡投资务必要严守法纪，不要存有侥幸心理，以免给企业带来不必要的损失。

2. **新加坡的投资法律概述**

（1）投资监管部门

新加坡所有的商业实体都必须在新加坡会计和企业管理局（ACRA）注册登记。企业可以通过新加坡会计和企业管理局的网上申请和信息检索系统（Biz File）进行注册登记。

新加坡没有监督和规范外商直接投资的主管机构。但对于一些受管制的行业，如银行、保险、电信、广播、报纸、游戏和贷款等，相关监管机构会对这些方面的外国投资进行监管。

（2）投资行业法律法规

新加坡的投资环境开放，并鼓励外国投资。希望在新加坡进行商业活动的外国个人或公司可选择各种经营载体，包括最常见的有限责任公司。成立新加坡公司不受最低投资金额的限制。本地和外国投资者均适用相同的法律和法规。

从监管的角度来看，在新加坡进行商业活动总体上是十分自由的，对在新加坡的外商投资无一般性要求或义务，但仍存在一些受管制的行业，包括银行和金融服务、保险、电信、广播、报纸、游戏和贷款，对这些行业的投资需取得政府批准。在这些行业中，特定法律也可能对其设置外国股权限制、特殊许可或其他要求的规定。

（3）投资方式

外国投资者可在新加坡投资、设立或收购商业实体。在新加坡进行商业活动不存在拥有当地股权的要求，无须分配或放弃对当地利益的控制。

外国公民或由外国投资者控股的公司还可以在新加坡购置不动产，但政府对特定类型的住宅房地产设置了限制。外国投资者可自由购买非住宅房地产，如商业不动产或工业产权。

（4）市场准入和审查标准

总体而言，新加坡是一个自由港，拥有自由的贸易体制。大部分进口商品可免税进入新加坡。但一些商品被禁止进口或限制进口，或在进入新加坡之前须取得相关监管机构的许可或授权，包括动物产品、武器和爆炸物、药物、电影和录像以及电信器材。某些种类的商品适用较高的消费税，例如，酒精类制品、烟草产品、机动车辆和石油产品。

新加坡是关于货物、服务和投资的一系列自由贸易协定（FTA）的成员国，这些协定包括 2009 年开始实施的《中国—新加坡自由贸易协定》（CSFTA）和 2005 年开始实施的《中国—东盟自由贸易协定》（ACFTA）。

（二）印度

1. 印度的政治、经济、社会与法律简介

印度是一个疆域广袤、多元文化人口聚居、经济体量庞大的国家。印度政局稳定、社会民主。多年来，印度一直保持稳定的经济增长趋势。特别是2014 年大选后绝对多数派政府的组建，进一步稳固了印度的政治局势。这也使得政府治理更加完善，经济、法律环境得到显著改善。

印度政府希望进一步发掘国家潜力，在此背景下，国家正实施诸多改革措施以更好地吸引外商投资，续写印度的经济增长奇迹。改革措施包括放宽对外商直接投资的限制，特别是在资产重组、保险、金融服务领域；允许外商以有限责任合伙企业组织形式进行投资；规范外商对零售业的适用标准；放宽对新设立企业的法律、合规框架。这些举措充分显示了印度对投资者的友好态度，并进一步吸引了外商对印度的投资。

印度是世界四大文明古国之一，印度自古以来受多方文化的影响，如古希腊文化、波斯文化、阿拉伯文化以及近代的西方文化等都对印度有很大的

影响。因此，其拥有悠久的法律文化历史。目前印度现行的司法制度可以追溯到 1726 年。英国殖民者将英国法律体系逐渐输入印度，大量的英国法被翻译，殖民当局在许多方面都适用英国法。

此外，还颁布了大量的法律来规范市场经济行为，一系列以英国法为参照的印度法律得以颁布实施，印度因此形成了一套殖民地法律体系。

印度实行"三权分立"的政治制度，司法权独立于立法权与行政权。印度法院系统分为最高法院、高等法院和地方法院三级。印度的仲裁则是根据联合国贸易法委员会仲裁规则制定的《1996 年仲裁和调解法》，其对国内仲裁、国际商事仲裁以及执行外国仲裁裁决做出了详细规定。

印度的宪法是印度最高法律，于 1950 年 1 月 26 日生效实施，是世界上最长的成文宪法。其不仅铺设了印度司法系统的框架，还体现了政府各部门的权力、职责、程序等内容；此外，还为人民的权利与义务制定出了指导性原则。印度合同法制定实施于 1872 年，随着社会的发展，原法律条款中的部分内容被废除，现行的印度合同法包含一般原则和特殊类型的合同两大方面内容。

关于投资立法方面，印度并没有一部专门针对外资的立法，主要是由于 1947 年独立时并没有重新建立一套自己的法律体系，而是延续和承继了英国殖民统治时期遗留的法律体系。但印度通过其他法律的零星规定以及大量的政策构建了庞大的专门针对外资的法律体系，对外资准入的行业、持股比例、审批程序及企业形式等各个方面都有一套非常庞杂的实质性规定。印度与贸易有关的主要法律包括《1992 年外贸（发展与管理）法》《1993 年外贸（管理）规则》《外贸政策》《1999 年外汇管理法》。在印度投资可通过设立公司、外资并购、收购上市公司等方式。根据印度公司法的规定，外国投资者可以在印度设立独资或者合资私人有限公司，外国投资者可以以设备、专利技术等非货币资产用于在印度设立公司，上述资产须经当地中介。其间颁布的比较重要的法律有《印度契约法》，此法为英美法系最早的成文契约法，此外还有 1881 年的《印度流通票据法》、1930 年的《印度商品买卖法》以及 1940 年的《印度仲裁法》等。

印度的投资审批程序较为复杂，尤其对中国企业的审批管控亦较为严格。

显而易见，中印在发展投资合作方面还有很大的发展空间，可谓机遇与挑战并存。印度作为联邦国家，每个邦的法律和政策都相对独立。

此外，印度为宗教大国，宗教、教派众多，且宗教对于印度的政治环境、经济环境、民众生活均有很大的影响。中国投资者在开展投资前，应先适当了解当地的主要宗教信仰及背景，尊重当地的宗教礼仪、礼节，有助于在商务往来中避免不必要的误会与损失。

2. 印度的投资法律概述

（1）投资主管部门

以下三个机构是印度外资的主管部门。

①印度储备银行。印度储备银行是印度的中央银行，负责监管包括外商投资在内涉及外汇的所有交易。印度储备银行经常针对外汇交易制定法规，负责对外商投资和印度对境外的投资进行监管。

外汇交易被大体分为自动许可的交易和须经审批的交易。根据交易性质，须经审批的交易一般须经印度储备银行或外商投资促进局审批。此外，某些类型的外商直接投资还需要得到其他政府部门如国防部、外交部、信息技术和广播局的批准。

②外商投资促进局。外商投资促进局是一个处理外商直接投资的机构，负责审核外商投资的相关事宜。外商投资促进局为须经审批的外商直接投资提供审批渠道。外商投资促进局在所有依外汇法规定而须经审批的交易中发挥了关键性的作用。

③印度证券交易委员会。印度证券交易委员会是印度证券市场的监管部门，监管涉及上市（公司）证券、集资工具等在内的所有交易。印度证券交易委员会的主要职责在于保护投资者权利、维护印度证券市场的良性发展。

（2）投资行业法规

印度管理、规制投资的部分关键性法律主要有外汇法、证券法、税法、公司法等。

①印度储备银行颁布的《外汇管制法》（1999）以及相关法规与印度工商部颁布的《外商直接投资政策》（与《外汇管制法》统称为"外汇法"）对来印的外商投资进行了规定。《外汇管制法》（1999）的颁布使《外汇管制法》

（1973）被废止。《外汇管制法》（1999）的首要目标是整合和修改外商向印度投资的相关法律，同时便利对外贸易与支付、完善印度外汇市场的发展。外汇法在很大程度上规制了外汇管理、货物及服务出口、外汇卖出与回流、投资方式的许可与豁免、外商直接投资的上限、许可与禁止投资行业、外商直接投资的申报流程以及对违法行为的处罚。特别是《外商直接投资政策》，对外商投资促进局审批外商直接投资申请的期限做出了规定。

②证券法。《印度证券交易委员会法》（1992）的颁布使证券交易委员会获得的法定职权有：保护证券投资者的利益；促进证券市场的发展；监管证券市场。依据该法所赋予的职权，印度证券交易委员会颁布了各种法规与指引（《证券法》）以规范印度的证券投资。《证券法》内容繁杂，涵盖投资方式、收购上市证券、内幕交易的监管、中介机构的行为规范、某些基金经理的注册义务以及投资者的保护。

③税法。印度《所得税法》（1961）是印度税法体系中的核心法律。《所得税法》作为核心法律，为在印度取得的所有所得收入规定了纳税框架。同时，《所得税法》确定了纳税主体、税收减免的种类、可得津贴的扣除额度以及违反法律所应承担的法律责任。个人所得税的征收条件及优惠政策在投资、收购的架构中起到了关键的作用。

④公司法。《公司法》（2013）对公司行为进行了全面的规定，如公司设立、治理、解散等。该法生效后使得印度公司所适用的法律制度发生了显著变化。此前，印度公司适用的是《公司法》（1956）。但目前，新法中的某些条款还有待公布，在此情况下，旧法中的相关条款继续适用。

应该注意到的一点是，此前外汇法准许（自动地）外商直接投资只能以公司的形式进行投资，而不能以其他形式（如有限责任合伙企业）进行投资。同时，考虑到投资的灵活性以及可操作性，尤其是有限责任和可分离的独立的法律实体等因素，多数接受投资的印度企业也都是公司形式而非其他形式。

如今，有限责任合伙企业已可作为不经审批而自动被许可接受外商直接投资的组织形式，因此，《有限责任合伙企业法》（2008）也已成为一部规范外商向印度企业投资的重要法律。

（3）投资方式

投资可大致分为股权投资与外国商业借款。

①股权投资：以权益资本形式进行的投资。股权投资牵涉到出资认购、购买股票（对公司而言）和认缴出资（对合伙而言），而投资者一般都会成为所投资公司的股东或有限责任合伙企业的合伙人。

②外国商业借款：一个商业实体也可以向国外借债。在形式上，此类债务包括纯粹的贷款或是如外币可转换债券、供应商信贷之类的融资工具。外汇法对外商股权投资的规定与有关外国商业借款的规定截然不同，这也影响了外商对投资形式的选择。

（4）市场准入条件及审查

印度市场充满无限商机。在过去十几年的时间里，印度一直在实施广泛的市场自由化与经济体制改革。这些举措使得印度敞开国门欢迎外商投资，并为自身创造了发展机会。

除了股权投资和债权投资，外国公司仍可以通过非投资实体企业的方式在印度开展业务。非在印度国内注册的企业，包括公司或其他个体联盟，都可以在设立独立的实体企业之前，根据开展业务的具体情况在印度设立分公司、联络处或项目公司。

在下列情况下，非居住于（注册于）印度的自然人（法人）申请在印度设立分公司、联络处或项目公司时需要经过印度储备银行的审批。

①申请人是巴基斯坦、孟加拉国、斯里兰卡、阿富汗、伊朗、中国的居民，或者是注册、设立于前述国家或地区的法人，申请在查谟和克什米尔、东北地区或安达曼－尼科巴群岛设立分公司、联络处或项目公司的。

②申请人的主营业务为国防、通信、私人安全、信息与广播的。如果合同是由国防部、服务（队）总部或者国防公共服务事业部所授予，或前述部门是合同的相对方，则在国防领域开设项目公司时无须再取得政府的单独批准。同样，上述投资行为也无须取得印度储备银行的单独批准。

③申请人为非政府组织或外国政府的非营利组织、机构、部门的。

上述情形下设立分公司、联络处或项目公司的申请，都将由印度储备银行与政府磋商后决定是否通过。

外国实体企业在设立、运作分公司、联络处或项目公司时，必须遵守由印度储备银行制定的外汇法律和其他相关规定。

（三）缅甸

1. 缅甸的政治、社会、法律制度概述

缅甸是一个历史悠久的文明古国，东南亚联盟成员国之一，"一带一路"沿线重要国家，与孟加拉国、印度、中国、老挝和泰国接壤。1984 年独立后，缅甸继续以英美法系的法律体系为基础，设立了不同级别的法院。

缅甸国家政策稳定性不足，法律法规也有待完善。缅甸的很多法规都是基于英国普通法和成文法，包括《合同法》《票据法》《信托法》《转让法》《登记法》《买卖货物法》《公司法》《仲裁法》《民事法》和《刑事诉讼法》等。在没有法律规定的情况下，法院适用一般法，这是以英国普通法为基础，形成的缅甸独特的判例法，体现了公平和正义的原则，也就是说缅甸的法官具有自由裁量权，有权按照公正、公平和良心的原则对案件做出判定。

政治上实行多党民主制度，其立法权、行政权、司法权与行政权相互制约。缅甸政府设定诸多新举措，用以促进贸易开放，鼓励外商投资。缅甸投资与公司管理董事会（Directorate of Investment and Company Administration）提供的数据显示，截至 2015 年 11 月 30 日，外商直接投资（FDI）总量自 1988 年至 2015 年 11 月合计已达 582 亿美元。外国投资者可依据《缅甸联邦公司法》《缅甸联邦外国投资法》在缅甸开展相关投资业务。根据《缅甸联邦外国投资法》的规定，外国企业在缅甸的投资方式有独资、与缅甸公民或相关政府部门及组织进行合作，根据双方合同进行合作。新投资法删除了关于合资公司中外商至少占公司股份 35% 以上的相关规定。

其他现行的缅甸贸易法律和规定有《缅甸联邦进出口贸易（临时）管理法》（1947）、《缅甸联邦贸易部关于进出口商必须遵循和了解的有关规定》（1989）、《缅甸联邦关于边境贸易的规定》（1991）、《缅甸联邦进出口贸易实施细则》（1992）和《缅甸联邦进出口贸易修正法》（1992）等。与外商投资相关的税收法律包括《缅甸联邦税收法》（2014 年颁布，2015 年 4 月修正）、《缅甸联邦外国投资法》（2012）、《缅甸联邦所得税法》（1974）、《缅甸联邦商业税法》（1990）、《缅甸联邦关税法》（1992）和《仰光市政发展法》（1990）。

近年来，中国在缅甸的投资规模日益扩大，但随之而来的法律风险也日益突出。这些复杂、不稳定的国家政策和法律环境会给投资者带来诸多不确定性。据了解，部分外国投资者为避开政策的限制，借用缅甸人的身份在缅甸开展投资经营活动。由于此类外国投资不受缅甸法律的保护，因而合作失败或者发生利益纠纷导致外国投资者蒙受损失的现象时有发生。缅甸中央政府与部分少数民族组织之间的关系微妙，中国投资者在缅甸地方政府及少数民族控制区进行投资合作时，应多加注意。

在缅甸如发生相关贸易纠纷，可以参照缅甸现行的《仲裁法》（1994）进行解决。关于中国与如上各国的投资合作，中国均签署过类似的投资保护双边协定，例如与新加坡签署的《关于促进和保护投资协定》、与印度签署的《双边投资保护协定》、与缅甸签署的《投资促进和保护协定》等，虽然协定的名称不尽相同，但此类协定内容翔实具体，实体性规定和程序性规定并举，能够为资本输出国在海外投资提供切实有效的保护。投资者在投资之前务必做好充分的调研工作。

缅甸的法律制度由三部分构成，按效力等级依次为普通法、成文法以及家庭习惯法。

事实上，由这三部分构成的独特组合使得缅甸的法律制度独具一格。比较而言，缅甸的法律制度与新加坡或马来西亚的法律制度类似，尽管后者含有一些宗教元素。当成文法对某一事项没有规定时，缅甸法院有义务遵循正义、公平和良知做出判决。

①投资法

缅甸的投资法不仅多种多样，而且新旧皆存。《缅甸合同法》于1872年颁布，《缅甸经济特区法》则于2014年颁布实施。新的《缅甸公司法》已生效，新的《缅甸投资法》分别经人民院于2016年9月28日和经民族院于2016年10月5日审议通过后，已于2016年10月18日由时任总统签字颁布。该法融合了本国和外国投资条例，取代了2012年颁布的《外商投资法》和2013年颁布的《缅甸公民投资法》。该法已于2017年4月1日生效。

②《缅甸合同法》和《缅甸公司法》

在众多法律专家看来，《缅甸合同法》优点颇多，但不尽完善。不仅如此，与英国在内的其他国家的合同法相比，缅甸的合同法需要进行实质性的改革。

2017年11月23日，缅甸联邦议会正式通过了一直以来备受关注的新《缅甸公司法》草案，吴廷觉总统于12月6日签署颁布新的《缅甸公司法》，取代了1914年颁布的、有着100多年历史的《缅甸公司条例》。该法于2018年8月1日正式生效。根据新公司法，所有在缅注册公司需在生效之日起6个月内重新完成注册，注册方式一是通过全新上线的缅甸公司在线（MyCO）系统，二是通过缅甸投资与公司管理局（DICA）办公室领取纸质注册表格。关于外国投资，投资与公司管理局局长吴昂乃乌表示，1914年的缅甸公司法对外国公司设置了诸多限制，阻碍了外资的进入，也限制了国家的经济发展。而新公司法规定外国投资者最多可持有本地公司35%的股份，超过35%才被定义为外国公司，这有利于加强本国商人与外国投资者的合作，促进更多外资进入缅甸。另外，新公司法还允许外国人进入进出口行业、保险业和证券交易市场。

③《外国投资法》要点概述

根据《外国投资法》的规定，某些商业活动是受限或被禁止的，故只有经联邦政府批准，缅甸投资委员会（MIC）才能许可此类商业活动，其中包括：对公共卫生或环境产生不利影响的，或将危险、有害废物输入缅甸的商业活动；使用或生产危险化学品的商业活动；《外商投资规则》规定仅限缅甸国民从事的服务和制造领域的商业活动；使用仍处于测试阶段或在国外尚未被许可使用的技术、药品或配件的商业活动；农业和畜牧业。

④《缅甸经济特区法》要点

《缅甸经济特区法》（2014）提出，发展经济特区的目标是通过为当地人提供就业机会来提高公民和社区的社会经济地位。目前，缅甸正在开发的三个经济特区为迪洛瓦、土瓦和皎漂。迪洛瓦经济特区位于仰光东南20公里处，是一个由缅甸和日本两国政府和私人财团共同合资开发的项目，由此成立了缅日迪洛瓦发展有限公司。其中，缅甸政府通过迪洛瓦经济特区管理委员会持有 10% 的股权，日本政府通过日本国际合作机构（JICA）持有 10% 的股权，缅甸私人财团通过缅甸迪洛瓦经济特区控股股份有限公司持有 41% 的股权，日本私人财团通过 MMS 迪洛瓦发展有限公司持有 39% 的股权。

皎漂经济特区采取的是企业对接企业的模式，与迪洛瓦和土瓦经济特区不同，皎漂经济特区是一个为中国、印度和东南亚提供直接渠道的项目。该经济特区计划分三个阶段进行开发。

土瓦经济特区由意大利—泰国发展有限公司于 2008 年牵头建设，但因资金不足于 2013 年停建。由于该公司无力履行合同义务，故在泰国注册成立的土瓦经济特区发展公司（泰国政府和缅甸政府各持 50% 股权）被授权继续对该经济特区进行开发。

在缅甸进行投资时，除了上述提及的法律之外，还须考虑到其他一些法律、法规及条例，例如《国有经济企业法》（1989）、《缅甸金融机构法》（1990）、《商业税法修正案》（2011）、《缅甸中央银行法》（2013），以及《外国人永久居留规则》（2014），等等。最近新增的法律有 2017 年 3 月 30 日开始生效的《缅甸投资规则》等。《缅甸投资规则》涵盖了《缅甸投资法》涉及的各个领域。该规则的另一个发展则是构建一个分类系统，在此系统中给予税收优惠。针对重点行业和欠发达地区，法律将国家的最不发达地区列为一类地区，并为该一类地区提供 7 年的免税期；发展中的地区则被列为二类地区，国家对其提供 5 年的免税期；而对经济发达的三类地区则提供 3 年免税期。对于制造、基建、农业、食品加工等优先发展领域或劳动密集型产业方面的投资，国家给予更多的激励措施。土地租赁条例也进行了改革，现在已经允许外国投资者直接向私人业主租赁土地，而且在不发达地区，很有可能取得更长的租赁期。

缅甸的政治环境近年发生了倾向于民主的重大变化。国家将构建新的自由化立法框架，以促进本国和外国的投资。这些都为在缅甸投资，特别是在石油、天然气、电力、能源以及矿业领域的投资，提供了前所未有的机遇。

2. 投资法律概述

（1）缅甸的投资监管机构

缅甸的投资监管机构有缅甸投资和公司管理理事会及缅甸投资委员会。

（2）与投资相关的法律和规定

①《缅甸公司法》（2018）

《缅甸公司法》于2018年8月1日正式生效。根据新公司法，所有在缅注册公司需在生效之日起6个月内重新完成注册，注册方式一是通过全新上线的缅甸公司在线（MyCO）系统，二是通过缅甸投资与公司管理局（DICA）办公室领取纸质注册表格。《缅甸公司法》规定了法人实体设立的准则，对缅甸公司的章程大纲和章程细则、股本、股东、股份转让、公司管理、董事及其义务、抵押和费用的信息、检查和审计、公司清算、犯罪和罚金提出了要求。

②《外国投资法》（2012）

2012年颁布的《外国投资法》详细规定了外国投资者需要缅甸政府批准的目录和外国投资的形式，例如合资经营企业。《外国投资法》还规定了需要由缅甸投资委员会授予投资许可证或相关政府部委附加批准文件的投资项目。

③《外国投资实施细则》

《外国投资法实施细则》进一步对《外国投资法》涉及的外国投资许可申请、股份转让、外汇汇出和土地使用设定了各项规定。

④缅甸投资委员会第26/2016号通知

缅甸投资委员会第26/2016号通知列明了《外国投资法》规定的投资形式，此通知取代了2014年8月14日缅甸投资委员会颁发的第49/2014号通知。

（3）投资形式

依据《外国投资法》设立的公司系取得缅甸投资委员会颁发的投资许可证的外国投资的公司。符合《外国投资法实施细则》的投资形式有外国独资企业、公私合伙或其他投资形式。外国独资企业是指外国投资者与缅甸公民或相关政府部门和组织共同设立的合资经营企业；公私合伙或其他投资形式有"建设—经营—转让（BOT）""建设—转让—经营（BTO）"等。

（4）市场准入的标准和审查

缅甸政府对于外国投资者在缅甸进行投资的标准非常严格。缅甸投资委员会的通知规定了仍禁止外国投资的领域，以及外国投资者只能与缅甸公民、缅甸公司、缅甸政府合资经营的领域。但是，自 2012 年缅甸实施开放政策后，已经减少了禁止类和限制类投资领域。尽管还有相当长的路要走，但是，缅甸正在逐步开放投资领域。

（四）巴基斯坦

1. 政治社会法律制度概述

巴基斯坦的全名为"巴基斯坦伊斯兰共和国"。巴基斯坦是南亚地区人口最多的国家之一，其历史可以追溯到上千年前的哈拉帕和摩亨佐达罗的印度河流域文明。在历史上，该地区是商贸集散地，也是数个商路的必经之地，包括大干线道路与丝绸之路。这些古代商路直到今天仍在使用，一些大城市和商业中心沿着商路建立起来。

巴基斯坦的政治体制是议会民主制。巴基斯坦国土面积排名世界第 36 位，共计 881913 平方公里（340509 平方英里）。巴基斯坦沿阿拉伯海拥有 1046 公里（650 英里）长的海岸线，南临阿曼湾，东部与印度接壤，西部与阿富汗接壤，西南部与伊朗接壤，东北部与中国接壤。巴基斯坦与塔吉克斯坦之间隔着阿富汗狭窄的瓦罕走廊，并且与阿曼共享海上边界。

巴基斯坦所有的立法和司法判决都需要经过联邦伊斯兰宗教法院的审查，以确保其同伊斯兰教义不冲突。自 2008 年以来，巴基斯坦政府试图为伊斯兰教法建立一个现代的法律构架。除正式的司法机构外，在联邦直辖部落区和北部的部分地区仍有非官方的法院体系存在，这些都是伊斯兰教义和部落居民的做法。因此，除判例法外，伊斯兰教法对巴基斯坦的法律有着深刻的影响，其法律制度较为复杂。

由于伊斯兰教法的复杂性可能影响外国投资，中国出口信用保险公司在《国家风险分析报告》（2014）中，考察了巴基斯坦的法律完备性、执法成本和退出成本三个方面后，将法律风险展望评为负面。因此，投资第三类国家时要注意伊斯兰教法的特殊性和司法程序的复杂性。建议外国投资者在投资前做好法律调研工作，聘请专业人士或与当地机构合作，以咨询相关法律事宜。

除以上分析，还需要注意的是，虽然伊斯兰教法是属人法，所有穆斯林都应遵守，一般来说对非穆斯林不具约束力。但是，由于当代的主权国家都具有明显的地域性，即属地主义，也就是说，处于主权国家之内的人都被要求遵守所在国的法律。因此，无论是否信仰伊斯兰教，身在伊斯兰教国家，都必须严格遵守所在国的法律和宗教规定。另外，一些伊斯兰法系国家签署了国际条约，在一些领域也同时遵守国际法。例如，阿曼宪法规定伊斯兰教为国教，伊斯兰教法是立法的基础，婚姻和家庭方面的法律与伊斯兰教法一致。同时阿曼也签署了联合国通过的法律，特别是一些有关保护人权，以及反对一切形式的对妇女歧视和保障儿童权利的公约。在民事和刑事法律方面也承诺符合国际法要求。

伊斯兰国家有着辉煌的历史和文明，只有尊重其文明，才能更好地合作、互利共赢；只有遵守其法律，才能保证企业的合法存续和工作人员的权益，避免不必要的损失，从而实现"走出去"的目的。

2. 投资法律概述

（1）投资监管部门

投资委员会是总理秘书处下设的一个机构，是巴基斯坦的"投资促进机构"。投资委员会协助有意在巴基斯坦投资和扩大其巴基斯坦业务的公司。投资委员会是世界投资促进机构协会的成员。此外，各省政府也有各自的投资和贸易部门，旨在促进各自省份的投资。

巴基斯坦经济的各个领域都在投资委员会监管之下，包括银行、保险、电信、媒体、石油和电力。这些领域的监管机构包括国家银行、证券委员会、电信局、石油与燃气监管局、国家电力监管局和电子媒体监管局，上述每个领域都有各自的监管法律和法规。此外，根据投资的性质和领域，在巴基斯坦开展任何此类受监管活动之前，需要获得相关监管机构和政府机构颁发的各种许可证。

此外，除法律要求的之外，在这些领域的投资和其他事项都会受到相关监管机构和政府机构不同程度的监管。

（2）投资行业法律法规

虽然特定行业的法律、法规和政策（包括法律的其他要求）负责对相关事务（包括投资）进行规范，但一般来说，与外商投资相关事项主要受《外汇管理法》《投资法》和《改革法》调整。

巴基斯坦政府已与 47 个国家签署投资条约，并与 52 个国家签署避免双重征税协定。巴基斯坦政府还宣布一系列投资政策，为外国投资者提供优惠和鼓励。

（3）投资方式

同许多国家和地区一样，巴基斯坦的经济及法律、监管框架允许采用不同类型的手段和载体开展外商投资，包括股权投资（包括不同级别的股份）和收购。一般来说，外国企业可通过下列实体在巴基斯坦投资和开展业务。

①联络处

外国企业设立的联络处活动仅限于产品促销、提供技术咨询和帮助，代表其母公司发掘合作和促进出口的可能性。禁止联络处从事任何商业或营利性业务。设立联络处的外国企业必须获得投资委员会的许可，同时根据《公司条例》的规定向证券委员会注册。

②分支机构

外国实体可选择在巴基斯坦设立分支机构，以履行该实体中标的合同，前提是其工作范围仅限于合同中所述的工作。除了合同中包含的工作外，由外国企业设立的分支机构不能从事其他的商业活动。外国企业设立分支机构必须获得投资委员会的许可，同时根据《公司条例》的规定向证券委员会注册。

③子公司/合资公司

巴基斯坦外国公司的另一种投资形式可以是设立合资公司或子公司。为此，相应的外国公司或合资方须遵守《公司条例》《外汇管理法》《巴基斯坦外汇手册》的要求。在巴基斯坦设立的子公司可以是公众公司（上市或非上市），也可以是私营公司。

（4）准入条件及审查

根据《宪法》第 4 条的规定，在巴基斯坦境内的每一个公民和每一个其他主体都享有被法律保护、受法律平等对待的权利。不仅巴基斯坦公民享有此权利，在巴基斯坦境内的每一个其他主体也应同时享有。

根据投资委员会制定的投资政策，在巴基斯坦注册的由外国实体 100%控股的实体（如外国国民和外国公司，包括公司实体、信托和共同基金，但由外国政府拥有或控制的除外）允许从事以下行业：

①制造业，但不得从事武器和弹药、高爆炸物、放射性物质、防伪印刷、酒精（工业酒精除外）、货币和铸币的制造；

②服务业（包括信息技术和电信）；

③农业化公司（外资股份在农业项目中占比不超过60%）；

④基础设施和公共项目。

上述行业没有最低投资额要求。但是，还有一些特定行业对外资持股比例有一定的限制，如银行业、广播和媒体业。

此外，外国人在巴基斯坦公司担任股东和董事需要通过内政部的安全审查。

（五）孟加拉国

1. 政治、经济、社会以及法律环境概述

孟加拉国于1971年独立。独立后的孟加拉国于1973年至1974年间经历了大规模的饥荒、戒严、连续的军事政变以及一系列政治暗杀。1979年，孟加拉国曾实行短暂的民主制，但在1981年至1991年重新受到军事政府的控制。直至1991年孟加拉国才重新恢复民主制，但该国两个主要政党之间的政治斗争却在一定程度上阻碍了该国的发展。近年来，孟加拉国在历经周期性的政治动乱之后，该国的各政党也致力于维持稳定的投资环境。即便国家权力在不同政党之间转移，该国的主要首脑以及其他重要官员职位在尽可能地维持着，以确保贸易、投资和商业的政策框架的连续性得到一定的保障。

在经济方面，孟加拉国属于南亚的新兴经济体，该国于2015—2016年间的年出口量达到345亿美元，其中针织品、服装等产品的出口数额高达150亿美元。近年来，孟加拉国的国内生产总值基本保持6.0%的年增长率，但由于矿产资源的限制，该国的国内经济增长较大程度地依赖其土地和劳动力资源。2015年的数据显示，孟加拉国人均国内生产总值为3137美元（含公私合作模式），其中该年度的外商直接投资更已增加至18.34亿美元。2016年，国际货币基金组织（IMF）将孟加拉国列为全世界第34大经济体，而高盛投资公司也将孟加拉国纳入21世纪以来继巴西、俄罗斯、印度和中国后的11个新兴经济体中的成员。

孟加拉国的法律体系基本以英国普通法为原则，其司法系统主要遵循对抗模式，而立法则由州议会以中央所制定的法律为基础进行草拟、颁行。孟加拉国具有成文宪法，该成文宪法是孟加拉国的最高法律，并规定了孟加拉国行政、立法及司法制度。在一个单一的议会制度下，孟加拉国政府由总理领导的内阁组成，该内阁作为整体对议会负责。孟加拉国的议会由 350 名成员组成，该议会成员至少每 5 年由全国通过选举产生。在孟加拉国，一项法律草案，首先需要由内阁批准，然后经议会的大多数成员通过方可颁布。

2. 投资法律概述

（1）投资监管部门

一般而言，孟加拉国投资发展局是孟加拉国监督和促进在孟加拉国私人投资的主要机构，法律授权孟加拉国投资发展局负责监管和促进孟加拉国国内的工业发展。孟加拉国投资发展局的核心职能包括：

①提供投资前的咨询服务；

②登记并批准私营工程项目；

③签发对分公司、联络处、办事处的批准；

④签发对外籍人士的工作许可证；

⑤签发对版税、专有技术和技术援助费用汇款的批准；

⑥促进资本机械装备及原材料的进口；

⑦签发对国外贷款及供应商贷款的批准。

针对在出口加工区中运营的行业，孟加拉国出口加工区管理局（BEPZA）则是主要投资监督机构，该局主要为出口加工区内的产业提供一站式服务。

公共领域的投资项目，则由相关行业的主管部门以及孟加拉国政府一同作为主要投资监督机构；而内阁经济事务委员会（CCEA）与内阁公共采购委员会（CCPP）则作为公共领域的投资项目的最高审批机关。此外，涉及公私合营模式的公共领域投资项目，公私合营管理办公室同样也作为相关项目的监管机构。

（2）外商投资相关法律法规

在孟加拉国，外商投资所涉及的主要法律法规包括：

① 1980 年通过的《外国私人投资（促进和保护）法》；

② 1947 年通过的《外汇管制法》；

③ 1947 年《外汇交易指南》；

④ 1969 年通过的《证券交易条例》；

⑤ 1987 年通过的《证券交易规则》；

⑥ 1972 年通过的《合同法》；

⑦ 1950 年通过的《进出口（控制）法》；

⑧ 2015—2018 年通过的《进口政策令》和《出口政策令》。

具体而言，《外国私人投资（促进和保护）法》对孟加拉国外商的保护做出了具体的规定；《外汇管制法》（FERA）则主要对外汇交易做出规定；《外汇交易指南》由作为孟加拉国中央银行的孟加拉国国家银行发布，主要概括了允许外汇交易的主要方式等。1987 年《证券交易规则》及《证券交易条例》主要通过对发行股份、债券以及其他种类的证券和在孟加拉国认购证券的行为做出规定，以规范孟加拉国的资本筹集。与此同时，《证券交易条例》也对孟加拉国资本市场的运行规则做出了诸多规定。孟加拉国《合同法》对合同项下的两个或多个主体之间的合同安排及合同条款做出了相关规定，前述合同可以包括技术转让合同、EPC 合同（工程、采购和建设合同）、供应合同、运营及维护合同（O&M 合同）、对冲合同、租赁合同等。1950 年颁行的《进出口（控制）法》则规定了孟加拉国对外贸易的相关规则，其中包括授权政府禁止、限制或以其他方式控制某一特定类型商品的进出口，以及进出口商品的一般性程序等。目前，2015—2018 年《进口政策令》及 2015—2018 年《出口政策令》均已正式实施生效。

（3）投资形式

孟加拉国的外商投资形式多样，选择投资孟加拉国的外商可以使用如下单种或多种投资形式进行相关项目的投资架构设计，其中具体包括以下几点。

①股权

一般而言，股权投资是孟加拉国的主要投资形式，股权投资可以以现金、担保、机械设备、合同应收款、知识产权、不动产和动产、专有技术作为出资进行。针对外商的股权投资，孟加拉国法律仅允许外商以现金或机械设备进行出资。此外，外国和本国投资者也可以对孟加拉国当地上市公司的股票

（普通股）进行投资。另外，孟加拉国也允许外货对准债务权益证券，即对发行人有不同优先权的优先股（如优先分配剩余资产、优先获得分红等）进行投资。

②债权

孟加拉国只允许获得政府许可的银行及金融机构从事正式的债券融资业务。尽管孟加拉国本地公司之间允许进行公司间的债务融资，但孟加拉国国家银行严格监管通过外汇进行的债券融资。对于涉及外国公司的公司间贷款或外国货币贷款，孟加拉国法律要求必须事先获得孟加拉国国家银行的批准。此外，对于任何公司或私人主体在本地市场或国际市场发行债务证券（债权/信用债券）的行为，孟加拉国的立法也要求以相关主体获得孟加拉国相关监管机构的批准为前提。

③技术转让及知识产权许可

在孟加拉国，技术转让及知识产权（IP）许可也被视为投资形式的一种。相关投资的收益将以技术费用或特许权使用费的形式进行收取。针对跨境的技术转让或知识产权的许可，孟加拉国法律要求前述技术转让或许可仅用于工业项目，并且需要经过监管机构的事先批准。此外，跨境安排应缴的相关费用总计不得超过上一年度收入的 6% 或进口机械设备（第一年）的 6%。由于孟加拉国尚未出台正式的特许经营的相关法律，前述相关安排的合规性显得尤为重要。

④一般性贸易与合同

通常而言，合同性投资可以适用于一般性的商品贸易或服务，例如技术转让合同、EPC 合同（工程、采购和建设合同）、供应合同、运营及维护合同（O&M 合同）、对冲合同、租赁合同等。其中，包括进口及出口在内的贸易属于较常见的另一种投资形式，在这种形式的跨境交易下，信用证是唯一授权的结算方式。此外，分销和代理协议则是特殊形式的合同性投资，其相关收益通常以佣金和利润分成的形式进行。然而，代理在本地贸易中是被允许的。

（4）市场准入及审查标准

孟加拉国禁止对某些行业进行外商投资，包括武器弹药或其他国防设备的制造、森林种植、从森林保护区中进行机械化开采、核能的生产、纸币的印刷以及硬币铸造。虽然没有明确的限制，但是孟加拉国政府通过行政许可程序，在诸如物流、货运代理、银行业、金融、保险、商业银行和经纪、电信、航空和广播等特定行业对外商投资进行控制。此外，孟加拉国对于常见的国家垄断行业，如电力传输、石油分销及铁路等，也予以了保留。

孟加拉国进出口政策控制着孟加拉国进出口的管理，并对某些特定商品在某些时间从某些国家进口或出口做出了限制性的规定，前述的进出口限制性项目由相关孟加拉国政府机构进行定期更新，并纳入相关的政策中。对于任何在前述限制性清单中列明的项目或商品，均不得进行任何的进出口，除非当时的孟加拉国法律另有规定。此外，在孟加拉国任何的进口或出口都必须获得相关的行政许可。在孟加拉国进行进出口活动，除当时的法律法规另有规定可以采用银行汇票、汇款等形式外，必须通过向预定的银行开具不可撤销的信用证的方式进行。

（六）马来西亚

1. 政治、社会、法律制度概述

马来西亚由 11 个州和两个位于马来西亚半岛上的联邦领地吉隆坡和普特拉贾亚，以及沙巴州、沙捞越州和一个位于加里曼丹岛上的联邦领土纳闽岛构成。马来西亚的首都是吉隆坡，而普特拉贾亚是联邦行政中心。纳闽岛在 1990 年被指定为一个国际金融中心以及石油和天然气中心，它也是马来西亚的三个免税岛之一，这使得在纳闽岛出售的所有商品免税。

马来西亚是一个多民族的国家，目前人口约 3120 万。马来西亚的主要人口包括马来人、华人和印度人。马来西亚的官方语言是马来西亚语，但英语和汉语普通话也广泛使用。

马来西亚实行议会民主制和君主立宪制。马来西亚的最高法律是马来西亚的联邦宪法。马来西亚联邦宪法是国家最高法律，联邦宪法将国家的最高权力分成了三个部分，即立法权、行政权和司法权。三权分立既出现在联邦层面，也出现在州的层面。马来西亚各州都在联邦宪法之下拥有自己的州宪法。

马来西亚立法机关被分为联邦立法机关和州立法机关。议会两院包含参议院和众议院。各州通过一院制的立法院，根据联邦宪法为整个州及其各部分立法。联邦宪法还提供了一个立法清单，在该清单所列有关事务领域，由联邦议会和州立法院共享立法权。

在联邦一级，行政权被授予并由马来西亚最高元首（国王）或内阁行使。根据联邦宪法，马来西亚最高元首需要根据他自己任命的内阁的建议履行其职责。内阁，由部长组成并由总理领导，共同对议会负责。在州一级，首领或州长受州宪法的约束，根据执行委员会的建议在州宪法之下行使其职责。执行委员会是首席部长带领下的州内阁，首席部长则是立法院的一员。

马来西亚的法院分为上级法院和下级法院。上级法院是指马来西亚的高等法院以及沙巴和沙捞越的高等法院，上诉法院和最高法院即联邦法院。而下级法院是治安法院和法庭。立法院在伊斯兰事务方面被授予立法权，包括在伊斯兰事务领域创建有限司法管辖权的仅仅适用于穆斯林的伊斯兰教法庭。伊斯兰法院系统与联邦法院系统平行存在。马来西亚高等法院以及沙巴和沙捞越高等法院在涉及伊斯兰法院管辖范围内的事务方面没有管辖权。根据《马来西亚仲裁法案 2005》（*Malaysian Arbitration Act 2005*），诸如仲裁之类的替代性争议解决机制也可以在马来西亚得到认可。

2. 投资法律概述

（1）投资监管部门

马来西亚国际贸易和工业部负责规划、制定和实施马来西亚工业发展、国际贸易和投资方面的政策。马来西亚投资发展局是负责推广和监督马来西亚工业发展的主要政府机构。该机构被授权在制造业和服务业领域推广投资，同时，在推荐和制定工业推广及发展的规划、政策、策略方面为马来西亚国际贸易和工业部部长提供建议。马来西亚投资发展局的设立被世界银行誉为对马来西亚工业发展"有意义的、积极的、协调的推广措施所不可或缺的动力"。

马来西亚政府鼓励并尊重外国投资。外国投资被马来西亚政府视为马来西亚经济成长及发展并实现 2020 计划的强大动力。除此之外，马来西亚对外商投资及所有权（比例）的限制已经被逐步审查并渐趋放宽。

法律不禁止外国投资人拥有马来西亚公司的股份。但是，马来西亚政府仍然依据国家发展规划在一些特定的经济领域要求本国资本必须持有一定的股份。

（2）投资形式

外国投资者可以通过以下方式在马来西亚设立商业运营机构：

①在马来西亚登记一个分支机构；

②设立一个马来西亚主体作为子公司或者与本地合作伙伴设立一个合资企业；

③收购一个现存马来西亚公司的股份。

除了金融服务、保险、石油和天然气、通信和多媒体以及经销业这些特定产业要求本土参股以外，外国投资者在几乎其他所有产业的投资中均可以持有100%的股权。外国投资中的本土参股要求通常是通过政府监管政策中要求企业取得政府颁发的执照、许可和批准的方式来实施的，而不是在马来西亚的立法中直接进行强制性规定。

外国投资者投资于马来西亚现存的公司相比较而言是一种更为直接和简便的方式，既可以收购现存公司的股份，也可以购买现存公司的业务和资产。收购或投资的具体方式取决于并购的目的、并购者的资源、目标公司的财务状况与生存能力，以及对其他技术方面的考量（例如，执照、许可和批准的可转让性、税收及印花税的义务），另外，通常还必须受限于政府某些部门对于本土参股的要求。

采用收购一家马来西亚现存私人公司股份的方式进行投资主要受到《马来西亚公司法案》（1965年，该法案将被已生效并于2017年开始实施的新的公司法案所取代）的规范。根据适用的监管体系，在有些情况下，监管部门对于公司业务的管辖权会有一些重叠。

鉴于最终达成一致的条款将会在最终协议中予以确定，意向书或条款清单通常作为最终股份购买协议、股东协议、合资协议或业务及资产收购协议的初步形式，通常会在实施尽职调查之前签署。意向书或条款清单通常会被设定为一份仅阐述交易核心条款而不具有法律约束力的文件。马来西亚鼓励收购方对其拟收购的业务、资产或股份进行一个适当的尽职调查。根据目标公司的运营以及在最终协议签署之前进行尽职调查的时间表，建议在股份购买协议或业务及资产收购协议包含一个先决条件，即尽职调查的结果必须令收购方满意方可。

收购马来西亚上市公司应当通过马来西亚股票交易所有限公司管理的二级市场来操作，马来西亚股票交易所有限公司是马来西亚交易所的控股公司。除普通的公司法以外，该并购还要遵守马来西亚股票交易所有限公司的相关规定，例如，《马来西亚股票交易所登记公司规则》。拟收购马来西亚上市公司股份的外国投资者也需要遵守《马来西亚股票交易所上市规则》。

马来西亚证券交易委员会是负责监督在马来西亚收购上市公司或非上市公众公司的主要监管机构。

控制收购行为的主要法律有《马来西亚资本市场和服务法案》（2007）、《马来西亚收购与合并守则》（2016）以及马来西亚证券交易委员会发布的《收购、合并及强制并购守则》。控制收购交易的主要立法原则是，保证目标公司的所有股东在与收购交易相关的要约中均被公平对待并具有同等的权利从收购交易要约（包括控制权溢价）中获益。

三、"一带一路"沿线主要伊斯兰法系国家的法律环境分析

在迎接机遇的同时，同样要认识到可能面对的各种风险。"一带一路"沿线区域呈现多文明交汇、多力量交织等特点，军事、政治、宗教等比较复杂。这些复杂形势将直接影响到投资者的收益、资金安全甚至人身安全。因此，投资者在投资前必须仔细了解当地的投资环境是否安全、法律是否健全、市场秩序是否合理、市场化程度是否足够。同时，要在风险评估与化解、有序竞争和争议解决等方面做好准备，对拟投资国家做到充分了解。

现代伊斯兰法系国家，至今仍然把伊斯兰教法作为本国基本法律制度。在"一带一路"沿线，属于这类的国家主要是阿拉伯半岛的沙特阿拉伯、也门、阿曼、卡塔尔、巴林、科威特以及伊朗、阿富汗和马尔代夫。以下从法律角度，根据上文对伊斯兰法系国家的分类，举例介绍几个代表国家，以点带面，让投资者对在进行投资、开展商务过程中应重点关注的法律问题有所了解。

（一）沙特阿拉伯

1. 社会、经济、法律制度概述

沙特阿拉伯（以下简称"沙特"）于 1932 年在第一任国王 Abdulaziz Al-Saud 国王殿下带领下建立。沙特为阿拉伯世界最大经济体，以其地理区位为中心，是全球领先的石油及石油制品生产国与出口国之一，据估计拥有大约 20% 的世界已探明石油储量。沙特是阿拉伯国家唯一的二十国集团（G20）主要经济体之一，是伊斯兰合作组织成员及石油输出国组织成员。近年来，沙特在寻求机会充分利用外国投资扩张带来的机遇，使其经济远离碳氢化合物走上多元化发展的道路，进而创造一个成熟、繁荣的经济环境，以便为其公民提供更广泛的就业和经济机会。

沙特 2005 年 12 月加入世贸组织，这对其国家经济和商业环境自由化具有里程碑式的意义，其催化了若干领域对外来投资部分或全部的开放，包括电信、电力、采矿、铁路、批发和零售贸易、银行、保险和专业的咨询服务。2016 年春天，副王储殿下 Mohammed Bin Salman 宣布"愿景 2030"，即沙特国家转型计划，该计划勾勒出国家发展非石油领域经济的蓝图。"愿景 2030"关注持续增加的外国投资，与国有资产私有化计划和国家通过公私合作模式发展并升级国家基础设施建设相结合。为了支持这一战略性愿景，沙特启动了一项 175 亿美元的新兴市场债券发售，这是迄今为止新兴市场最大的债券发行。

沙特法律以伊斯兰教法为主要法律渊源，辅以法令、部长决定和沙特政府颁发的法律法规。沙特法律参照伊斯兰教法进行解释，并可根据伊斯兰教法进行增补。当沙特法律与伊斯兰教法不一致时，以伊斯兰教法为准。沙特的司法系统由神职人员把控，没有标准化判例法和法院裁决，法官可"创制"进行判决，灵活性较大，判决在很大程度上取决于法官和地区。其复杂烦琐的法律制度让外国投资者难以驾驭。此外，沙特阿拉伯法院诉讼程序往往时间较长，司法判决和国际仲裁的执行力较薄弱，法院往往不愿执行外国裁决。外国人在与沙特国民的法律纠纷中处于劣势地位。因此，庭外和解往往是外国投资者倾向的方式。

沙特与贸易相关的机构有沙特商工部（负责企业注册、进出口商品检验

检疫、进口商品许可审批等）、沙特商工总会（管理并服务沙特私有企业）、沙特标准局（制定标准、进口商品认证等）、沙特海关等。涉及贸易的法规有《商业代理规定及实施细则》《商业竞争法》《外国投资法》《公司法》《反借壳条例》《商业注册法》《公司法》《关税法》等。

沙特投资主管部门是沙特投资总局，投资总局官方网站发布有外商禁止投资目录。外商投资的方式包括以合资或独资方式在沙特设立公司、工厂或开设办事处，与本国公司一样受《公司法》约束。投资活动必须获得由投资总局颁发的投资执照。外国投资者可以通过出售股份或企业结算等方式向沙特境外汇出利润。

企业缴纳雇员工资总额 2.5% 的宗教税、20% 的企业所得税，无个人所得税、营业税、印花税和增值税。

此外，在沙特设立企业后还要重点关注《劳工法》《所得税法》《商标法》等相关法律。

沙特的基本法规定沙特阿拉伯王国至高无上的法律是伊斯兰教法，它被认为是宪法。伊斯兰教法是一系列不同渊源的基本原则的组合，包括圣古兰经、圣训和穆罕默德言行录。圣训和穆罕默德言行录分别是穆罕默德的见证语录、行为记录和口传。沙特适用伊斯兰教法法律体系的罕百里学派，采用不成文法的形式。

除了伊斯兰教法，沙特也有制定法（或成文法），成文法以被国王（除非根据皇家命令该权力授权给皇储）和内阁会议决议签署的皇家法令的形式颁布。附属条例可以以内阁决议和内阁通知的形式颁布。然而，法律、条约、国际协议和协定则只能通过皇家法令的形式颁布。所有的这些法律最终都服从于伊斯兰教法且不得与其相冲突，沙特裁判部门被要求解释相应的世俗立法。

沙特裁判部门先前的裁决不会形成对裁决之后案件有约束力的判例。正因为这样，裁判部门在解释并适用沙特法律时有相当大的自由裁量权，尤其是解释并适用伊斯兰教法。

沙特政府的中央机构是君主制。根据基本法的规定，国王为最高国家权力机关，可以通过皇家命令的形式任免内阁会议代表及其议员，国王的权力又最终受伊斯兰教法的约束，但是他们同样受限于服务"国家总方针与保卫祖国"的要求。

2. 投资法律概述

（1）外商直接投资主管部门

根据《外商投资法》及其实施条例，审批许可及政策实施的监管机构为沙特投资总局。所有在沙特注册营业的外国公司的分支机构以及在沙特成立且有外国股东的公司均需获得沙特投资总局的许可。因此，沙特投资总局往往是所有将在沙特投资的外国投资者经历的"监管第一站"。外国投资者将被要求充分证明其在拟从事活动领域具有适当且相关的经验和能力。许可证适用于多个活动领域，其中包括工业、服务业、贸易行业和工程业。

除了投资总局，还有其他多个在其权限内有广泛自由裁量权足以影响政策和审批实践的政府实体将会或可能会参与到监督某一特定领域的外国投资中。这些部门主要包括商务与投资部（该部门负责企业的成立和登记事项），能源、工业和矿产资源部，资本市场管理局（证券监管部门）（CMA），沙特货币署（中央银行）（SAMA），教育部，卫生部，通信和信息技术部（CITC）等。每个监管机构在其管辖领域内都有广泛的裁量权，可以批准或拒绝交易（包括涉及外商投资的交易）。

（2）投资行业法律法规

《外商投资法》及其实施条例给试图在沙特寻求投资机会的外国投资者提供了一个基本的法律监管架构。其他与在沙特成立并取得许可的商业实体相关的法律渊源是《沙特阿拉伯公司法》，其他法律也经常适用于在沙特的外商直接投资活动。

在欢迎外国资本和技术投资的同时，政府已在其经济结构中纳入了一定的政策和程序性保障，以支持、促进和保护牵涉到沙特国家利益的经济部门。最高经济委员会履行主要监管和政策制定的职能，这一体制的形成是为了进一步发展沙特政府基于一系列理念的经济政策，这些理念包括广泛的社会福利、自由化经济及对资本、商品、服务、产品的开放市场经济体制。

（3）投资方式

除了那些由最高经济委员会制定并周期性修订的"负面清单"所列事项

之外，原则上外国投资外商加入专业公司不需要申请沙特阿拉伯投资总局许可证，例如工程公司、咨询公司、法律合伙。各个经济领域都是允许的。

负面清单目前完全禁止外商投资勘探、钻井、生产石油和天然气、道路运输、房地产投资、出版、电视、广播、招聘服务。"负面清单"允许外国投资进行部分城市之间轨道交通、电信、保险（60%）和银行（40%）业务。

一些其他法律、法规、政策中也可能出现特定限制，这些限制可以表现为行业特定许可要求、最低资本要求，或是明确禁止或限制外商参与特定经济活动的法令。例如，在沙特从事专业性服务（如工程或法律服务）的经营活动，法律执照允许外国投资者在该专业性合伙中持有 75% 的份额，但剩余25% 的股份则必须由至少一个有执照的沙特国民持有。在法律服务领域，成立此种的专业性合伙目前在实践中仍有不确定性。

此外，直到最近仅部分对外商投资开放的贸易活动（批发和零售），现在 100% 对外资开放了，但受制于沙特投资总局制定的外国投资者一方大量资本承诺和其他要求。任何由外国投资者所有的贸易公司必须满足如下条件：①现金资本至少为 3000 万里亚尔，且第一个五年不少于 2 亿里亚尔的总投资金额；②外国投资者应至少在 3 个其他国际市场运营；③该公司必须满足广泛的沙特化目标，致力于培训沙特员工。

同时，在实践中，一些其实并不在负面清单中的领域（包括各个层次的教育）依然禁止或限制外国投资。

（4）市场准入和检查标准

投资行业相关法律法规强调外国投资者必须满足的要求以及作为沙特阿拉伯市场的可信投资者建立起资信必须提交的文件。

（二）阿曼

1. 社会、政治、经济、法律制度概述

阿曼西北邻阿联酋，西邻沙特阿拉伯，西南与也门相邻。穆桑代姆半岛与阿曼其他地区被阿联酋隔开。首都马斯喀特坐落于东北海岸，主要城市索哈尔和苏尔位于北部，塞拉莱位于南部。阿曼景色多样，中部大部分区域被广袤的沙漠覆盖，在北部和西南海岸有连绵起伏的山脉，以其保留完好的原始风貌的海岸线著称。

自 1970 年执政以来，苏丹卡布斯主持了阿曼社会和经济结构的重大变革。苏丹卡布斯着手开展广泛的现代化进程，阿曼人均收入增长幅度超过5000%，并且民众识字率也大幅提升。

阿曼从石油开采中获得巨大的收益并以此支持国民经济的发展。现今，政府强调多元化发展，并且把主要的关注点放在旅游业这一国民收入的重要来源上。

多元化和吸引外国投资的政策指向可以通过诸如索哈尔和杜古姆这样的城市来印证。索哈尔现已发展为一个综合性的港口、自由贸易区、工业区，并正在建设名为索哈尔通道的航空项目。与此同时，杜古姆也正在兴建经济特区。

政府已经分配了相当一部分资源给发展性的项目，这些项目将使阿曼在各个经济领域获利，并且政府还公开承诺推动政府和社会资本合作计划（PPP），从而为当前的财政紧缩阶段提供资金支持。

阿曼为外国商业投资提供强有力的保护。其他具有吸引力的发展包括阿曼谨慎而灵活的信用评级体系。

在苏丹卡布斯的领导下，阿曼力图发展成一个具有竞争力的全球经济中心，与此相呼应，政府不遗余力地代表、支持并保护商界的利益。阿曼的政体为以阿曼的苏丹王作为国家和政府首脑的君主专制政体。

伊斯兰教教法是所有立法的渊源。阿曼拥有强有力的法律和规章制度，并经常进行修订，以提供商业活动所需要的、具备灵活性和时效性的法律框架，从而使得商事法庭可以依此对商业事宜进行裁判。

阿曼的政治和社会结构十分稳固，政府关注的焦点在于社会和经济的发展。苏丹王朝在协调重大国际共识和保持与地区内和其他区域国家良好关系方面成绩卓著。

坐落在阿拉伯半岛东南部的阿曼苏丹国被视为波斯湾的门户，阿曼通过霍尔木兹海峡与阿拉伯海相连。在海上石油贸易中，约有 1/3 是通过霍尔木兹海峡进行运输的。这也使得该海峡成为世界贸易最重要的通道之一。

阿曼拥有 1700 公里朝向印度洋的海岸线，使得在沿海城市建设工业和自由贸易区成为可能。阿曼与其他国家在地域和时区上的邻近也使得阿曼成为独特和安全的投资对象。除作为政府主要收入来源的石油和天然气之外，阿曼正在积极发展渔业、农业和矿业作为其他收入来源，并且鼓励外国投资者在这些领域进行投资。

阿曼政府正对公共交通网络进行巨额投资，包括启动一项连接阿曼和其他海湾合作委员会成员国的铁路项目，作为海湾国家间人员和货物流动的又一个通道。随着石油价格的下跌，政府公开宣布一项具有远见的承诺，承诺将私营经济实体作为基础设施投资和发展的合作伙伴。在杜古姆经济特区，阿曼与中国投资者的合作发展良好，杜古姆经济特管局（SEZ AD）正在考虑一系列的公私合营项目（PPP），并且致力于考虑更加灵活的模式，比如EPC（设计—采购—施工）、设计—施工以及BOOT（建设—所有—经营—转让）。

阿曼已经加入了一系列的国际协定，包括世界贸易组织（WTO）协议。自由贸易协议已经就位，进一步的协议正在协商洽谈中。这些协议一般都会为协议国投资者提供激励政策，包括关税减免、在某些领域里享有更低的税率、给予国民待遇。

2. 投资法律概述

（1）许可要求

所有希望在阿曼进行商业活动的公司和实体都必须在工商部（MOCI）、商会以及营业地的市政当局进行登记。

（2）管辖

对于投资者来说，启动商业活动的地区有两个主要选择：第一在阿曼大陆地区，第二在阿曼开发的自由贸易区。

（3）结构

在阿曼开展商业活动的各种机构和公司组织形式都取决于商业活动所提供的产品和服务类型。

（4）《外国资本和投资法》

所有公司和实体必须遵守《外国资本和投资法》。虽然对于法律的重大改革已经被期待许久，但是关于这种改革至今为止还没有来临。

如上所述，法律规定任何非阿曼籍国民，无论是自然人还是法人，如果希望在阿曼从事商业活动或者从阿曼的公司资本中享有收益，都必须从工商部获得许可证照。办理许可证照的规定如下：

①该非阿曼籍国民通过经《商业公司法》认可的公司形式之一从事商业活动；

②该公司的资本不低于 150000 阿曼里亚尔。

除以下的各种例外情况，比如经营地在自由贸易区，非阿曼籍国民所占公司的股份不得超过 70%。此比例仅适用于注册资本，通常情况下给予外国投资者的利润分成和控制权份额都会明显超过 70%。内阁会议根据工商部的建议，可以在满足下列条件的情况下，允许外资在阿曼公司中持股比例达到 100%：

①公司的注册资本不得低于 500000 阿曼里亚尔；

②项目有助于经济发展。

外资企业在与政府直接订立合同的情况下可以设立分支机构或者持股100% 的子公司。

（5）法律结构

在阿曼，有三类主要的法律结构可供公司选择。根据不同的法律结构，分为直接商业存在和间接商业存在。从直接商业存在角度来说，可适用的法律结构包括通过设立某个个体私营实体或公司实体进行商业行为。从间接商业存在角度来说，可以通过商务代理人进行商业行为。

①个体私营实体

个体私营实体是一种简单的经营方法，指个人以其名义获得贸易许可，且根据该贸易许可，独立从事贸易活动。相较于"公司"，这种商业实体形式更适合被称为"个体私营实体"（Establishment）。个体私营业主以其个人的所有资产为该个体私营实体的商业活动承担个人责任。个体私营实体没有独立于其所有者的法人资格。

大部分的阿曼国民和海合会的国民（受限于某些条件）都允许在阿曼设立个人私营实体。然而，近几年在实践中出现了一种做法，即由一位阿曼的国民来获得个人私营实体的贸易许可，然后将该贸易许可租赁给外籍人员，由其全权管理商业经营并持有所有利润。这种做法并不推荐，因为其本质上是非法的，而且一旦双方的商业关系破裂，将会产生很多后续问题。进而，作为贸易许可的法定持有人，不论其是否知晓这种私下的做法，都需要对第三方的债务承担 100% 的责任。

设立个人私营实体的主要流程包括向商贸部的一站式服务机构提交申请及相关文件。该服务机构中的商会代表及市政部门的代表将会签发相关许可（大部分的贸易许可都是由商贸部签发）。

②公司组织形式

如果要在阿曼建立商业存在，有多种可供适用的公司组织形式。《商业公司法》（CCL）（1974 年第 4 号苏丹令）对在阿曼可适用的公司组织进行了详细规定。

阿曼主要商业法律法规有《商业登记法》《商业公司法》《阿曼商法》《商业法》《外商投资法》《商业机构法及其条例》《消费者保护法》《马斯喀特证券市场法》《资本市场管理局法》《银行法》《保险法》《MSM 上市公司和保险公司的公司治理准则》《阿曼劳动法》等。

（三）卡塔尔

1. 社会、政治、经济、法律制度概述

卡塔尔国是一个独立的阿拉伯国家，地处阿拉伯半岛北海岸的卡塔尔半岛，其南部疆域与沙特阿拉伯接壤，西部、北部和东部领土均被波斯湾所围绕。早期的半岛处于不同王朝的统治之下。随着伊斯兰的发展，卡塔尔成为最早由穆斯林占领的地区之一并且常独立于较大邻国。卡塔尔参与印度洋海湾的贸易活动并因此促进了其与人口众多的印度洋民族的往来。干旱的气候使得阿拉伯游牧部落趋向于以小型渔村和采珠村的方式短期聚居。

卡塔尔历经奥斯曼帝国几个世纪的统治后从第一次世界大战起被英国统治，最终于 1971 年 9 月 3 日成为一个独立的国家。卡塔尔划分为 8 个自治区，分别为 Doha、Al Rayyan、Umm Slal、Al Khorand Dhekra、Al Wakrah、AlDaayen、Al Shamal 和 Al Sheehaniya。卡塔尔半岛长约 160 公里，多为沙土所覆盖的低洼平原，属于阿拉伯半岛的典型地貌。

卡塔尔国是一个传统世袭制的酋长国。阿勒萨尼家族自 18 世纪至今一直世袭统治着半岛。阿勒萨尼是以 19 世纪中期卡塔尔半岛的首位统治者穆罕默德·本·萨尼酋长的父亲、家族长老萨尼·本·穆罕默德酋长的名字命名的。

阿勒萨尼是阿拉伯部落班尼塔米姆（BeniTameem）的一个分支。

埃米尔是国家元首。根据《永久宪法》的规定，埃米尔认可并颁布经内阁提议并经协商会议批准的法律。未经埃米尔的认可不得颁布任何法律。由埃米尔命令指定的内阁是卡塔尔的最高执行机构。然而，未经埃米尔同意的法律不得生效。

卡塔尔政府热衷于根据当代宪政的进程支持并组织其法律制度。卡塔尔的法律制度源于埃及为中东地区改编的《拿破仑法典》，法官具有独立性，根据法律做出和执行判决。除非法院自行决定不公开审理或经利害关系人要求不公开审理可以最大限度地保护公共利益或一般规则，法院审理案件均公开进行。法院对所有案件一律公开宣告判决。

阿拉伯语是卡塔尔法院的官方语言，但是法院会通过翻译人员听取非阿拉伯语人士提供的证据和证人证言。翻译人员须进行宣誓并有义务诚实、正直且真诚地完成其翻译工作。

法院主要分为以下几类：

（1）刑事法院，包括初级刑事法院和高级刑事法院；

（2）民事法院，包括初级民事法院和高级民事法院，还包括民事庭和行政庭；

（3）上诉法院，包括刑事、民事和行政庭；

（4）最高上诉法院，包括刑事和民事庭；

（5）此外还有专门法院（家事法院、交通法院、租金法院、劳动法院）。

初级刑事法院负责轻微刑事案件和不端行为案件的审理和审判，由一名被称为"初级刑事法院法官"的独任法官负责。高级刑事法院负责所有恶性犯罪案件的审理和审判，并负责受理针对初级刑事法院做出的轻微刑事案件的判决提出的上诉。该等法院的职权由一位被称为"高级刑事法院主席"的法官和两名成员法官组成的合议庭行使。最高上诉法院是卡塔尔法院系统中的最高法院，负责审理针对上诉法院做出的判决所提起的上诉。

2. 投资法律概述

（1）投资监管部门

在卡塔尔进行投资的要求和流程包括与多个机构和组织进行联络。该等机构和组织包括如卡塔尔工商业联合会、经济和商务部、财政部、能源产业部、市政环境部、卡塔尔中央银行、卡塔尔金融市场监管局、卡塔尔金融中心和卡塔尔投资局等本地实体及其分支机构。

（2）投资行业的法律法规

在卡塔尔关于投资的主要立法包括：

① 2015 年第 11 号《商业公司法》；

② 2000 年第 13 号《外国投资经济活动规定》（以下简称《外国投资法》）；

③ 2005 年第 7 号《卡塔尔金融中心法》以及据此颁布的相关规定；

④ 2005 年第 36 号《卡塔尔科技园区法》（以下简称《QSTP 法》）；

⑤ 2006 年第 27 号《商法典》（以下简称《商法典》）。

根据《外国投资法》的规定，外国投资者可以投资绝大多数国民经济领域，但前提是有一个卡塔尔合作方与该外国投资者合资经营且该卡塔尔方持有合资企业至少 51% 的资本，并且公司根据《商业公司法》的规定依法设立。

经经济和商务部批准，外国投资者在合资企业中的持股比例可以超过 49% 的一般资本限额，并且在包括农业、工业、卫生、教育、旅游、自然资源开发利用、能源或采矿、信息技术、科技和咨询服务、娱乐、体育、文化服务和分销服务在内的特定领域可以达到 100%。内阁有权在本段提及的领域的基础上增加任何其他领域。

《外国投资法》还允许非卡塔尔籍投资者进口其项目所需但通常在当地无法获取的原料。为避免破坏外国资本和卡塔尔资本的公平竞争，卡塔尔承诺在卡塔尔境内不会对外国投资附加任何限制，但外国投资者仍不得投资银行和保险公司（除非通过内阁法令取得豁免）以及商业征信机构，亦不得购买不动产。

此外，2000 年第 13 号《外国投资法》第 3 条规定，经经济和商务部豁免，若外国公司在卡塔尔国签订了提供服务或涉及公共利益的合同或分包合同，通常情况下指与卡塔尔国政府或准政府性机构（政府机构）签订的合同 / 分包合同，则该外国公司的分支机构 / 临时登记机构（以下简称分支机构）可以在卡塔尔注册登记。该等分支机构仅能履行其所注册登记的特定合同项下的权利义务（包括在相同商事登记下注册的其他经许可的合同），且该等登记将于合同履行完毕后失效。然而，若原合同及时延期或外国公司签订了属于第3条规定的新合同，则分支机构的豁免可以延长。

（3）投资方式

《商业公司法》允许下述五种不同类型的商业团体在卡塔尔设立并注册登记：普通合伙企业；有限合伙企业；股份有限合伙企业；有限责任公司；股份公司。通常而言，外国投资者在某一卡塔尔国实体中的持股比例不得超过49%。

①普通合伙企业

普通合伙企业是指两个或以上合伙人在特定名称下从事的经营活动。普通合伙协议应当载明合伙企业主要经营场所、经营范围、合伙人的详细资料、经理的姓名、出资额、每一合伙人的份额、名称、利润分配及亏损分担方式。合伙人以其全部财产对合伙企业的债务承担连带责任。

合伙企业的管理权由合伙协议决定并移交合伙人执行，除非通过签订协议将管理权特别委托给一名或多名指定的经理行使并就该等协议在商事登记处办理登记。

②有限合伙企业

有限合伙企业由两种类型的合伙人组成。普通合伙人负责合伙企业的经营管理，有限合伙人负责对合伙企业出资。有限合伙协议应符合普通合伙协议的要求。此外，有限合伙企业中须载明普通合伙人和有限合伙人的身份。普通合伙人以其全部财产对合伙企业的债务承担连带责任。有限合伙人以其对合伙企业的出资额为限对合伙企业的债务承担责任，前提是该等有限合伙人没有参与合伙企业的经营管理或允许在合伙企业名称中使用其姓名。

合伙企业的管理权由合伙协议决定并移交合伙人执行，除非通过签订协议将管理权特别委托给一名或多名指定经理行使并就该等协议在商事登记处办理登记。

③股份有限合伙企业

股份有限合伙企业由至少1名有限合伙人和至少1名普通合伙人组成。股份有限合伙企业的资本分为可协商面值的等额股票且不得少于1000000卡塔尔里亚尔。普通合伙人以其全部财产对合伙企业的债务承担连带责任。有限合伙人以其对合伙企业的出资额对合伙企业的债务承担责任，前提是该有限合伙人没有参与合伙企业的经营管理或允许在合伙企业名称中使用其姓名。

股份有限合伙企业协议应符合普通合伙协议的要求。此外，有限合伙企业应当设立1个至少由3位成员组成的管委会，并且应当任命1名审计师。合伙企业的管理权由合伙协议决定并移交合伙人执行，除非通过签订协议将管理权特别委托给1名或多名指定经理行使并就该协议在商事登记处办理登记。

④有限责任公司

有限责任公司可以由1~50名股东出资设立。有限责任公司章程应载明下述事项的详细信息：公司名称、成员、主要经营场所、经营范围、资本额、股份数量和种类、转股条件、公司经营期限、经理、利润分配及亏损分担方式。成员以其在注册资本中所持股份的票面价值承担责任。

若股东数量超过20人，则公司应设立1个至少由3名股东组成的管委会。公司应任命1名审计师并且应置备股东名册。公司的管理权应委托1名或多名经理（股东或非股东均可）行使，其职权在法律允许的范围内由公司章程决定。规范有限责任公司经理责任的法规与规范股份公司经理责任的法规相一致。

⑤股份公司

股份公司至少由5名成员组成。最低资本限额为1000000卡塔尔里亚尔，且私人股份公司的最低资本限额为2000000卡塔尔里亚尔。设立股份公司需要起草公司组织大纲和章程并提交至经济和商务部。股份公司的设立须经法令批准并在政府公报上公告。发起人在向公众发出公开募集邀请之前应认购不少于20%且不高于60%的股本。公司文件中应载明下述事项的详细信息：公司名称、主要经营场所、经营范围、成员、资本额、股份数量和种类、公司经营期限和设立所需费用预估值。成员以其在注册资本中所持股份的票面价值为限承担责任。

公司的管理权应委托给由5~11名董事组成的董事会行使，每名董事任期为3年，但首次被任命的董事会成员的任期可为5年。公司应任命至少1名审计师。

（4）准入条件及审查

除允许非卡塔尔人士持有100%股本的特定行业之外，根据《外国投资法》的规定，外国投资者可以投资绝大多数国民经济领域，但前提是有一个卡塔尔方与该外国投资者合资经营且该卡塔尔方持有合资企业至少51%的资本，并且公司根据《商业公司法》的规定依法设立。

此外，外国投资者不得投资银行和保险公司（除非通过内阁法令取得豁免）以及商业征信机构，亦不得购买不动产。

（四）伊朗

1. 社会、政治、经济、法律制度概述

伊朗位于亚洲西南部，北邻亚美尼亚、阿塞拜疆、土库曼斯坦，西与土耳其和伊拉克接壤，东面与巴基斯坦和阿富汗斯坦相连，另与哈萨克斯坦和俄罗斯隔海相望。南面濒临波斯湾、霍尔木兹海峡和阿曼湾。石油、天然气和煤炭蕴藏丰富。伊朗是石油输出国组织成员，经济以石油开采业为主，为世界石油天然气大国，石油出口是经济命脉，石油生产能力和石油出口量分别位于世界第四位和第二位。其他矿物资源也十分丰富，可采量巨大。伊斯兰革命后第一部宪法于1979年12月颁布，规定伊实行政教合一制度，神权统治高于一切。1989年4月对宪法进行部分修改，突出强调伊斯兰信仰、体制、教规、共和制及最高领袖的绝对权力不容更改。同年7月，哈梅内伊正式批准经全民投票通过的新宪法。伊朗伊斯兰议会是最高国家立法机构，实行一院制。议会通过的法律须经宪法监护委员会批准方可生效。伊朗实行总统内阁制。总统是国家元首，也是政府首脑，司法总监是国家司法最高首脑。《伊朗宪法》是国家政策和政治的基石。其第57条用下述语言囊括了三权分立这一最基础的根本性原则："伊朗伊斯兰共和国政府权力被授予立法、司法、执法三个部门，按照本宪法现有条款，在最高行政长官的绝对监督下和部族的领导下运行。这些权力各自独立于其他权力。"

上述三权分立原则说明了政府部门不同分支的功能。政府的立法机关负责起草法律并经由伊斯兰议会通过该法律，其中伊斯兰议会由选举出的人民代表组成。一旦相关法律被该议会批准（法案需经历不同阶段得以通过），其将被传达至执法机关和司法机关以供执行。《伊朗宪法》包含了许多现代

政治原则、公民权原则以及国际最低标准的外国国民待遇（如不得歧视外国人原则）。

《伊朗宪法》第 44 条明确规定了"伊朗伊斯兰共和国有三个经济部门：国有部门、合作部门及私人部门"。同样地，其正式认同了自然人及私人公司的经济活动，且通过《伊朗宪法》第 47 条认可了私人财产所有权。

伊朗经济的公有部门控制了一些大型基础行业,包括石油、天然气、电力、银行和保险。但是，在之前的 20 年里，由于私有化法律的推行，许多行业部门被私有化，使得私有部门现在变成了国家经济的平等组成部分。

由于认识到某些重要领域的经济弱点及某些行业的技术短板，伊朗政府已经通过全国性的运动来大力吸引外商投资（包括基础性审查和重新考虑有关方面的法律及国家政策）。该方面最重要的例了反映在《外商投资促进和保护法》及其相关执行细则的通过和实施。

根据《伊朗民法典》第 961 条的规定，外国公民拥有法律赋予伊朗公民的同等的权利和待遇，但存在某些仅适用于伊朗出生公民的例外。照此，如上所述现行法律法规为外国投资者前来投资确立了适当的基础。

伊朗法律体系中，保护、支持且促进外商投资的规定和政策主要包括：

（1）设立由外国资本 100% 持股伊朗公司的可行性；

（2）在伊朗组建和设立外国实体和公司的代表处及分支机构的可行性；

（3）关于外资准入标准的详细定义；

（4）决定外资担保、转让、汇回的方法；

（5）禁止征用外资，且明确界定合法征用的标准；

（6）批准与超过 42 个不同国家间的避免双重税收协定；

（7）批准了超过 53 个双边投资协定，外国投资者可据此受到保护，且其规定了合同仲裁条款均有强制力。

2. 投资法律概述

（1）投资监管部门

根据《外商投资促进和保护法》（2002）第 5 条，"伊朗投资与经济技术援助组织"（OIE TAI）是促进伊朗外商投资及调查外商投资问题的唯一官方机构。关于外国投资者准入、进口、劳动用工和资本汇回等问题的申请都应提交至 OIE TAI。OIE TAI 的主要活动可以分为四大部分。

①在伊外商投资

OIE TAI 是伊朗促进外商投资的唯一官方机构，致力于促进资金准入，提供全方位法律保护及保障外商投资安全。OIE TAI 的"外商投资总办公室"负责接收所有外商投资申请、颁发投资许可证照、保护已获批项目中投资者权利、为投资者提供各项服务（包括提供帮助、协调及协助所有投资相关事宜）。

②外部金融

领导所有关于国际金融及信用组织、世界银行集团、伊斯兰开发银行、欧佩克国际发展基金及其他国际组织的事务是 OIE TAI 的主要活动之一。

③境外投资

领导及规范伊朗公共和私人公司的境外投资符合政府关于投资的相关政策以及由伊朗公司提供技术和工程服务，也是 OIE TAI 的主要活动之一。

④对外经济关系

OIE TAI 的"对外经济关系部"负责所有对外经济事务，包括组建与其他国家的联合经济委员会、协调与其他国家的经济关系义务。

为了帮助和促进 OIE TAI 履行职责，还建立了"外商投资服务中心"。该中心的主要责任为：

①为外国投资者在伊投资发布信息及提供必要帮助；

②投资许可证颁发前，协助从相关部门取得与外商投资相关的证照，包括成立声明、环境保护许可证、订购公用设施服务许可证（如水、电、燃油、电话）、勘探采矿许可证等；

③协助获得外商投资项目所涉及外籍人士入境签证、居留和劳动许可证；

④协助投资许可证颁发后的外商投资后续事宜，包括合资公司注册、机器设备进口订单登记、进口和资本汇回问题、关税和税务问题等；

⑤就外商投资项目提出其相关请求及申请，协调不同政府机构及其代理机构；以及总体监督外商投资项目相关决定的执行情况。

（2）投资行业法律法规

《外商投资吸引和保护法》（1955）是伊朗关于外商投资方面实施的第

一部法律。该法规定了外商投资的总体性规则。考虑到国家对外商投资的需要，伊朗立法机构于 2002 年批准了《外商投资促进和保护法》（FIPPA），就此创造了更为全面的管理规范。该法及其实施细则构成了伊朗外商投资的主要法律法规。

与《外商投资吸引和保护法》相比，FIPPA 及其实施细则涵盖了所有关于外商投资的重要问题，包括投资和资本的定义、外商投资准入的一般性条件、外资担保和转让、准入规定、进口和外资汇出及争议解决。

此外，伊朗与其他国家缔结了 53 个双边投资条约。根据伊朗《民法典》（1928）第 9 条的规定，伊朗政府根据宪法与其他国家缔结的条约应当被视为国内法。因此，只要是投资者来自这些缔约国，则上述有关鼓励和保护投资的双边投资条约（BIT）是对 FIPPA 的补充。

（3）投资形式

根据 FIPPA，外商投资是指在取得投资许可证后，在新设的或已有的经济实体中使用外国资本。外商在伊朗投资的方式可划分为：

①在允许的私有部门进行外商直接投资；

②在合同安排框架下进行外商投资，包括在所有部门进行"民间参与""回购"和"建设—运营—移交"，资本回报和利润仅依赖于投资项目的经济效益，且资本回报和利润不得依靠于政府、国营公司或银行的担保。

上述两种投资形式均规定在《外商投资促进和保护法》（FIPPA）的框架下。

（4）市场准入和审查标准

与很多国家不同，伊朗没有特定明确的市场准入标准。根据《伊朗宪法》第 44 条的规定，某些领域的经济活动仅限于国有部门，包括大型基础工业、外贸、主要矿藏开采、银行、保险、电力、水坝和大型灌溉网络、无线电传播和电视、邮政、电信和通信服务、航空、航运、道路、铁路。

《关于执行〈宪法〉第（44）条原则之一般性政策的法律》明确规定了投资、所有权、管理权应当由政府管控的行业，如下：

①主要通信网络和发射频率分配；

②核心邮政服务网络；

③军事、警察和安全机密产品；

④国家石油公司和油气勘探生产公司；

⑤油气田；

⑥伊朗中央银行（Central Bank of Islamic Republic of Iran）、伊朗国家银行（Melli Bank）、伊朗赛帕银行（Sepah Bank）、伊朗工矿银行（Bank of Industry&Mine）、伊朗出口发展银行（Export Development Bank of Iran）、伊朗农业银行（Keshav arz i Bank）和伊朗住房银行（Mask an Bank）；

⑦伊朗伊斯兰共和国中央保险公司和伊朗保险公司（Central Insurance of Islamic Republic of Iran and Iran Insurance Company）；

⑧主要输电网络；

⑨民航组织和港口及海事组织；水坝和大型管道供水；

⑩主要道路轨道网络。

根据《外商投资促进和保护法》第 2（d）条的规定，外商投资制造货物和提供的服务的价值，与颁发投资许可证时提供给当地市场的货物和服务价值的比率不应超过 25%（在每个经济部门）和 35%（在每个领域子部门）。

除了上述行业，有些领域的经济活动仅限于伊朗国民，包括：

①根据《Gharz-alhasana 银行设立、运营和监管条例》（2008），Gharz-alhasana 银行仅提供免息借款和其他伊斯兰融资工具。这些融资工具仅可在公众股份公司中运营。此类银行只能由伊朗国民根据伊朗中央银行的批准和许可设立。

②根据《交易所及 OTC 市场外商投资细则》（2010），交易所的外国人持股累计不得超过交易所总股数的 20%。此外，任何外国人在任一交易所公司中持股不得超过 10%。

③根据《第五个五年发展计划法》（2011）的规定，转让给外国人的伊朗保险机构股权不得超过总股数的 20%，且该转让需取得伊朗中央保险组织（Central Insurance Organization of Iran）的批准。超过前述限额的转让则需要伊朗部长理事会批准，即使如此，只有最多 12% 的资本及上一年未分配利润可被外国人转移至伊朗境外。在任何情况下，转让给外国人的保险机构的股权不得多于 49%。股权转让给外国政府同样被禁止。

（五）马尔代夫

1. 社会、政治、经济、法律制度概述

马尔代夫共和国简称"马尔代夫"，首都马累，是由小型珊瑚岛组成的群岛国家，位于印度洋中部以南 595 公里和斯里兰卡西南 650 公里的印度洋中部。它包括大约由 1192 个岛屿组成的 26 个自然环礁群岛。马尔代夫为总统制国家。宪法于 2008 年 8 月生效，规定马为主权独立和领土完整的伊斯兰教总统内阁制国家，立法、行政、司法权分别归属人民议会、总统和法院。总统为国家元首、政府首脑和武装部队统帅。马尔代夫宪法规定司法权归属最高法院、高等法院和审判法庭。

马尔代夫是一个伊斯兰国家，法律渊源包括成文宪法（2008 年《马尔代夫共和国宪法》）、惯例、传统和伊斯兰法（《伊斯兰教法》）。马尔代夫数个世纪以来是伊斯兰教主的领地，并于 1887 年至 1965 年成为英国的受保护国，自 1965 年独立。马尔代夫拥有一个稳定的政治制度，该制度是以总统领导的民选政府为基础的。

当选的人民议会的成员必须是穆斯林，5 年为一个任期。所有 18 岁以上的公民拥有投票权。个人或团体有权针对拟定立法向人民议会议员投诉或者表达意见，议会的任何成员应当解释相关立法。2004 年，马尔代夫政府发起宪法改革，将多党制引入马尔代夫。

实践中马尔代夫的法律渊源如下。

（1）人民议会通过的法规、立法及法案。2008 年《马尔代夫共和国宪法》规定，呈递给人民议会的议案经人民议会通过并且经总统签署生效后才可制定为法律。马尔代夫政府中不同的部门有权倡议起草法案。没有议会的批准，法案不得施行。包含所有现行法律的法典，由人民议会维护，对公众开放。

（2）商事立法基于英国法律原则。主要商事立法有：1991 年《合同法》、1991 年《商品销售法》、1979 年《马尔代夫外国投资法》、1993 年《抵押法》、1995 年《可流通证券法》、1999 年《马尔代夫旅游法》、1996 年《公司法》、2007 年《马尔代夫合作社法》、2010 年《著作权与相关权利法》、2011 年《营业利润税法》、2011 年《商品与服务税法》、2011 年《合伙企业法》、2013 年《国有企业私有化法》、2013 年《中小企业法》、2014 年《企业登记法》、

2014 年《独资经营法》、2014 年《经济特区法》。

（3）总统法令。2008 年《马尔代夫共和国宪法》赋予总统得以在一般的紧急情况下订立附属法例作为总统法令。

（4）政府部门规章。所有规章应当依照人民议会制定的法律授权来施行。

（5）伊斯兰教法。

伊斯兰教法原则被运用于马尔代夫的家庭及个人法以及刑事犯罪的某些领域。在商业领域，伊斯兰教法起到了很重要的作用。例如，在某些类型的金融交易中禁止放高利贷的行为。此外，基于一般意义上的"公平"理念或法律争议的个案公正，伊斯兰教法被视为概统性的法律渊源。

根据已生效的 2008 年《马尔代夫共和国宪法》和《马尔代夫司法法案》（法律号：22/2010），马尔代夫司法系统主要包括一审法院、高级法院、最高法院。马尔代夫一审高等法院包括民商事法院、刑事法院、家事法院、毒品法院、青少年法院。

除了上述一审高等法院外，岛上所有的普通法院现均可视为一审治安法院。

马尔代夫的高级法院：高级法院一审判决、治安法院或其他法庭的一审判决，可以在判决作出起 10 日内上诉到高级法院（基于事实问题或法律问题）。高级法院以口头和书面审理的方式再审，并通常在提出上诉后 6 个月内作出判决。

马尔代夫最高法院是上诉的终审法院，对其作出的针对高级法院的判决的上诉应在判决作出的 60 天内提出。

马尔代夫是许多国际组织的成员国，包括联合国、亚洲开发银行、国际货币基金组织、世界银行、亚洲基础设施投资银行等。马尔代夫政府还参加了多个有关贸易和商业的国际条约和公约。

2. 投资法律概述

马尔代夫政府非常鼓励外商在马尔代夫进行投资。1979 年《马尔代夫外国投资法》（法律号：25/79）调整规范外商投资行为，其中：

（1）与旅游业相关的外商投资应由旅游部负责；

（2）涉及旅游业之外其他商业领域的，由经济发展部负责。

目前实践中由经济发展部审批所有的外商投资项目，包括与旅游业相关的外商投资项目。

外国投资者应向经济发展部提交外国投资申请表格，申请表应包含以下信息：

（1）投资形式；

（2）拟定的企业类型；

（3）主要业务的简述；

（4）预期总投资额；

（5）任何政府扶持（如果有）；

（6）资金来源；

（7）投资期限；

（8）贸易类别和部门；

（9）劳动力和人力资源；

（10）每位外国投资者的个人简述和背景资料。

自获得经济发展部颁发的许可后，外国投资者需要：

（1）根据《2014年企业登记法》（法律号：18/2014），在进行商业活动前，在马尔代夫进行公司或者合伙企业的注册；

（2）外国机构也可以外国公司的身份重新在马尔代夫注册一个该公司的分支机构；

（3）在外商投资资格预审中，马尔代夫的法律对于马尔代夫籍持股比例最低限额没有要求。因此，外国公司可以持有全部的股权，而不必由马尔代夫公民或法人参股。外国投资者应当与马尔代夫政府签署一份外国投资协议（涉及旅游业的外国投资除外）。

外国投资者除了从上述一个或两个机构中取得基本投资许可外，仍可能需要从相关负责特殊行业的法律和监管机构取得其他许可证，例如：

（1）在马尔代夫从事任何类型的银行业或投资行业的投资者，需要取得马尔代夫货币管理局的监管许可；

（2）在马尔代夫从事任何类型的通信行业或有关互联网商业的投资者，

106

需要取得马尔代夫通信管理局的监管许可；

（3）在马尔代夫从事任何类型的渔业的投资者，需要取得马尔代夫渔业和农业部的许可；

（4）在马尔代夫从事任何类型的有关航空业商业的投资者，需要取得马尔代夫民航管理局的监管许可。

四、"一带一路"沿线主要混合法系国家的法律环境分析

（一）阿拉伯联合酋长共和国

1. 社会、政治、经济、法律制度概述

1971 年 12 月 2 日，在英国对特鲁西尔诸国的保护结束后，由阿布扎比、阿治曼、迪拜、富查伊拉、沙迦和乌姆盖万等酋长国组成了一个联邦国家——阿拉伯联合酋长共和国（以下简称"阿联酋"）。哈伊马角于次年加入阿联酋。该国大约 90% 的人口（2016 年人口统计约 940 万）为外来移民。尽管阿拉伯语是官方语言，但实际上，英语是大多数人使用的商业语言。

根据阿联酋宪法的规定，联邦政府（设于阿布扎比）和成员酋长国政府各自享有依法分配的权力，部分领域的制度如移民、劳务关系由联邦政府进行统一制定，但酋长国之间在解释和执行相关制度时会略有差异；部分领域的制度仅在酋长国层面予以规定，如每个酋长国都保留对本国自然资源的主权，包括其石油储备；还有一些领域的制度在联邦层面和酋长国层面均有相关规定，如公司的设立和注册。

自阿联酋成立以来，政府一直十分稳定。每个酋长国有自己的酋长，阿联酋的总统由阿布扎比酋长国的酋长担任，副总统由迪拜的酋长担任。阿联酋联邦内阁由各个酋长国的被提名者组成。阿联酋联邦国民议会是一个由 40 人组成的咨询机构，其中 20 人由各酋长国酋长提名，其余 20 人由大约 7000 名选民选举产生。

每个独立的酋长国政府都保持着对石油勘探、开发和开采的控制权，并对其酋长国实施、征收税收和版税享有自主权；因此，阿联酋联邦政府的经费和计划的资金支持都靠各个酋长国（主要是阿布扎比）来提供。

阿联酋主要以石油生产闻名，其中大部分的石油储量位于阿布扎比。阿

联酋当前的石油产量约为 285 万桶 / 天。在石油价格下跌前，其年度生产收入超过 1500 亿美元。其中阿布扎比的产量占当前阿联酋石油产量的 90% 以上。迪拜、沙迦和哈伊马角是其余的石油生产酋长国。

阿联酋是世界上人均收入最高的国家之一，拥有超过 970 亿桶已探明储量的石油（约占世界已探明储量的 8%），这使阿联酋的人均收入一直位于世界高收入行列。

阿联酋于 1996 年正式确认了永久宪法。阿联酋同时具有联邦法律、酋长国法律和伊斯兰教法。阿联酋法律以伊斯兰教法为基础，世俗法律也可作为立法和判案的依据。阿联酋联邦与地方均有不同法律，法庭分为世俗法庭和伊斯兰教法法庭。后者主要处理有关家庭、婚姻和儿童的案件和部分刑事犯罪。阿布扎比、沙迦、阿治曼、乌姆盖万、富查伊拉设有联邦司法机构，各酋长国酋长仅可在本国内进行民事审判。大案、要案需移交联邦法院。最高司法机构是联邦最高法院，负责对涉及宪法问题、酋长国之间或酋长国与联邦的争议、高级官员犯罪行为做出判决。

联邦法律优先于酋长国法律适用，如果两者发生冲突，酋长国法律在必要的范围内将被废止。由联邦初审法院、联邦上诉法院和设在阿布扎比的联邦最高法院（在某些特殊限制的情况下拥有初审权和上诉管辖权，例如酋长国之间的纠纷和宪法问题）组成了拥有伊斯兰教法、民事和刑事管辖权的联邦法院系统。其中 5 个酋长国的法院体系已经统一并入联邦法院，但是迪拜和哈伊马角没有并入，仍然保留完全独立的法院系统，并且阿布扎比建立了自己的平行法院系统。由于全面索引和及时公布法院判决的程序较为欠缺，降低了法院体系的效率。

联邦法院中的伊斯兰教法部门优先适用伊斯兰教法。其他部门也同样适用伊斯兰教法的相关原则，但倾向于限制适用；特别是在商事事务方面，更趋向于适用联邦和酋长国法律，以及公认惯例和做法、其他法律体系建立的适用性原则，并予以公平考虑。

2. 投资法律概述

（1）投资监管部门

致力于促进投资的政府部门包括：迪拜投资公司，由迪拜政府拥有的主权财富基金，负责监督和管理迪拜政府的投资组合；迪拜投资发展署，为经济发展部下属机构，负责吸引投资和促进迪拜成为全球商业中心；阿联酋投资署，由阿联酋联邦政府拥有的主权财富基金，其任务是对联邦政府基金进行战略投资，为阿联酋创造投资。

（2）投资行业的法律法规

阿联酋实施自由经济政策，对外贸易进出口自由，并设立了众多具有贸易优惠政策的自由区。阿联酋经济部具有制定经贸政策、制定经贸相关法律法规、管理外资、吸引外资等职能。阿联酋联邦工商会（FCCI）负责协调各酋长国工商会之间的关系。各酋长国工商会具有管理本酋长国私人公司、负责公司登记注册、发放营业执照和工商会会员证书等职能。阿联酋贸易相关的现行法律包括《商业公司法》《商业代理法》《保险法》《投资法》《商标法》等。

阿联酋联邦不征收企业所得税、营业税和个人所得税等，只对一般商品征收 5% 的进口关税。各酋长国有可能会根据自身情况征收相应税费。

此外，在阿联酋雇佣员工要充分了解并遵守《劳工法》等相关法律法规。中国出口信用保险公司在《国家风险分析报告》（2014）中认为，从法律完备性、执法成本和退出成本三个方面考察，2014 年阿联酋的法律风险较小，法律环境在逐步改善，外国投资者利益受到更多保护，其法律风险展望为稳定。

阿联酋没有直接规范外国投资的相关法律。其他主要的规范或影响商业的联邦法律包括《工业法》《保险法》《海事法》等相关联邦法律。《工业法》为联邦财政和工业部负责管理的工业企业提供法律规范。该法律规定了所有工业企业的注册和许可程序，并且规定只有至少 51% 资本由阿联酋公民拥有的项目才能被批准。法律还规定，该类项目应由本国公民进行管理，或董事会成员多数为本国公民，同时要求企业提供实质性报告，以便联邦政府根据所提供的信息，对国家工业发展进行更合理的规划。

《保险法》规定，除了符合酋长国的许可证要求以外，所有本国和外国保险公司及保险代理人还必须由经济部进行注册和许可。保险主管部门承担之前由经济部履行的监管和监督职责。每一家依据阿联酋法律成立的保险公司须由阿联酋本国公民 100% 持有，且须为公开持股的公司，其法定资本不低于 1000 万迪拉姆（约合 275 万美元）。每个外国保险公司和分支机构都必须具备阿联酋本国的代理人/代理机构。法律对保险公司和保险代理人的要求包括：强制性储蓄存款，以保证其履行义务；保留储备基金；保留记录；会计和报告手续；为保证法律正常化运行的目的要求而规定的时限，以及因违反法律而应当承担的具体处罚措施。

《海事法》主要涉及航运法律规定，包括：船舶的所有权、船舶的登记和抵押、优先债权、船舶扣留、海上运输货物、海上救助、共同海损、避碰规则、强制引航和海上保险。关于货物运输方面，法规中广泛采纳了《海牙规则》的许多规定。在实践中，针对货物损失而采取的行动往往是成功的。

（3）投资形式

在阿联酋可以建立 7 类公司：普通合伙公司、有限合伙公司、合资公司、公开合股公司、非公开合股公司、有限责任公司和合股经营公司。需要注意的是，根据阿联酋《商业公司法》的规定，除在自由区（自由区内的公司可由外商 100% 所有）内设立公司或经相关部长与部门协商并报请内阁批准后允许作为例外处理的公司。一般来讲，外国公司不得在阿联酋境内直接从事经营活动。只有通过阿联酋公民或由阿联酋公民完全所有的企业法人作为保人或代理，外国公司方可从阿联酋经济部取得营业执照。

外国公司可以在阿联酋的每个贸易自由区建立全资分支机构或全资子公司，且无须指定阿联酋本国人为出资人或所有人。贸易自由区通常提供以下优惠措施：

① 100% 的外资所有企业；

② 100% 的进出口免税；

③ 100% 的资本和利润自由汇出；

④ 免除 15 年的企业所得税，期满后可再延长 15 年；

⑤ 无个人所得税；

⑥ 简化劳动招聘流程，提供办公空间（在某些贸易自由区）和员工住房。

即使在贸易自由区之外，目前也未征收企业或个人所得税（外资银行和石油生产公司除外）。

（4）市场准入和审查标准

针对外国投资的主要限制为，在阿联酋成立的公司其内资部分不得低于51%，除非：

①该公司建立于贸易自由区；

②某一类型的独资企业或专业合营；

③公司为海湾阿拉伯国家合作委员会或海湾合作委员会（GCC）成员国国民独资。除阿联酋外，该合作委员会成员还包括巴林、科威特、阿曼、卡塔尔和沙特阿拉伯。

对国家利益部门（如电信和石油）和特定类型的部门（如银行、保险、投资）通过附加条文进行了其他附加的对外国所有权的限制和额外的许可要求。

（二）菲律宾

1. 社会、政治、经济、法律制度概述

菲律宾主要的经济组成部分是农业、工业（如矿业、制造业、建筑业和公共事业）和服务业（如交通、仓储和通信、贸易和机动车维修、私人业务和家用品、房地产以及其他）。服务业的一个重要的组成部分是业务流程外包（BPO）产业。海外菲律宾务工者（OFWs）的汇款和BPO产业是菲律宾最大的外汇来源。

菲律宾是一个民主共和制的国家。菲律宾政府由三个分支组成，分别是立法、行政和司法部门。

总统和副总统、立法部门的成员、地方政府的首脑和地方立法机构成员是由合格的选民选举产生的。总统是菲律宾政府和其行政部门的首脑，而政府行政部门一般由总统内阁和行政机关或机构组成。后者是法院或立法机关以外的政府部门，根据宪法或法律设立，并通过规则制定或裁决影响私人主体的权利。目前，菲律宾的国家立法机关是菲律宾的国会，这是一个由参议院和众议院组成的两院制机构。

菲律宾司法机关以国家的最高法院为首。最高法院的管辖权由菲律宾宪法规定，而其他下级法院如上诉法院、初审法院、专门的反贪污法院（又被称为Sandiganbayan）、税务上诉法院的管辖权是由法律规定的。

国家的法律制度既有西班牙大陆法系的影响，又有美国普通法系的影响。通常情况下，菲律宾立法机关颁布的成文法优先于普通法。然而，司法决定特别是菲律宾最高法院的决定（适用或解释法律或宪法）是菲律宾法律体系的一部分，并具有与成文法相同的权威。

《菲律宾宪法》是菲律宾的基本法律，所有其他菲律宾法律必须遵守其规定。因此，与宪法不一致的法律、行政法规或执行法令是无效的。地方政府（省、市/直辖市和镇）也有权通过各自的地方立法机构制定条例并加以颁布。条例不得与菲律宾立法机构制定的法律或宪法相抵触。

宪法规定，菲律宾将普遍接受的国际法原则纳为国家法律的一部分。由菲律宾总统或其正式授权的代表签署的，并经过菲律宾参议院批准的条约也是国内法律的一部分。但是，此后法律的颁布与修改优先于条约中的相关条款，且条约条款不得削弱国家的治安权。

2. 投资法律概述

（1）投资监督部门

菲律宾负责投资的主要政府机构有：

①证券交易委员会（SEC）负责菲律宾公司的注册、登记以及对公司的综合监管。

②投资委员会（BOI）负责促进和监管在菲律宾的投资。

③菲律宾经济区署（PEZA）是贸易和工业部的附属机构，授权经营和管理经济特区，并负责辖区内（出口）企业的注册和管理，包括给予它们奖励。

④菲律宾央行（BSP）是菲律宾中央银行。它的职能包括监管某些对内的外国投资。

（2）投资行业的法律法规

菲律宾与投资有关的主要法律规定菲律宾本国资本对某些经济活动的最低持有率。例如国家可与菲律宾公民或公司或协会（至少拥有60%菲律宾份额）签订涉及勘探、开发及自然资源利用方面的合作生产、联合经营或产量分成协议。同样，宪法授予菲律宾公共事业单位的特许经营权、执照或其他形式的授权，以及菲律宾境内私人土地所有权仅限于菲律宾公民和至少拥有60%菲律宾份额的公司或协会。

此外，《菲律宾宪法》还对外国投资者在此种公共事业管理机构中所占的资本份额进行限制。一方面，大众媒体的所有权和管理仅限于菲律宾公民或菲律宾国有资本全资所有和管理的实体；另一方面，广告行业仅向菲律宾公民或菲律宾内资比例不低于 70% 的公司或社团开放。

《公司法》规定外国公司在菲律宾分支机构的设立，制定公司形成规则以及菲律宾在规范公司经营方面的其他约定。

《综合投资法典》规定了注册投资、各种投资激励以及授予特殊投资者居民签证的基本权利和保证。规定了跨国公司区域或地区总部，或外国企业实体区域运营总部的设立。

《外国投资法案》（FIA）规定非菲律宾国有企业的投资的登记，以及出口企业和国内市场企业外国投资管理的规则。它还要求发布《外国投资负面清单》（FINL），其中列举了对外国股权或参股行为相关活动或业务的限制。

《反挂名法》禁止规避和违反任何要求将菲律宾国籍或任何其他特定公民身份作为行使或享受权利、专营权或特权的前提条件的法律。

（三）斯里兰卡

1. 政治、经济、社会、法律投资环境概况

在斯里兰卡政府逐渐结束了持续近 30 年的内战后，政府采取一系列措施发展经济，包括大力吸引外资，推动私有化等。近些年来，斯里兰卡的经济总量均保持着每年 6% 的增长，表明战后和平红利以及发展基础设施的政策导向。斯里兰卡的经济发展模式也完成了由以原始农业经济为主向以服务为导向的城市经济的转变。世界经济论坛《2018 年全球竞争力报告》显示，斯里兰卡在全球最具竞争力的 140 个国家和地区中，排第 85 位。根据世界银行营商环境便利度最新排名（2019），斯里兰卡居全球第 100 位，较 2017 年均有所上升。过去 10 年经济的迅猛发展带来了繁荣，减少了贫困。居民生活水平得到提高，贫困家庭人均收入和财产显著增长。

斯里兰卡政府允许外资独资进入除典当、少于 500 万美元的零售贸易业及近海捕鱼业之外的所有经济领域。斯里兰卡重视双边和多边的区域合作，发展与周边国家和新兴国家的经济合作。斯里兰卡与印度、巴基斯坦、新加坡签订了自由贸易协定，超过 4200 种产品享受零关税政策。目前，中斯自由

贸易协定可研工作已经完成，并已开展六轮谈判。斯里兰卡还积极与孟加拉国、泰国等国开展自贸谈判。斯里兰卡是亚太贸易协定和南亚自贸协定成员国，与包括中国在内的 27 个国家签署了《双边投资保护协定》，与 38 个国家签订了《避免双重征税协议》。斯里兰卡拥有较为成熟完善的法律体系，能够促进和保护境外投资者及其投资项目。斯里兰卡的商法大量借鉴了英国商法的基本原则，合同法则受到了罗马 – 荷兰法的深远影响。2007 年生效的新公司法很大程度上借鉴了新西兰的公司法。

2. 投资法律概述

财政部贸易与投资政策局（the Department of Trade and Investment Policy）的主要职责是促进与监管斯里兰卡境内的投资。

斯里兰卡中央银行（CBS L）外管局（ECD）依据 1953 年修订的第 24 号《外汇管制法案》（ECA）设立，主要负责监管斯里兰卡外商投资相关事项。

投资委员会（BOI）依据 1978 年修订的第 4 号《投资委员会法案》（BOI Law）设立，是直接对斯里兰卡总统负责的独立法定部门，作为一个便利投资方的中央机构，投资委员会由旨在促进投资的相关公私部门人员组成的理事会统一管理，负责促进与推动投资者在斯里兰卡的投资。

1949 年修订的第 58 号《货币法案》（Monetary Law Act）以及 1963 年颁布的第 11 号《财政法案》（Finance Act），旨在设立和规范斯里兰卡中央银行。

《外汇管制法案》监管与黄金、外汇、证券、债券、进出口、财产转让与结算的各项相关事宜，适用于在斯里兰卡居留和居停的人。在《外汇管制法案》下出台的各项法规规定，允许外商投资（外国商业借款机制下的贷款除外），汇款必须经由有资质的商业银行国内银行部的证券投资账户处理。

《投资委员会法案》（BOI Law）规定了公司的各项申请程序，旨在促进外商投资，授予投资委员会（BOI）就特定项目免去一些公司在《外汇管制法案》《国税法案》（IRA）、《关税条例》（CO）下的义务。

2008 年修订的第 14 号《战略发展项目法案》（SDP Act）授权投资委员会（BOI）给予促进国家利益项目特定减免政策的权力。政府目前正在起草新的法案，通过《战略发展项目法案》申报的项目暂时停止审批。

斯里兰卡宪法为对国家经济发展有重大意义的双边投资协定提供保障。此类协定受到法律保护，除非涉及国家安全，不受立法、行政或管理等措施的干预。

在投资方式上，斯里兰卡准许非本国居民外商在以下领域的直接投资（FDI）。

（1）普通股

外管局依照 2002 年 4 月 19 日修订的第 1232/14 号公报允许的在斯里兰卡注册的公司向非本国居民发行 / 转让股份，排除、限制、条件等按照公报规定处理。

外商直接投资（FDI）公司不得在以下领域开展经营活动：

①货币借贷（按照 1981 年修订的第 36 号《斯里兰卡证券交易委员会法案》为投资者提供资本购买上市公司股份除外）；

②典当；

③资本低于 100 万美元的零售业；

④沿海渔业；

⑤证券服务，包括向个人和私人组织提供证券管理、评估、咨询服务。

外商直接投资（FDI）在以下领域开展商业活动受到限制（外商资本不超过 40%，获投资委员会特别批准更高比例的除外）：

①对斯里兰卡有出口限额商品的生产；

②茶叶、橡胶、椰子、可可、大米、蔗糖、香料的种植和粗加工；

③不可再生国家资源的开采和粗加工；

④使用当地木材的木材加工业；

⑤渔业（深海渔业）；

⑥大众传媒；

⑦教育；

⑧货运代理；

⑨旅行社；

⑩船舶代理。

向以下产业股权投资需获得相关政府机关授权：

①空运；

②海运；

③从事生产武器，军火，炸药，军用车辆、设备，航空器等其他军事装备，毒药，麻醉剂，醇类，危险药品，有毒、危险、致癌物质，货币、硬币或者票据；

④大规模机械化宝石开采；

⑤彩票。

（2）优先股

根据 2013 年 1 月 4 日发布的政府公报第 1791/43 号，依照 1995 年第 15 号《斯里兰卡会计与审计标准法案》归类为"特定工商企业"的公司向非本国居民发行或转让以斯里兰卡卢比计价的可赎回优先股，获得外管局批准需满足以下条件：

①优先股发行的期限不应少于 3 年；

②自发行日起 1 年内不可赎回股份，且赎回需在平衡期内逐步完成；

③如果发行的股份可以转换成普通股份，转换应可随时进行，但需要符合政府公报第 1232/14 号中规定的除外；

④非居民必须在股权转让表或股权申请表上作出声明，表明本人居住在斯里兰卡之外；

⑤股份的支付应通过股份投资账户（SIA）完成。

（3）斯里兰卡发展债券（SLDBs）

根据 2008 年 7 月 23 日发布的第 1559/16 号政府公报，以下投资人可以购买或转让以美元计价的斯里兰卡发展债券（SLDBs）：

①居住在斯里兰卡境内或境外的外国居民；

②在斯里兰卡境外永久居住的斯里兰卡公民；

③在境外就职经商的斯里兰卡公民；

④在斯里兰卡境外注册设立的公司；

⑤在斯里兰卡注册从事保险业务的公司；

⑥由斯里兰卡中央银行指定的初级交易商。

（4）以卢比计价的国债

根据 2007 年 1 月 22 日和 2008 年 5 月 23 日发布的政府公报第 1481/1 号

和第 1550/22 号，非本国居民允许投资购买以卢比计价的国债。在给定时间内最高投资比例不得超过总流通股份的 12.5%。

（5）外商投资特殊存款账户（SFIDA）

外管局（ECD）已批准非国内居民在任一有资质的商业银行持有外商投资特殊存款账户，以指定货币或卢比定期或储蓄存款的方式同时来保有在斯里兰卡的存款。国外投资者可以直接或通过股份投资账户（SIA）进行存款。

（6）海外公司投资

根据 2010 年 11 月 22 日发布的第 1681/10 号政府公报，在斯里兰卡境外注册设立的公司进行投资需符合以下要求：

允许从事商业、贸易、工业活动的最低投资额是 20 万美元。

禁止海外公司在以下领域进行投资：

①货币借贷；

②典当；

③资本低于 200 万美元的零售业；

④沿海渔业；

⑤茶叶、橡胶、椰子、大米的种植和粗加工；

⑥开采和初级加工国家不可再生资源；

⑦货运代理；

⑧船舶代理；

⑨机械化宝石开采；

⑩彩票；以及证券服务，包括向个人和私人组织提供证券管理、评估、咨询服务。

以下领域需要获得外管局（ECD）的事前许可：

①对斯里兰卡有出口限额商品的生产；

②茶叶、橡胶、椰子、可可、大米、蔗糖、香料的种植和粗加工；

③使用当地木材的木材加工业；

④深海渔业；

⑤大众传媒产业；

⑥教育；

⑦出境旅游代理；

⑧本地航运；

⑨沿海航运；

⑩生产武器，军火，炸药，军用车辆、设备，航空器等其他军事装备，毒药，麻醉剂，醇类，危险药品，有毒、危险、致癌物质，货币、硬币或者票据。

（7）在斯里兰卡注册公司发行的卢比计价公司债券

根据 2010 年 11 月 22 日发布的第 1681/11 号政府公报，非本国居民如购买或转让依照 1995 年第 15 号《斯里兰卡会计与审计标准法案》归类为"特定工商企业"的公司中的 100% 的卢比计价公司债券，须符合以下要求：

①公司债券在科伦坡证交所上市；

②赎回期或转换为普通股的期限不应少于 2 年，且转化应符合第 1232/14 号政府公报的除外和限制规定；

③发行的公司债券须有当地评级机构或斯里兰卡证券交易委员会认可的国际评级机构发布的近期信用评级。

（8）本地信托基金发行的资产份额

根据 2011 年 8 月 18 日发布的第 1719/22 号政府公报，非本国居民可以购买或转让由斯里兰卡证券交易委员会授予资质的信托基金发行的资产份额。

（9）投资外商向斯里兰卡公司借贷

（四）印度尼西亚

1. 社会、政治、经济、法律环境概述

印度尼西亚是一个群岛国家，由约 17000 个岛屿组成，自东向西绵延超过 5000 公里，自南向北近 1800 公里。印度尼西亚常常被比作镶嵌在赤道上闪烁的翡翠项链。该国的土地和海洋面积广阔，延伸至约 500 万平方公里，专属经济区覆盖 290 万平方公里。

在政治上，印度尼西亚是单一制民主共和国。行政权属于政府，由直接选举的总统领导；而立法权属于人民协商会议，由两个议院组成：占主导地位的众议院（DPR）和相对弱势的地方代表委员会（DPD）。司法独立于行政和立法。自 1998 年开始，印度尼西亚经历了巨大的去中心化改革，先前以雅加达为中心的许多政府职能已划分给地方政府。目前，每个地区都有自己直接选举的行政首长和立法机关。

经过数十年经济的高速发展，印度尼西亚现已成为东南亚的最大经济体，继中国、日本和韩国之后东亚的第四大经济体。在购买力相同的基础上，它是世界上第十五大经济体，东南亚国家中唯一的 G20 成员。作为东南亚国家联盟（ASEAN）的创始成员国，印度尼西亚也大力支持区域经济一体化，正如它对东盟经济共同体做出的承诺。

近年来，印度尼西亚吸引外资持续较快增长，特别是 2008 年国际金融危机以来，每年保持 13% 以上增速。从投资环境角度看，印度尼西亚的吸引力主要表现在以下方面：

（1）政局较为稳定；

（2）自然资源丰富；

（3）经济增长前景看好，市场潜力大；

（4）地理位置重要，控制着关键的国际海洋交通线；

（5）人口众多，有丰富的、廉价的劳动力；

（6）市场化程度高，金融市场较为开放。

印度尼西亚政府以 1945 年《宪法》（修订）为基础，国家根据该宪法构成单一制共和国。在 1999 年至 2002 年间，宪法修订了 4 次，创建了宪法审查与宪法制衡、权力分离与更直接的民主。人民协商会议有权修改宪法、罢免总统或副总统，以及在空缺的情况下任命一名副总统（或一名总统和副总统）。如上所述，人民协商会议由强大的众议院和较弱的地方代表委员会组成。地方代表委员会和总统都有权力启动立法。所有立法，包括年度预算法，都必须由地方代表委员会和总统同意。尽管地方代表委员会能够启动地方事务相关的立法，但需经地方代表大会和总统两者的同意。因此，它的权力是受一定限制的。

根据宪法，印度尼西亚具有独立的司法制度。司法权由最高法院（及其下级法院）和宪法法院行使。最高法院位于四类法院管辖权的顶端，即公共法院、宗教法院、军事法院和行政法院。公共法院管辖不属于其他三种法院专属管辖的所有刑事民事案件。宗教法院管辖穆斯林家庭的案件。军事法院

119

管辖军事人员的案件。行政法院管辖与政府决定相关的案件。此外，数个特殊法庭作为与公共或行政法院相分离的法庭设立，如商事法庭、反腐败法庭、劳动法庭和税务法庭。

如上文所述，司法权由最高法院和宪法法院联合行使。两者均有司法审查权，但最高法院仅有权废除与上级立法相违背的法规，而宪法法院有权废止与宪法相矛盾的法令。

2. 印度尼西亚的主要投资法律

印度尼西亚与投资相关的主要法律有《印度尼西亚投资法》《印度尼西亚公司法》《印度尼西亚所得税法》《印度尼西亚劳动法》《印度尼西亚知识产权法》《印度尼西亚破产法》《印度尼西亚贸易法》《印度尼西亚海关法》等。

印度尼西亚主管投资的政府部门分别是投资协调委员会、财政部、能矿部。它们的职责分工是：印度尼西亚投资协调委员会负责促进外商投资，管理工业及服务部门的投资活动（但不包括金融服务部门）；财政部负责管理包括银行和保险部门在内的金融服务投资活动；能矿部负责批准能源项目。

根据《印度尼西亚投资法》的规定，外国投资者可以设立独资企业，也可以与印度尼西亚的个人、公司成立合资企业，还可以通过公开市场操作购买上市公司的股票，但须受到《印度尼西亚禁止类、限制类投资产业目录》关于对外资开放行业相关规定的限制。

2014 年印度尼西亚政府还推出了投资审批一站式服务。实行一站式服务之后，每个部门都派代表到投资统筹机构办事处，以便加快办理整个审批手续。

需要指出的是，虽然印度尼西亚的法律体系比较完整，但仍有很多法律规定模糊，可操作性差，并且不同法律之间存在矛盾和冲突。因此，在印度尼西亚开展投资时，需要密切关注当地法律的变动情况，守法经营。并且，在印度尼西亚设立公司注册手续繁多，审批时间较长。虽然印度尼西亚政府修订了《印度尼西亚投资法》《印度尼西亚公司法》等法律，并完善了相关的配套措施，推行"一站式"审批服务，但实际的执行效果并不理想。因此，建议前往印度尼西亚投资设立公司时，聘请专业的律师、投资顾问等，从而依法保护自己的合法权利，并履行相应的义务。

3. 投资法律概况

（1）投资主管部门

投资协调委员会（BKPM）是印度尼西亚负责审批监管外商直接投资（FDI）的主要政府机构。印度尼西亚的 FDI 项目必须通过依据印度尼西亚法律设立的有限责任公司实现。外国投资者首先需要获得 BKPM 签发的前置许可，才能启动设立印度尼西亚有限责任公司的程序。

（2）投资行业规定

投资立法主要包括 2007 年的第 25 号法律《投资法》和 2007 年第 40 号法律《有限责任公司法》（以下简称《公司法》）。这些法律法规与涉及监管非印度尼西亚合伙人的合资企业的法律法规相同。与所有其他类型的企业一样，在印度尼西亚 FDI 框架下成立的有限责任公司（通常称为 PMA 公司）受《公司法》中一般公司条款的约束。

外国投资者计划在印度尼西亚投资，需特别注意"负面清单"，清单列举了一系列被完全或部分限制的行业领域、适用的外资比例限制和其他要求。应当注意的是负面清单中规定的最大外资持股比例必须时刻被遵守。

负面清单的行业领域以印度尼西亚标准行业分类（KBLI）为基础，因此对负面清单的解读应参考 KBLI，其中列出了对每一业务活动的具体描述。未列入负面清单的行业视为对 FDI 开放，尽管如此，外国投资者也应当向印度尼西亚法律顾问予以确认。

（3）投资方式

《投资法》要求 FDI 项目通过依印度尼西亚法律设立并位于印度尼西亚的有限责任公司实施，除非另有明确规定。《投资法》将外资定义为：外国实体拥有的资本和外方部分或全部拥有的印度尼西亚有限责任公司，在此情况下，该等公司将被认为是 FDI，并受《投资法》要求的约束。

外国公司可能希望在印度尼西亚设立营业场所但不建立新的印度尼西亚子公司，其可以采取分公司或代表处的形式进行。另外，外国投资者可能会在印度尼西亚为某个复杂的建设项目开展建筑工程，而不在当地设立公司，虽然该等工程必须与当地公司合作经营开展。

外国公司设立当地分支机构可从事的行业非常有限。以石油天然气和银行业为例,在石油天然气上游产业,外国投资者可以在产品分成合同中直接享有参与利益。该等外国投资者将被视为常设机构,必须获得税务登记号。这种情况不适用于石油天然气下游产业。外国企业在任何行业都可以设立代表处,但代表处不能直接从事贸易或经营业务,并且,其活动限于市场推广、提供和收集信息,以及协助当地代理和经销商。BKPM还是实现这些替代性安排的途径。根据2013年的第5号法规,在印度尼西亚设立代表处将需要BKPM的批准。该等批准有效期通常是有限的,可延长几次。一般来说代表处会在投资者的PMA公司成立前设立。

第四章 "一带一路"主要沿线国家争议解决分析与研究

从各国的法律来看，基本的争议解决方式包括协商、调解、仲裁、诉讼等，这些争议解决方式有的是同时出现在一个国家的争议解决机制中，有的只出现一部分。各个国家由于社会、经济、法律等不同原因，会采取适合自己国家法律、传统或者习惯的解决方式。对于"一带一路"投资者来说，在东道国从事投资经营或商事行为，除了一部分约定争议解决管辖地之外，有相当大比例会在当地解决争议。因此，了解"一带一路"沿线国家争议解决方式十分必要。

一、"一带一路"沿线主要大陆法系国家争议解决分析与研究

（一）泰国

1. 诉讼

（1）泰国法院

泰国法院有三个等级，最高法院是终审法院，其次是上诉法院和一审法院。上诉法院受理对一审法院的一审判决的上诉，受到一定的限制。最高法院对经上诉法院审理的上诉案件有管辖权。一审法院有民事法院、刑事法院、杜斯省法院、苏美陈省法院、帕卡农省法院和民武里省法院，均位于曼谷。每一法院都有民事或刑事管辖权。

作为1997《宪法》的一部分，行政法院对于政府机构和国有企业之间的纠纷，以及这些机构的官员和他们雇主之间的纠纷有管辖权。行政法院也负责审理国家和私营行业订立的行政合同案件。

除了上述法院，还有五种类型的专业法院，即少年和家庭法院、劳动法院、税务法院、知识产权和国际贸易法院，以及破产法院，它们在其各自领域享有专属管辖权。对一个专门法院判决的上诉通常会直接向最高法院提出。

（2）提起民事诉讼

欲提起一个诉讼案件，原告必须向合适的法庭提起诉讼请求，这取决于请求的性质和被告的住所或诉讼原因。

在非诉讼案件中，申请人通过递交申请书或议案的方式，获取一份确定判决或一个有关某种权利或事态的命令。申请书通常通过报刊进行公示，允许任何有利益关系的人对该请求提出反对。如果没有异议，法院将单方审理申请人的案件。

2. 仲裁

（1）仲裁的种类

根据泰国法律，仲裁可以在法庭内和法庭外进行。法院仲裁只能发生在案件已经被法院受理之后，并在第一审法院作出判决之前。

法庭外的仲裁由《仲裁法案》[B.E.2545（2002）]规范。根据仲裁法案，仲裁协议可强制执行的条件是书面形式并经双方签署，或在通信或其他文件或资料中，双方交换电子签名并同意的仲裁条款。双方当事人可以选择仲裁地点和适用特别仲裁程序或仲裁机构的仲裁规则来管辖仲裁。

（2）仲裁机构

泰国当地的仲裁机构包括泰国商会、贸易局仲裁庭及泰国司法部仲裁院。贸易局仲裁庭的规则被称为泰国的商业仲裁规则，并以国际商会的调解和仲裁规则为蓝本。泰国司法部仲裁院已通过自己的仲裁规则，实质上源自联合国贸易法委员会的仲裁规则。泰国仲裁机构一般赋予仲裁庭广泛的权力，使得法院在仲裁过程中对仲裁的干预很有限。然而，在一些问题上，仲裁庭可以要求法院介入，发出传票或命令提交证据，如文件或物品。

（3）执行外国仲裁裁决

根据《仲裁法案》，国内仲裁和外国仲裁没有区别。根据该法案和《关于承认和执行外国仲裁裁决的公约（纽约公约）》（泰国是签约国），不管是国内还是外国的仲裁裁决，对双方当事人都有约束力，而且可以在泰国执行，只要任何一方向有管辖权的法院申请。然而，有管辖权的法院也可以拒绝执行裁决，当事人只须提供证明该裁决中有任何违反《仲裁法案》规定的事项即可。

（二）越南

1. 争议解决方式

越南近期已付诸最大努力来完善其法律框架，以适应当代的商业环境。朝着这一目标采取的重要步骤包括通过《企业法》《投资法》民《事法典》《民事程序法典》和《行政程序法》。2015 年 11 月 25 日通过的《民事程序法典》规定了规范越南民事程序的原则，从而使得越南的法院能够解决民事性质的争议（包括劳动、商业和业务争议）。接着，于同日（2015 年 11 月 25 日）通过的《行政程序法》涵盖了产生自行政诉讼和程序的各项活动。

另外，2010 年通过的《商事仲裁法》（替代性争议解决机制），展现出使越南的法律制度更加适合于处理商业投资争议这一目标取得的持续进展。

《投资法》就与在越南的商业投资相关的争议（以下简称"投资相关争议"）解决规定了若干选项。投资相关争议可通过法院或仲裁程序解决。就投资相关争议作出裁定的主管机构（以下简称"主管机构"）包括越南法院和越南仲裁机构。如投资相关争议的一方是海外投资者或由该海外投资者直接或间接持有 51% 以上法定资本的公司，则除了越南法院和越南仲裁机构外，主管机构还将包括海外仲裁机构、国际仲裁机构或根据当事方之间的协议设立的仲裁庭。不过，投资法鼓励就任何争议进行协商和调解。

根据投资法，海外投资者与国家行政机构之间在越南的任何投资相关争议应通过越南仲裁机构或越南法院加以解决，除非越南国家主管机构的代表与海外投资者之间就特殊投资协议（如 BOT 和 BTO 协议）另有约定。最后，如果越南签署了规定有其他争议解决手段的国际条约，此应优先选择适用国际条约而非投资协议。

（1）诉讼

《民事程序法典》管辖与从世俗婚姻、家庭、商业、贸易到劳动等民事问题相关的任何争议。此外，《民事程序法典》适用于含有涉外因素的产生自任何前述法律领域的任何争议。另外，民事案件还包括与任何涉外因素如海外当事方、受海外法律管辖的合同、要求在越南执行的海外仲裁裁决等争议。在任何情况下，相关案件均受越南法律管辖并由越南法院解决。

新的《民事程序法典》于 2016 年 7 月 1 日部分生效，与在辨认和控制其行为能力方面存在困难的代表、监护人等人士以及法院在没有适用法律的情况下可拒绝受理诉讼的其他案件相关的某些条款除外。该法典将在民事程序规则方面发生一些重大变化，特别体现在以下方面：

提起民事诉讼的法定时效期：

①人民法院的管辖权；

②民事案件当事人的权利和义务；

③争议解决法律的来源。

针对提起民事案件法律诉讼的时效，《民事程序法典》规定，该诉讼时效将根据《民事法典》适用。具体而言，如其他相关法律另有规定，3 年的时效将不被适用。例如，就涉及房地产的民事继承争议提起法律诉讼的时效为 30 年；而根据《民事法典》第 623 条，诉讼时效则为自相关个人身故之日起 10 年。

此外，只有在一方或多方提出请求且该等请求是在一审法院作出判决或裁定之前提出的情况下，法院才会将法定时效期适用于诉讼。可受益于法定时效期间之适用的一方当事人有权拒绝该等申请，除非是出于避免履行其义务的目的。

《民事程序法典》扩大了民事法律关系的范围，如补偿违反越南法律实施的预防办法的管理所造成的损害以及有关开采、使用水资源、向水源排放废弃物等。

另外，《民事程序法典》还赋予民事程序当事人一些权利，如审查与案件相关的其他人员的权利（如法律允许），以及要求法院允许具有相关权利和义务的人员参与诉讼程序或传唤上述人员的权利。

如法院的判决或裁定违反法律，《民事程序法典》还允许当事人请求获得授权的人员和机构根据司法复核程序对该等判决或裁定提出异议。

如类似法律或惯例不适用，《民事程序法典》允许法院适用新的法律渊源（包括法院判例和公平原则）。如最高法院根据其 2015 年 10 月 28 日的决议（03/2015/NQ-HDTP）解释的那样，法院判例系最高法院选定和宣布的可供下级法院研究并适用于其案件（如适用）的判决。《民事程序法典》以两种成分来界定公平原则，即与在争议当事方之权利和义务方面的公正平等原则，以及二者相结合的正当人道原则。

（2）仲裁

越南的《商事仲裁法》（以下简称《仲裁法》）于 2010 年 6 月 17 日颁布，于 2011 年 1 月 1 日生效。

此法律的范围包括与其中至少有一方参与商业活动的当事方之间争议相关的商事仲裁、仲裁庭和仲裁程序等。该法律还涵盖其要求将仲裁作为争议解决方式的争议。预计《仲裁法》将通过推动和鼓励将仲裁作为争议解决方式来改变法律解决的潮流。

《仲裁法》的一些具体规定包括以下内容：

①当事方可自由选择其认为胜任的仲裁员，无论其国籍或教育背景如何；

②如仲裁有涉外因素，仲裁庭能够选择仲裁程序的语言；

③仲裁庭可自由适用海外法律，而不要求该等法律符合"越南法律的基本原则"，但应该注意的是，法院在执行裁决时仍有义务适用越南法律的基本原则；

④仲裁裁决被视为终局裁决（受当事方以具体理由对裁决提出异议的权利规限）；

⑤仲裁协议被视为独立于争议合同的协议。

仲裁法的适用不具有追溯效力。因此，在 2011 年 1 月 1 日之前产生的协议将依旧受仲裁条例管辖。

（3）地方的替代性争议解决救济

根据仲裁法第 4 条，越南每家仲裁中心由主席和若干仲裁员组成。迄今为止，越南国际仲裁中心（VIAC）是最大的仲裁中心，有 144 名仲裁员。如当事方的协议未违反禁例且不背离社会道德，仲裁员须尊重该等协议。其须做到独立、客观和公正。仲裁审理是不公开的，除非当事方另有约定。仲裁裁决系终局裁决。

越南目前有以下 13 个地方仲裁中心：芹苴仲裁中心（CCAC）；太平洋

国际仲裁中心（PIAC）；金融和商事仲裁中心（FCCA）；东盟国际商事仲裁中心（ACIAC）；胡志明市商事仲裁中心（TRACENT）；越南金融银行商事仲裁中心（VIFIBAR）；全球商事仲裁中心（GCAC）；南越商事仲裁中心（NVCAC）；西贡商事仲裁中心（SCAC）；越南正义商事仲裁中心（VIEJAC）；联盟商事仲裁中心（ACAC）；印度支那贸易仲裁中心（ITAC）；越南国际仲裁中心（VIAC）。

2. 适用法律

（1）法律的选择

如缔约方间的合同涉及涉外因素，越南法律不禁止缔约方约定将某海外法律作为合同的管辖法律，但也有例外，如涉及劳动事务的合同。

《民事法典》一般将"涉外因素"定义为外方或交易涉及的位于海外的资产。

商法和投资法分别允许就商业交易和外商投资活动选择海外法律，但仅限在越南法律未有相关明文规定且所选择的海外法律的适用不与越南法律的根本原则相抵触的情况下。如在某合同中适用海外法律与"越南法律的根本原则"相抵触，则根据 2005 年《民事法典》〔2005 年 6 月 14 日颁布的《越南国民大会民事法典》（33/2005/QH11 号）〕第 759 条，该合同完全无效。

实际情况是，如果某宗案件提交给了越南法院，法院会考虑当事方选定的海外法律；然而，如果该海外法律的适用与"越南法律的根本原则"相抵触，则根据《民事法典》，该合同将完全无效。

（2）海外法院的判决

越南并非《民商事案件外国判决的承认和执行公约》（1971 年于海牙）的缔约国。根据《民事程序法典》，在越南没有加入相关国际条约的情况下，越南法院可考虑在互惠的基础上承认海外法院的民事判决和裁定并在越南加以执行，但该判决或裁定不应属于以下情况之一：

①该等民事判决或裁定尚不可能根据作出该判决或裁定的法院所在国法律能够得到依法强制执行；

②寻求的执行所针对的人士或其法定代表人缺席海外法院的审理，原因是上述人员未经合法传唤或送达；

③案件属于越南法院的特定管辖范围；

④案件已通过越南法院或越南法院认可的海外法院作出的可依法执行的民事判决或裁定得到执行，或在海外法院受理该案件之前，越南法院已经受理并在处理该案件；

⑤根据法院作出该民事判决或裁定所在国家的法律或越南法律的规定，该判决执行时限已经届满；

⑥对海外法院之民事判决或裁定的承认和执行违背了越南法律的基本原则。

鉴于前述制约因素，在没有相反的条约的情况下，如不经完全申明或就重大问题进行重申，海外法院的判决不大可能能够在越南得到切实执行。

（3）海外仲裁裁决的执行

如投资相关争议的一方系海外投资者或由该海外投资者直接或间接持有51%以上法定资本的公司，则除了越南法院和越南仲裁机构外，根据投资法，当事方还可约定通过海外仲裁机构、国际仲裁机构或根据当事方之间的协议设立的仲裁庭解决争议。

如某海外仲裁裁决系在属越南参与或缔结的相关国际条约之一方的国家作出或由该国的仲裁员作出，越南法院应考虑承认并执行该海外仲裁裁决。如没有国际条约，越南法院还可考虑在互惠基础上承认并在越南执行海外仲裁裁决，但该海外仲裁裁决不应属于以下情况之一：

①仲裁协议的各方没有能力根据每一方的适用法律签署该协议。

②仲裁协议根据管辖法律或作出裁决所在国家的法律（如仲裁协议未规定管辖法律）不可执行或无效。

③寻求的执行所针对的个人、机构或组织未被妥善、及时地告知仲裁员的任命或通过海外仲裁解决争议的程序，或其未能行使其法律诉讼权具有的合理理由。

④海外仲裁裁决系就当事各方未交由仲裁的或超出仲裁协议各方之请求范围的争议作出。如有可能分割仲裁裁决，当事方交由仲裁的部分应在越南获得承认和执行。

⑤海外仲裁小组的组成或海外仲裁程序不符合仲裁协议或作出海外仲裁

129

裁决所在国家的法律（如该等事项未在仲裁协议中规定）。

⑥海外仲裁裁决尚不可执行或对各方产生约束力。

⑦海外仲裁裁决已被作出海外仲裁裁决所在国家或管辖法律所属国家的主管机构撤销或中止。

⑧相关争议无法根据越南法律通过仲裁解决。

⑨对海外仲裁裁决在越南的承认和执行违背越南法律的基本原则。

（三）老挝

1. 争议解决方式及机构

老挝争议解决依据相关领域的法律，争议解决的方式有调解、行政争议解决、经济纠纷委员会争议解决、诉讼解决。

（1）调解：在投资纠纷中，双方应努力通过协商和调解的方式解决纠纷来互惠互利。

（2）行政争议解决：在不能友好协商或者调解解决的行政争议中，双方有权要求投资计划部门或者工商部门依据职权采取行政救济措施。

（3）经济纠纷委员会争议解决：在不能友好协商、调解或者行政救济的情况下，双方有权要求经济纠纷委员会根据相关法律规定或者双方协议解决纠纷。

（4）诉讼解决：一方认为相关部门作出的争议解决不公平或者损害了投资活动的开展的，另一方有权根据法律和法规的规定向人民法院提起诉讼。在解决与政府有投资协议的争议时，应遵循协议规定的方式解决。

2. 法律适用

自然人、法人或组织，无论是老挝人还是外国人，都有权根据经济争议解决法选择经济争议解决方式。

自然人、法人或组织在老挝从事国际贸易或外国投资商业活动，都有权从外国或国际上选择经济争议解决机构，包括有权选择仲裁或仲裁庭、适用的法律、程序规则、仲裁地点和语言。

根据老挝法律法规规定，争议解决有5种类型。

（1）协商是在法律的规定下，通过协商、谈判和妥协以和平方式解决争议的方式，协商应有相关争议方的代表参与。

（2）行政争议解决是基于法律规定和争议相关方利益的解决方式。

（3）争议解决委员会解决是对利益纠纷的解决，当争议解决委员会收到一方或者双方的诉请时，应依据法律规定的职责解决纠纷。

（4）法院管辖，当争议起诉时，双方有权请求法院依据相关法律进行审理和裁决。

（5）争议解决符合国际协议管辖的，当事双方有权提交相关机构裁决，或根据国际公约或一方为老挝的双边协定解决。

（四）柬埔寨

1. 争议解决的方式和机构

（1）诉讼

总的来说，争议在法院解决。但是合同中约定了仲裁条款的话，合同争议也可以在仲裁庭解决。

在柬埔寨，有三个层级的法院，初审法院是省级或市级法院。省级或市级法院对于相应被告所在地的案件具有地域管辖权。柬埔寨有 21 个省级法院和 1 个市级法院（金边）。

在民事案件中，如果一项争议针对某人提出，对于该案件具有管辖权的法院是位于其住所地省市的初审法院。但是如果案件是针对财产提出的，具有管辖权的初审法院是该财产所在地的省市的初审法院。各方也可以协商确定合同的管辖法院。在初审法院中，只有 1 名法官负责听审案件。但是如果涉案金额超过 500 万瑞尔（1250 美元）或者该案涉及特殊法律规定，则需要 3 名法官听审案件，案件由占多数法官决定。

对于刑事案件具有管辖权的初审法院是被告住所或该案件发生省市的法院。对于一些非重大犯罪，案件由 1 名法官听审。对于重大犯罪，案件由 3 名法官组成的审判庭听审。

如果一方对于初审法院的判决不满意的话可以向上诉法院提起上诉。《司法机关机构组织法》规定了柬埔寨不同地区的上诉法院。然而，柬埔寨王国只有位于首都金边的一个上诉法院。

在上诉法院，案件由 3 名法官组成的审判团听审。上诉法院对案件进行事实审查和法律审查。如果一方对于上诉法院判决不满，可以向最高法院提起上诉。

最高法院是柬埔寨最高级别的法庭。理论上，最高法院仅对案件法律问题进行听审，这意味着最高法院不接受对于案件事实的陈述。但是在实践中，最高法院接受各方对案件事实的陈述并判断各方陈述的真实性。最高法院的案件由5名法官听审。最终决定可以推翻上诉法院的判决，在这种情况下案件连同其指导意见将发回上诉法院重新审理。

当案件被发回上诉法院时，案件需要被5名未参与第一轮审理的法官组成的审判庭重新审理。在重审时，上诉法院可以接受最高法院的指导并形成与指导相一致的判决。如果上诉法院不接受最高法院的指导并且坚持自己的判决，同时一方再次将案件上诉到最高法院，最高法院应当接受案件并且进入全会审理（合议庭）阶段，至少由9名法官组成。在这种情况下，最高法院必须对案件的事实和法律进行审查并最终形成判决。

在民事案件中，任何法院最终的具有约束力的判决（包含最高法院的判决）只能通过"再审"程序提出质疑。再审仅能在一方当事人发现法官不是经合法授权听审案件或者据以作出判决的文件是根据伪造或篡改的情况下提出。在刑事案件中，一个类似于上述的"再审"程序可以在以下情况中提起：谋杀案件中的受害人仍然在世；判决系依据伪造事实作出、出现新事实或证据足以推翻旧判决所依据的事实或证据。

柬埔寨法院中的外国当事人：民事诉讼法赋予每一个人，包含外国人，向柬埔寨法院寻求民事司法救济的权利（第2.2条和第34条），只要他们有柬埔寨法律规定的提起诉讼的能力。无诉讼能力的情况包含未达到法定年龄、具有监护人或者具有精神疾病的人。以此类推，如果外国人在柬埔寨境内有住所，或者外国法人在柬埔寨境内设有总部或其他商业场所，或者外国法人虽在柬埔寨没有总部或商业场所但其代表人在柬埔寨内有住所，该类主体可以被起诉。

对于外国法院判决的承认：一项外国判决在满足下述标准的前提下可以在柬埔寨被强制执行（《民事诉讼法》第199条）：该类外国法院的管辖权被柬埔寨法律或柬埔寨签订的条约所承认；判决没有违反柬埔寨公共秩序和公共道德；外国法院相应的也承认柬埔寨法院所作出的判决。

（2）仲裁

如果合同中有约定仲裁条款，当事人可以通过仲裁来解决争议，柬埔寨成立了名为国家商业仲裁中心的仲裁机构以解决商事争议。柬埔寨同时也是《纽约公约》的成员，所以公约成员国的裁决在柬埔寨均可得以承认与执行。

2. 法律适用

宪法是国家的最高法律。成文法由国民大会和参议员制定并由国王公布。成文法必须与宪法规定一致。柬埔寨皇家政府（一个执行部门）可以颁布法规，如二级法令和规章。法令由皇家政府起草和总理签署，而规章由部委起草和部长签署。有时候几个部委会有联合措施，这些措施以联合规章的形式颁布。所有的法规都必须与成文法和宪法规定一致。

柬埔寨法院将根据成文法律法规及解释来处理案件。尽管依据先例来判决也是可能的，但在实践中，柬埔寨法院仅依赖于法律法规来处理案件。作为矫正措施，《宪法委员会组织和职责法》允许一方当事人寻求有关违反宪法的法律和法规的解释。然而，这种审判很少被诉讼当事人使用。

（五）埃及

1. 争议解决途径和主体

在埃及主要有两种争议解决方式。合同的当事人可以自由协商确定选择诉讼还是仲裁解决争议。

诉讼由全国各地的法院和审判人员进行组织。仲裁在仲裁庭进行，仲裁庭由数名仲裁员组成，仲裁员可以是外国人也可以是埃及本国人。仲裁可在国外进行，但是诉讼必须在埃及国内进行。

（1）仲裁

① 1994 年第 27 号法律（仲裁法）及其修正案是仲裁的主要法律。该法律仅在当事人选择时才适用。当事人有权选择通过仲裁解决其争议。但是仲裁途径有一定的限制，即仲裁不适用非妥协性事项。非妥协性事项是指与人身关系、刑事纠纷以及与公共政策有关的事项。商事关系的当事人可以求助仲裁解决他们之间的纠纷。

②因行政合同产生的纠纷的诉讼必须在埃及政务院进行。除非争议双方同意行政机关以仲裁的方式解决双方的争议，他们必须将争议提交埃及政务

院。行政纠纷提交仲裁的协议需要职能部门或者行使公共事务部门职能的长官的同意。

③双方当事人可以选择在埃及境内或者境外进行仲裁。但有些仲裁必须在埃及本国进行，如技术转让协议，其仲裁必须在埃及本国进行。

④双方当事人可以自由选择仲裁适用的外国法律。适用外国法进行仲裁没有什么限制，除非由埃及公共政策或者公共道德限制不得适用。适用法律方面有一些必须遵守的规则。例如，与不动产有关的争议所适用的法律应当是该财产所在地的法律；与动产有关的争议所适用的法律可以由双方当事人选择。

总之，当事人可以自由选择仲裁所适用的法律，除非与埃及的公共政策和公共道德相抵触。

（2）诉讼

①在埃及，律师可以选择独立执业也可以与其他律师合伙。在埃及律师叫作辩护人，职业上没有区分。虽然不同层级的法院对出庭有具体的要求，但是执业律师可以出庭辩护。辩护人也可以起草协议书，对协议进行见证，并可以向客户提出法律建议。

②根据埃及律师协会的要求，获得埃及大学或者被认可的外国大学的法学学位的埃及本国人才可以在埃及执业。国外律师禁止在埃及执业（无论是埃及法还是其他国家法律），除非双方国家有互惠协定，该国也允许埃及律师在其国家执业。

③埃及的法院系统分为民事法院和行政法院，民事法院结构如下所示：

第一审法院（Courts of First Instance）有权审理标的额超过40000埃磅的争议（否则在地区法院审理）。

上诉法院，争议当事人有权基于下述理由将第一审法院的判决上诉至上诉法院：法院对争议案件没有管辖权；判决无效；程序违法。

最高法院，埃及最高法院的判决不得再上诉。

最高宪法法院负责审理与宪法规定有关的争议。

此外，还有些专门法庭，如家事法庭、军事法庭、经济法庭和作为行政司法法庭的政务院。

④争议解决的主体取决于合同双方当事人以及合同的类型。在埃及，区分三种争议类型：民法、行政法和刑法。

⑤尽管如此，当事人在不同意进行仲裁时，可以选择诉讼作为争议解决方式。然而，在一些情况下，当事人必须选择诉讼解决争议。这种主要体现在因身份关系、刑事纠纷以及和公共政策相关的非妥协性事项中。

⑥如果合同当事人是民事主体，这种合同可以认定为民事合同，争议应当在民事法院进行诉讼。

⑦如果合同中有一方为行政主体，那么存在两种情况：

如果合同中至少一方当事人是行政主体并且其代表国家行使职权，这种合同是行政合同，因此产生的争议应当在行政法院进行诉讼（埃及政务院，即埃及最高行政法庭）；

如果合同的一方当事人是行政主体但并未代表国家行使其职权，合同可以认定为民事合同，争议应当在民事法院进行诉讼。此外，刑事法院有权审理任何因民事合同或者行政合同而产生的刑事争议。

2. 法律适用

在埃及争议解决可适用的法律包括：1994 年第 27 号埃及仲裁法及其修正案；1948 年第 131 号埃及民法；行政法，并不是成文法，主要取决于法院先决判例和法理；民事和商事程序法；刑法和刑事程序法典。

（1）埃及仲裁法

根据埃及仲裁法的规定，任何一方，无论其是公法主体还是私法主体，都可以将争议诉诸仲裁。如果仲裁是在埃及进行的，双方当事人可以适用该法，或者当仲裁在境外进行但双方当事人同意仲裁适用该法。行政合同的当事人在获得职能部门或者行使公共部门职权的长官的许可后，可以将争议提交仲裁。

当争议产生于经济性质的法律关系，该仲裁一般会被认为是仲裁法范围内的商事仲裁。

当事人可以一致决定是在埃及境内还是境外进行仲裁。双方当事人可以就仲裁庭的程序达成一致意见，包括将仲裁程序提交埃及境内或境外的任何仲裁机构或者中心。

135

根据该法，仲裁裁决是终局和具有强制力的。可以执行仲裁裁决的法院是开罗上诉法院。经双方当事人请求，该法院可以决定是否在仲裁程序开始时或者过程当中，采取临时措施或者保全措施。

在埃及强制执行仲裁裁决应当满足一定的要求，即仲裁裁决未与埃及法院就争议标的先前所作的裁决冲突；不违反埃及的公共政策；裁决已经依法通知了败诉方。

（2）1948 年第 131 号埃及民法

埃及民法是规范合同当事人民事法律关系纠纷的主要法律。民事法院是解决与合同有关的争议的职能法院，除了系属政务院管辖的行政合同纠纷。民事合同包括买卖、租赁和保险合同等。

民事法院有权签发民事命令要求对合同项下的民事义务作出特定的履行或者施加罚金。民事法院没有签发刑事禁令的权力。

（3）行政法

行政法是规范行政纠纷的主要法律。适用的情形是当事人不能将争议提交仲裁。职能法院是埃及政务院和埃及最高行政法院。行政法并不是成文法。

该诉讼包括两个步骤，首先是提交埃及政务院，然后提交最高行政法院。

行政法院可以在行政权限范围内向合同当事人进行一定的处罚。这些处罚包括对合同当事人进行赔偿、禁止合同当事人再与行政机关进行交易并且解除行政合同等。该处罚适用的前提是违反了公共利益。埃及政务院的裁决可以提交至最高行政法院审理。最高行政法院的裁决是终局的并且不得再上诉。行政法院不得签发刑事禁令。

（4）民事和商事程序法

埃及程序法规范所有在埃及法院或者仲裁庭进行的诉讼程序。争议的一方当事人要在法院提起诉讼的，原告应当向相关的法院提交他们的诉状（主要包括诉请的备忘），法警应当将诉状的副本送至被告并告知他审理的时间和日期。一旦收到后，被告最迟应当在第一次庭审之前的前三日提交一份答辩状（《民事和商事程序法》第 65 条）。

如果被告因为未及时收到诉状而未能参加第一次庭审，法院应当推迟庭审直至被告接到通知（《民事和商事程序法》第 84 条）。实践中，律师有时会回避接收开庭通知以达到推迟审理的目的，以便给他们更多的时间来准备庭审。通常，被告参加第一次庭审时，会要求延迟审理，这样便于审查案件的资料并且充分做好辩护准备。

（5）刑法和刑事程序法典

埃及刑事法典分为两个主要部分。总则部分主要是关于刑罚、刑期、累犯等规定。刑事程序法典规定了在法院进行刑事案件诉讼的规则，以及法庭程序中，公诉人和被告律师应当遵守的程序。

（六）希腊

1. 解决争议的方式和机构

在希腊，纠纷通常通过诉讼解决，诉讼仍是解决争端最常用的方法。希腊法院系统按照纠纷类型分类如下。

（1）诉讼

受理一审程序的民事法院，依据案件的标的额、法院的属地管辖权或诉讼性质划分为三种类型：和平法院（Eir in odi kio），这一法院通常来说受理的案件标的额最高为 20000 欧元（约 22100 美元）。不服和平法院判决的，可在一审独审法院上诉。一审独审法院（Mono meles Proto di kio），一般受理的案件标的额在 20000 欧元到 250000 欧元之间（约 276237.50 美元）。对其判决不服的，可向上级独审法院上诉。一审合议法院（Poly meles Proto di kio），通常受理的案件标的额超过 25 万欧元，对其判决不服，可请求上诉法院合议审理。

除了基于标的额对案件进行初步分配，法律还规定了某些法院对特殊性质的案件具有专属管辖权，如有关承租人与出租人的争议、房地产争议、专业人士费用争议、个人和集体劳动争议、机动车事故争议、婚姻纠纷、物权争议，此类专属管辖权往往适用特别程序，而非普通程序。

二审程序中，当事人向原审法院提出上诉，由相应的上级法院审理。但申请撤销缺席判决的，应向原审法院提出上诉并由原审法院审理。

希腊处理民事和刑事纠纷的最高法院是最高上诉法院（Are ios Pagos），该法院对被上诉的判决的审理仅限于法律问题，而不涉及事实问题。

（2）希腊目前适用的替代性争议解决机制

①仲裁

希腊国内的仲裁程序由《民事诉讼法典》（GCCP）管辖，但国际商事仲裁程序由关于国际商事仲裁的法律规定，这些希腊的国内立法融合了《联合国国际贸易法委员会示范法》绝大部分的条款。

作为《承认及执行外国仲裁裁决公约》（《纽约公约》）的签署国，希腊政府于1962年7月16日批准了该条约，并将其转化为国内立法。希腊也是数个双边或多边协议的签署国，如《解决国家与其他国家国民之间投资争端公约》，由608/1968号《强行法》（AN）批准并自1969年5月21日起生效。

除了根据当事人的仲裁协议内容和案件具体情况组成的临时仲裁庭外，在希腊进行仲裁的最重要的仲裁机构有：雅典工商会（ACCI）仲裁部，负责管理有关商业纠纷的仲裁问题；比雷埃夫斯海事仲裁协会（PAMA），是私人非营利机构，涉及在比雷埃夫斯的海事争端的解决；专门从事航运纠纷的希腊船舶商会；在希腊尝试开放能源和通信市场背景下引入的能源管理机构；希腊调解与仲裁中心；协助社会团体进行集体谈判的调解和仲裁组织；希腊技术院。

当双方当事人无法对仲裁员的任命达成一致时，以上任何机构皆可指定仲裁员。

②法院协助的和解

GCCP给任何想向希腊民事法院提起诉讼的人提供了一个尝试和解的选择。原告需要在提起诉讼之前，向有地方管辖权的和平法院（甚至是对案件实体审查不具有管辖权的治安法官）以书面形式提出请求。这种替代性方式很少被使用。

③诉中庭外和解

在终审判决前，GCCP允许当事人在诉讼期间任何时候进行庭外和解。双方通过庭外备忘录的形式来和解，由双方起草并由和解时案件所在的法庭的主审法官证明。

④法庭调解

依据4055/2012号法案、4139/2013号法案和4335/2015号法案，各方当事人可在诉讼前和诉讼期间向法庭寻求调解。

⑤庭外调解

在经认可的调解员帮助下，各方当事人通过制式化程序可诉诸友好的庭外调解方式，旨在达成一个自愿的调解协议以避免诉讼。在希腊，调解受《调解法案》《希腊官方认证调解员行为章程》的规制，除此以外还有关于诉讼程序成本和调解员认证的众多部长级决定以及一些最近被纳入GCCP的条款。

2. 法律适用

希腊民事诉讼（普通程序、特别程序、临时救济、仅有一方当事人的程序和强制执行）适用 GCCP。GCCP 是 1967 年编纂、1968 年生效的希腊程序法第二次编纂的结果（后经多次修改）。GCCP 经历了一次根本性修改，以解决法院案件过多和冗长审判的紧迫问题。

希腊刑事法庭的程序主要受《希腊刑事诉讼法》的约束，《希腊刑事诉讼法》的规定在实践中由希腊宪法的许多条款补充，其中包括可直接适用的程序法、《欧洲人权公约》及其议定书和《公民权利和政治权利国际公约》。根据宪法第二十八条第一款，这些国际法规在希腊的法律制度中具有突出的地位。希腊已批准了相关欧盟条约和《基本权利宪章》。

行政司法制度包括以下立法：

（1）适用于国务委员会的 18/1989 号总统法令，规定国务委员会只能宣告在不遵守立法和 / 或缺乏正当理由情况下所做的决定无效。国务委员会的决定不能被进一步质疑。

（2）一般适用于初审行政法院和上诉行政法院的《行政法院程序法典》。该法典授权行政法院可以废除或修改被质疑的决定（如根据比例原则，法院可以减少处罚数额）。

（3）1406/1983 号和 702/1977 号法案，规定了初审行政法院和上诉法院有权解决的特定行政法律纠纷。

（4）规范审计法院相关程序的 4129/2013 号法典。

根据行政司法制度，若经济或精神上的合法利益因受质疑的行政决定而受损，任何个人或法人可在某些期限内（通常是自接到通知或以其他方式得知起 60 天内）向行政法院提出对国家或公共机关所做作决定的质疑。

在某些情况下，法律特别规定向公共主管机关提出初步复议是法院受理诉讼的先决条件。然而，此类初步复议请求通常被公共机关驳回。此外，有关法律还规定了临时保护措施制度。

（七）俄罗斯

1. 争议解决

（1）法院体系和其他处理纠纷的机构

俄罗斯联邦有两种主要的法院体系：处理由商业活动引起的机构和企业间的所有纠纷（国家仲裁法庭）的商事法院体系，以及处理犯罪案件和公民纠纷的法院体系（普通管辖法院）。

公司在签订合同时可规定将可能产生的纠纷交由仲裁机构处理。

联邦宪法法院主要裁决联邦法、各共和国宪法、执行机构的法规是否符合俄罗斯联邦宪法。

此外，联邦宪法法院还有权力解释宪法和处理联邦主体间的司法纠纷。

有些诉讼程序由国家机关直接进行，如俄罗斯联邦知识产权局（注册商标、专利等相关的诉讼程序）、联邦反垄断局（与不公平竞争相关的诉讼程序等）。

（2）商事法院体系

商事法院体系（国家仲裁法院）共有四个等级：一审法院、上诉法院、翻案法院、最高法院。俄罗斯联邦主体的商事法院是提起商业活动相关诉讼的一审法院。在该法院判决书送达之日起 1 个月内，当事人可向商事上诉法院（二审法院）提起上诉。商事上诉法院在审判过程中会对案件事实和适用法律情况进行审查，案件实际上经历了第二次审判。

在商事上诉法院的判决送达之日起 2 个月内，当事人可就此判决向联邦区商事法院（三审 / 翻案法院）提起上诉。翻案法院仅限于复核法律相关的事宜，不裁决案件事实和证据。俄罗斯联邦最高法院以二次翻案法院或监督法院的身份对国家商事法院的判决进行审核。

除此之外，还有一个特别法院，即知识产权法院。

（3）商事法院的运作

商事法院体系效率相当高。一般情况下案件能在 6 ~ 9 个月内在一审法院结案。此外，商事法院采用有效的电子文件流通系统；官方网站（http：//kad.arbitr.ru/）运行流畅，商事法院所有的判决都能在该网站上看到。官网还提供法院程序所有相关信息（包括法官姓名、程序进行的时间和日期、纠纷相关方提交的文件信息）。

公司企业在合同中可规定各方出现的纠纷由仲裁机构处理。俄罗斯联邦最著名的仲裁中心是俄罗斯联邦商工会国际商事仲裁院。该院对纠纷的审核谨慎细致。

（4）普通管辖法院系统和运作

普通管辖法院系统由地方法院、区法院、联邦主体法院和俄罗斯联邦最高法院组成。根据纠纷的类别，大部分案件的一审法院都是地方法院和区法院。一审法院的判决可继续经过上诉法院、翻案法院和监督法院的裁决。

普通管辖法院体系是相对保守的体系。多数案件通过上交纸质材料进行诉讼，判决也很少能在网上找到。通常情况下诉讼程序也不会公开。

（5）法庭代理

诉讼程序中的法人代表可以是董事长或代理人。代理人的权利取决于他的代理权。按照惯例，任何人都可以成为代理人，以下情况除外：刑事案件中的代理人必须为律师；《行政程序法》限制的普通管辖法院审理的案件，如对法定行为的争论，其代理人应获得法律学位。

（6）仲裁

除国家商事法院，仲裁法院也有裁决商事纠纷案件的权力，除少数例外，基本包括所有民事法律关系案件。当事人有意愿通过仲裁程序解决纠纷的，可向机构性仲裁法院申请，如俄罗斯联邦商工会国际商事仲裁法院，也可向特别仲裁法院申请。2016年9月1日，《俄罗斯联邦仲裁程序法》修正案正式生效。这次改革主要目的在于改进仲裁程序。

2. 准据法

有外国公民或外国法人参加的民事法律关系或者含有其他涉外因素（包括民事权利主体在国外的情形）的民事法律关系的准据法，根据俄罗斯联邦的国际条约、俄罗斯联邦民法典、其他法律和在俄罗斯联邦受到承认的惯例确定。国际商事仲裁准据法确定的特点，由国际商事仲裁法规定。如果根据这些条款，准据法不能确定的，适用于涉外民事法律关系有最密切联系的国家的法律。如果俄罗斯联邦的国际条约包含应适用于相应关系的实体法规范，则排除依据冲突规范确定完全由此实体法规范调整的问题的准据法。

（八）白俄罗斯

1. 争议解决体制与机制

（1）诉讼

自 2014 年司法体制改革之后，在白俄罗斯逐步形成了一个以最高法院为首的、统一的普通和商业法院体系。最高法院是法院系统中唯一的最高机构，其中设立了若干关于商业、民事、刑事和知识产权事务的司法委员会。

自 2014 年起，白俄罗斯建立了一个统一的执法部门体系，其中包括司法部的主要执法部门和地区部门；并且，一项关于规范执法程序以及执法人员身份和行为的新法规也即将颁布。

执行程序中，应该由债务人负责缴纳执行费用，且执行费用应该是执行财产标的的 10%。非财产权索赔中，由自然人主张索赔的应收取 5 个基本单位（约等于 48 欧元）的执行费用；由法人主张索赔的，应收取 10 个基本单位（约等于 96 欧元）的执行费用。非财产性索赔的执行费应按照每个执行命令分别缴纳。

（2）仲裁

白俄罗斯国家法律承认仲裁是解决私人主体间商业交易争议的一种方法。但有些争议不能提请仲裁，例如：

①涉及白俄罗斯境内房地产权利的争议；

②关于白俄罗斯注册公司内部机构所做决定的争议；

③行政行为引起的争议；

④与国有财产有关的争议，包括与国有财产私有化，以及与国家强制没收财产有关的争议；

⑤与宣告国家登记簿（地籍簿）中的记录无效有关的争议；

⑥与白俄罗斯注册公司和个体户破产有关的事项；

⑦与宣告国家机构和地方政府的非规范性法律行为无效有关的争议；

⑧在财产被白俄罗斯国家机构扣押时，与解除扣押财产有关的争议。

仲裁可以根据自我管理的特别规定或机构程序和规则进行。白俄罗斯工商联合会的国际仲裁法庭（Be LCCI）创建于 1994 年。最近创建的另一个国际仲裁法庭是律师协会的仲裁院。自 2012 年起，在白俄罗斯成立的仲裁院（非国际性）超过 20 家。

在白俄罗斯，最高法院可宣告国际仲裁法院的裁决无效。

白俄罗斯是《承认及执行外国仲裁裁决公约》（1958 年《纽约公约》）的参与国。在白俄罗斯，由商业法院负责外国仲裁裁决的承认与执行。

除非白俄罗斯法院拥有专属管辖权，争议方可以提请外国法院解决争议（例如，外国投资者的当地子公司被认为是白俄罗斯的注册公司，该子公司则不能提请外国法院解决其与当地公司的争议）。

根据白俄罗斯法律的规定，如果满足下列条件，外国法院的判决可以在白俄罗斯获得承认和执行：

①白俄罗斯法律或白俄罗斯共和国参与的一项国际协定规定应该承认并执行外国法院的判决；

②白俄罗斯与作出判决的法院所在的国家达成关于承认和执行判决的互惠协议，则应在白俄罗斯境内承认并执行外国法院的判决。

根据国际协定的规定，白俄罗斯应该承认并执行下列国家的法院作出的判决：美国、阿塞拜疆、保加利亚、中国、古巴、塞浦路斯、捷克、芬兰、格鲁吉亚、匈牙利、伊朗、意大利、哈萨克斯坦、吉尔吉斯斯坦、拉脱维亚、立陶宛、摩尔多瓦、波兰、俄罗斯、塞尔维亚、斯洛伐克、叙利亚、塔吉克斯坦、土库曼斯坦、乌克兰、乌兹别克斯坦、越南。

通过外交途径可以核对是否与其他国家存在互惠协议。

因为在知识产权和信息技术领域的诉讼案件不断增加，在 2015 年 5 月，信息技术公司协会的 IT&IP 仲裁院开始运行。如果当事方签署了仲裁协议，新成立的仲裁庭主要负责信息技术和知识产权方面的争议。该仲裁庭不受理属于白俄罗斯国家法院专属管辖领域的争议。

（3）调解

自《调解法》2014 年 1 月 24 日生效以来，逐渐颁布了一系列关于调解员道德标准、调解程序和其他事项的法规，调解作为争议解决的替代形式，受到更多企业的欢迎。

调解可用于解决民事、商业、劳动和家庭法等领域内的争议。当事方可以在向法院提起诉讼之前或之后申请争议调解。司法调解（调解）被认为是法庭审理程序的一部分。如果符合法庭和解协议法规规定的形式要求，可由法院执行该调解协议。

2. 准据法

当事方可以自由选择外国法律作为准据法，以解决他们之间的争议。然而，两名白俄罗斯居民不能选择外国法律作为准据法。此外，相关方不得私自提请外国法院解决属于白俄罗斯法院专属管辖权的争议，如与白俄罗斯境内房地产有关的争议。

外国准据法的适用可以被紧急性规范或公共政策的概念推翻。然而，白俄罗斯法律并未对这两个概念进行明确的规定，因此这两个概念具有灵活性，应根据具体情况进行分析。

相反，如果根据其他国家的法律规定，无论适用的准据法是什么，都应遵守法律中的规范，白俄罗斯法院则被授权适用与相关方有关活动相关的外国法律中的规范。

（九）哈萨克斯坦

1. 争议解决方法和争议解决机构

在哈萨克斯坦，只要投资者认为不合法，国家机关的任何行为都是可诉的行政行为。然而，投资者如何提起申诉和在何处可以提出申诉存在差异。国家机关的大部分命令可以向更高一级的国家当局提起申诉。这种行为并不为国家课以赋税。

有一个国家机构也能够审查投资者的投诉和申请——投资监察员，其通常由哈萨克斯坦投资和发展部长任命。虽然投资监察专员不解决争议，但他支持投资者，并确保其投诉和申请被仔细和准确地考虑。投资监察专员在庭前争端解决阶段审议投诉和申请。因此，许多投资者向上级国家机关申诉，同时向投资申诉专员提起申诉或申请。

如果投资者对上述措施的结果不满意，投资者可以向法院起诉。除了直接提交哈萨克斯坦最高法院的案件外，投资争议由特别法庭——阿斯塔纳市法院审议。

2. 法律的适用

2016年1月1日，哈萨克斯坦2015年《民事诉讼法》（以下简称"CPC"）生效。民事诉讼法对投资争议做了单独分类。根据新《民事诉讼法》第27.4条，阿斯塔纳市法院为投资争端民事案件的一审法院，而在涉及高额投资者（向哈萨克斯坦投资了200多万美元）投资争议的情况下，哈萨克斯坦最高法院为一审法院。

新《民事诉讼法》对提交证据程序做了重大改变。因此，根据以前的《民事诉讼法》（以下简称"旧CPC"），可以在提交诉状之前，在一审法院听证期间提交证据。现在，根据《民事诉讼法》第73条，证据必须由案件的当事人和其他参与者在案件审理准备阶段提交一审法院。

如果各方当事人没有按规定提供证据，则证据不可能被移交至上诉法院。

就本条而言，"争议"一词是指投资者和国家当局之间的任何假设性争端，因为私营部门行为者之间的争端一般通过调解、诉讼和仲裁解决。

根据民事诉讼法的规定，对法院裁决提起上诉的程序已经做了重大改变。从2016年起，在哈萨克斯坦引入了三级司法系统，而旧《民事诉讼法》下是四级制度。

当事人对一审法院作出的判决，可以在一审法院判决之日起一个月内提起上诉。上诉申请应由相关州法院上诉法院的3名法官审理（根据旧CPC，上诉由上诉法院的一名法官审理）。应当指出的是，根据《民事诉讼法》，提出上诉申请不再需要缴纳州税。

根据《民事诉讼法》的规定，撤销裁决的职能从各州法院转移到最高法院，而监督委员会已被撤销。当事人可以在法院裁决生效之日起6个月内向哈萨克斯坦最高法院提出针对法院生效裁判的上诉。在提起撤销法院裁决的申请时，申请人应当就有关争议缴纳最初撤销裁决申请金额的50%的州税。

如果没有国际条约或立法豁免，那么哈萨克斯坦法律在解决法律争端过程中可以直接适用。因此，建议投资者从法律专业人士处获得对哈萨克斯坦立法规范和法规的初步了解。

二、"一带一路"沿线主要英美法系国家争议解决分析与研究

（一）新加坡

1. 争议解决

新加坡主要的争议解决方式为诉讼、调解、专家决议和仲裁。

（1）诉讼

新加坡的法律职业是混合形式的，不将律师区分为出庭律师和非出庭律师。民事法院体系由四级法院组成，即基层法院、地方法院、高等法院和上诉法院。作为高等法院的一个部门，新加坡国际商事法院（SICC）于2015年1月成立。新加坡国际商事法院处理具有国际和商业性质的跨国商业纠纷。

基层法院和地方法院均属于"国家法院"的范畴。国家法院的主审法官全面负责国家法院的日常管理和行政，监督所有地方法官、基层法官和国家法院工作人员的工作，并领导制定和执行战略政策。案件一般根据争议中索赔的金额分配到各个法院。

最高法院由高等法院和上诉法院组成。高等法院由首席法官和高等法院法官组成，上诉法院由首席法官和上诉法官组成。关于新加坡国际商事法院的法律程序，高等法院法官和最高法院国际法官可由首席法官指定审理新加坡国际商事法院的案件。最高法院的国际法官只能审理新加坡国际商事法院和源于该法院的上诉案件。高等法院对高于国家法院享有管辖权案件之索赔数额的案件享有初审管辖权。

（2）调解

调解服务由新加坡调解中心和国家法院初级争议解决中心提供。新加坡调解中心拥有高素质的调解员和中立专家，其中包括退休的最高法院法官、国会议员、前司法专员、资深律师和各行各业的领军人物。

新加坡国际调解研究所（SIMI）和新加坡国际调解中心（SIMC）均于2014年11月5日正式成立，旨在将新加坡发展为国际商业的调解中心。

新加坡国际调解研究所为调解员设置标准，并确保调解员的资质。新加坡国际调解研究所在新加坡的专业调解机构中扮演着重要的角色。它通过建立调解员的认证机制助力新加坡调解制度的发展。

新加坡国际调解中心依靠由享有国际声望的调解员组成的专家组对国际商业纠纷进行调解。新加坡国际调解中心预计将与亚洲其他地区的调解中心签署各种谅解备忘录，以促进和发展亚洲的调解制度。2019 年 8 月 7 日，包括中国、美国、新加坡和韩国在内的 46 个国家首批签署了《联合国关于调解所产生的国际和解协议公约》（简称《新加坡调解公约》），更彰显了国际社会对调解的认同。《新加坡调解公约》的重要意义在于为调解后当事人达成的国际商事和解协议提供了跨境执行的法律保障。

2016 年 11 月 7 日，《2016 年调解法案》（B37/2016）在国会进行首读。《2016 年调解法案》将通过加强中立性争议解决的可执行性来支持国际商事调解。《2016 年调解法案》将适用于所有类型的调解，包括国际商事调解，并计划将目前通过普通法所处理的特定问题编纂成典，如在调解过程中沟通的保密性问题。这将为选择在新加坡进行调解的商业各方提供更大的确定性和清晰性。

（3）专家决议

专家决议是指合同各方委托通常具有相应专业特长的专家作为第三方对某一问题进行判断。

新加坡法院认定，如果各方当事人已经协商确认了专家的决定为最终决定，该专家的决定对双方均有约束力。这种争议解决方式已经被证明在航运案例中，特别是对就高端技术问题产生争议的情形非常有效。

（4）仲裁

新加坡法院鼓励使用仲裁解决争议，法院承认仲裁协议。这种法律诉讼程序中止的法律规则已经以新加坡第 10 号法案《仲裁法》（涉及国内仲裁）以及新加坡第 143A 号法案《国际仲裁法》（涉及国际仲裁）的形式颁布。

新加坡国际仲裁中心（SIAC）是成立于 1991 年 7 月的非营利性非政府组织，其目的是满足国际商业团体在亚洲建立一个中立、有效和可靠的争议解决机构的要求。新加坡国际仲裁中心包括一个负责监督中心对其管理案件和仲裁任命职能行使情况的仲裁法院和一个负责监督中心对其组织发展和业务发展职能行使情况的董事会。

此外，在新加坡政府的支持下，仲裁设施中心——麦克斯韦庭于 2010 年设立。新加坡有许多仲裁机构，如国际商会国际仲裁院（ICC）、国际争议解决中心（ICDR）［美国仲裁协会（AAA）的国际部门］、世界知识产权组织仲裁与调解中心（WIPO）、新加坡海事仲裁院（SCMA）和新加坡仲裁员研究所。

新加坡是通常被称为《纽约公约》的《承认和执行外国仲裁裁决公约》的签署国，这进一步加强了新加坡作为仲裁中心的吸引力，并使仲裁裁决更加容易被执行。司法机构还一贯秉承最低限度干预的原则执行仲裁的决定。

2. 法律适用

作为普通法国家，在新加坡进行的贸易活动双方的权利义务需要遵循《新加坡货物销售法》、《新加坡商品供应法》以及《联合国国际货物销售合同公约》的规定以及相关普通法的判例。尤其在国际贸易方面，虽然中国也是《联合国国际货物销售合同公约》的签约国，但是中新两国法律渊源根本上的不同决定了对于同一公约条款的解读和适用有可能产生较大差异，在这方面应当意识到差异的存在。

（二）印度

1. 争议解决方式及机构

（1）解决方式：在印度解决纠纷的方法大致可分为司法、准司法和替代性纠纷解决机制（ADR）。

以司法方式解决纠纷的办法是诉诸法院，准司法是通过特别法庭，替代性纠纷解决机制是通过司法调解、调停和仲裁。

（2）解决机构：1950 年印度《宪法》确定了印度统一的司法系统。在印度的法院等级体系中，最高法院是最高司法机关，次之是每一个邦 / 中央直辖区的高等法院。某些高等法院对一个以上的邦 / 中央直辖区有管辖权。每个邦 / 中央直辖区在区级的地区法院隶属于高等法院，分别负责民事和刑事审判工作。这些地区法院由相关邦 / 中央直辖区的高等法院直接进行行政和司法管理。

除此之外，一些准司法机关，通常称为特别法庭，根据特定法律设立，解决一些特殊事项的争端。

这些法庭包括国家公司法庭、所得税上诉法庭、证券上诉法庭、竞争上诉法庭、国家绿色法庭、全国消费者纠纷调整论坛、劳动上诉法庭、债务追偿法庭、知识产权上诉委员会等。

此外，2015年《商事法院、高等法院商事庭和商事上诉庭法》规定在高等法院设立商事庭和商事上诉庭，在区一级层面设立商事法院。这些商事法庭有权审理裁决指定的商事纠纷，包括普通商业交易、商品或服务的出口与进口、建筑和基础设施合同、投标、特许经营协议、分销和许可协议、合资协议、合伙协议等。

2. 适用法律

（1）审判机关应遵循的程序法

对司法和准司法当局而言，民事法院管辖民事司法，是救济性质的，涉及权利的行使（普通法和成文法）。民事法庭的诉讼程序适用《民事诉讼法》（CPC）（1908）。惩罚性的，涉及惩罚罪犯。刑事法院的诉讼程序适用《刑事诉讼法》（1973）。

（2）替代性纠纷解决机制应遵循的法律

①调解：调解程序依据案件具体情况适用《仲裁和调解法》（1996）（以下简称《仲裁法》）以及相关高等法院所制定的规则。

②调停：调停程序适用有关高等法院在这方面所制定的规则。此外，2016年制定的《公司（调停和调解）规则》规定了设立专家小组，根据2013年制定的《公司法》以及相关程序和时间框架促进争议双方之间的调停和调解。

③仲裁：仲裁的程序和其他事宜由《仲裁法》规定。《仲裁法》还规定了当事人在仲裁程序中的自主性。此外，《仲裁和调解（修正）法》中规定了仲裁程序中严格的时间框架。

《仲裁法》准许以下类型的仲裁。

①临时仲裁：在临时仲裁中，当事人有最大的自主权去选择仲裁程序、任命仲裁员、决定适用的法律以及获取行政支持等。

②机构仲裁：当事人共同选择一个仲裁机构受理仲裁。这些机构包括美国仲裁协会、印度商业和工业联合会、巴黎国际商会、伦敦国际仲裁法院、

新加坡国际仲裁中心等。通常，此类机构都提供自己的规则以规范指定仲裁员、仲裁程序以及适用的法律等内容。

③法定仲裁：一些法规要求通过仲裁解决争端。例如，1971年制定的《印度国防法》、1882年制定的《印度信托法》以及1885年制定的《印度电报法》等规定了强制性仲裁。

④国内/外仲裁：仲裁协议的各方可协议选择仲裁地。然而，值得注意的是，印度当事人之间约定去外国仲裁机构仲裁条款的有效性尚未得到印度法庭的明确解决。

（3）准据法和管辖权条款

①准据法条款：合同当事人可以明确约定管辖其协议的法律。如果没有明确协议，印度法院会根据具体情况推断双方的意图。在这样做时，法院通过与合约有最密切和最真实联系的原则来推断双方意图以确定适用的法律。

②管辖权条款：合同当事人（国内和跨境）可以约定选择法院管辖，来解决合同引起的争端。当事人可以向法院授予排他或非排他性管辖权，但该类管辖权条款不得违背印度的公共政策。

（4）其他

①救济类型：特定裁决机构所给予的救济类型取决于建立此类机构的法规作何规定。但是，通常这些机构给予的救济类型可以分为补救性救济措施和惩罚性救济措施。补救措施包括临时救济、特定救济和损害赔偿。惩罚性措施包括监禁和/或罚金。

②外国判决和外国仲裁裁决的执行。

在印度，外国判决可以根据《民事诉讼法》第44A条提出执行请求或对外国审判/判决提起诉讼来强制执行。这两种情况均需满足下述条件：判决系由有管辖权的外国法院作出；外国法院对案件的判决基于实质性审查而作出；从诉讼程序上看，外国判决不是建立在不正确适用国际法或拒绝承认印度法律的基础上（视情况而定）；获得外国判决的程序不违背自然公正原则；外国判决非通过欺诈获得；外国判决支持的诉求不违反印度任何现行有效的法律。

此外，根据1963年制定的《时效法》，任何此类关于执行外国判决的诉讼都需要在外国判决裁定之日起 3 年内提出。

对于国外仲裁裁决的执行来说，根据《仲裁法》第二部分，如果满足某些条件，在印度以外某些地区作出的外国仲裁裁决可以在印度执行。这些地区包括 1958 年制定的《承认及执行外国仲裁裁决公约》（《纽约公约》）或《执行外国仲裁裁决公约》签署成员地区，且印度已确认这些地区的公约成员的身份。

③审判机关的管辖权

通常，设立法院、法庭或任何其他裁决机构的法律就其地域管辖权做出了规定。《民事诉讼法》和《商业法院法》等法律对法院、特别法庭或任何其他裁决机构对达到一定标的额案件的受理权限做出了规定。某些法院、法庭或其他审裁机关对某些特别事项享有专属管辖权。

一审及上诉管辖权：法院、审裁处或任何其他审裁机关的司法管辖权，可分为一审和上诉司法管辖权。最高法院和高等法院分别是最高和第二等的上诉机构，分别拥有《宪法》第 32 条和第 226 条规定的固有令状管辖权。

（三）缅甸

1. 争议解决的方法和机构

缅甸的商业纠纷可通过法院或者国内或国际仲裁程序解决。

（1）诉讼

根据《缅甸宪法》（*Myanmar Constitution*），缅甸的法院体系由以下法院构成：联邦最高法院；省高等法院；邦高等法院；自治县法院；自治区法院；地区法院；乡镇法院；法律规定的其他法院；军事法院；联邦宪法法院。缅甸联邦最高法院是该国的最高法院，但对军事法院和宪法法院没有管辖权。《缅甸宪法》和《联邦司法法》（*Union Judiciary Law*）规定了每个法院各自的辖区。

根据《联邦司法法》，除其他原则外，司法裁判应基于以下原则作出：①依法独立裁判；②除法律另行禁止外，通过公开开庭做出裁判；③依法取得抗辩权和上诉权；④通过保护人民的利益，推动法制建设及地区和平与安宁。前三个原则（包括上诉权）也是《缅甸宪法》规定的司法原则。

缅甸法院基于现行立法、习惯法、案例法先例及英国普通法原则对案件

151

进行裁判。缺少适用的法律时，法官还具有基于公正、平等、良知原则对案件进行裁判的自由裁量权。在任何情况下，联邦最高法院的判决均为终审判决，对其判决不可上诉。不过，对于联邦最高法院行使初审管辖权时通过的判决、裁定或命令，可以进行上诉，以避免失去《缅甸宪法》中规定的上诉权。

尽管缅甸采取了普通法系、民法法系及习惯法的混合法律体系，政府政策仍然在法律实施中具有重要作用。

（2）仲裁

缅甸法院关于商业纠纷的经验有限，而且尽管根据《缅甸仲裁法》（2015）（*Myanmar Arbitration Law*）可以进行国内仲裁，但通常仍首选通过国际仲裁解决商业纠纷。缅甸批准并参加了《承认及执行外国仲裁裁决公约》（1958）（*Convention on the Recognition and Enforcement of Foreign Arbitral Awards*），也颁布了《仲裁法》（2015）（*Arbitration Law*）。

根据《仲裁法》，外国仲裁裁决可以根据《民事诉讼法典》以法院判决相同的方式予以执行，但如果存在以下情形，则法院可在任何情况下予以撤销：①有关仲裁协议的双方存在某种失格；②根据双方受其约束的法律，所述协议无效，或根据裁决所在国的法律，所述协议不符合其任何规定；③被提起仲裁的一方未得到关于仲裁员任命或仲裁程序的适当通知，或因其他原因而无法出席仲裁；④裁决处理的争议事项并未包含于或超出了提交仲裁的条款；⑤仲裁庭的构成或仲裁程序不符合双方的协议、违反该协议或不符合仲裁所在国的法律；⑥裁决尚未对双方发生约束力，或已被仲裁所在国的有管辖权的机构或依据该国法律被撤销或中止。如果争议标的根据缅甸法律无法通过仲裁解决，或执行该裁决可能会损害缅甸的国家利益（公共政策），则法院也可以拒绝执行外国仲裁裁决。

2. 法律适用情况

对于在缅甸订立的合同，《缅甸合同法》（1872）（*Myanmar Contract Act*）没有规定双方确定适用法律的方式。因此，根据合同法，除相关立法对特定类型的合同要求强制适用特定法律的以外（与缅甸政府订立的合同以及雇佣合同），双方可自由确定合同适用的法律。由于缺少与适用法律有关的强制性法定要求，似乎双方可以根据其商业目标自由选择其合同适用的法律。

不过，在实践中，尚不确定缅甸法院事实上能否适用外国法律，以及缅甸法院及相关机构能否令指明受外国法律管辖的合同生效。原因在于缅甸法院传统上仅适用缅甸法律对案件进行判决。

对于仲裁程序的适用法律选择，《仲裁法》规定，在国内仲裁中，仲裁庭应根据缅甸现行实体法对纠纷作出裁决，而在国际商事仲裁中，仲裁庭应根据双方选择的适用法律对纠纷进行裁决。

（四）巴基斯坦

1. 争议解决方法和机构

巴基斯坦最常用的正式争议解决场合为巴基斯坦各级法院，但是法律同时规定了选择性争议解决方案（ADR）。选择性争议解决方案经常被用于描述诸多除完整的法庭程序之外的争议解决方案，一般意义上包括协商、和解或调解以及仲裁系统。ADR 可以指多种形式的争议解决，如简易协商，即鼓励争议双方在其他法律之前直接与对方协商，此外还有仲裁系统或类似法律行为和程序的简易诉讼程序。

2. 法律适用

适用于争议解决的法律包括以下几种。

（1）《1940 年仲裁法案》（以下简称《仲裁法案》）

根据该法规定，仲裁有三种形式：

①无须法院介入的仲裁；

②通过法院但不进行诉讼的仲裁；

③通过法院诉讼的仲裁。

在约定依据巴基斯坦法律进行仲裁的合同中，一方当事方在巴基斯坦法院提起法律程序，已开始的法律程序针对的合同当事方可申请中止诉讼程序；存在仲裁协议的情况下，保留进行诉讼程序的权力；任何有仲裁协议的一方或任何声称属于合同一方的人就有关约定事宜起诉合同另一方或任何其他属于合同另一方的人，诉讼双方均有权在提交书面声明或在诉讼程序中采取任何措施之前，同时在司法机关决定进行诉讼程序之前向其申请，如果没有充分理由说明争议事项不应适用仲裁协议的，申请人同时在诉讼程序开始时仍然准备且愿意采取必要措施仲裁的，上述机关可以决定继续诉讼。

关于地方仲裁裁决的执行问题，根据《仲裁法案》作出的仲裁裁决可以向法院申请执行，由裁决有利方申请，请求法院赋予裁决法庭效力。一旦裁决得到法庭确认，其效力等同于法院作出的判决。

（2）《2011年承认与执行仲裁协议和外国仲裁裁决法案》（以下简称《承认与执行法案》）

根据该法规定，仲裁协议和外国仲裁裁决不属于1958年制定的《纽约公约》第5条的范围，均在巴基斯坦受到承认和执行。该法进一步明确了对此具有管辖权的法院为巴基斯坦境内的高级法院或其他联邦政府官方公报中载明的高等法院。法院根据1908年《民事诉讼法》行使司法权。

（3）《2011年仲裁国际投资争议法案》

巴基斯坦根据该法案执行《解决国家和他国国民之间投资争端公约》（ICSID）。该法就《解决国家和他国国民之间投资争端公约》签约国之间的仲裁、裁决登记和仲裁裁决执行事宜做出了规定。

（五）孟加拉国

1. 争议解决方法和机构

争议解决机制大致可以分为两部分。

（1）诉讼

在孟加拉国，依照《民事诉讼法》（1908）而开展的诉讼程序到目前为止仍是解决商业争端的基本方式。根据对争端各方的诉求，因商业交易而产生的各类诉讼可分为三个类别。

①根据1877年制定的《特殊救济法》第12条之规定，在合同违约的情形下，如经济赔偿不能弥补实际损失或损失难以量化，为了确保正义得以施展，法庭可以允许强制履行合同。

②根据1877年《特殊救济法》第42条之规定，当事人可通过提起权利确认之诉以恢复个人的法律人格，或其对任何财产的任何权利。

③根据2003年制定的《借贷法庭法案》，区法院内设立了专门法庭用以处理民间借贷纠纷。该法案的管辖对象同时包括依1993年的《金融机构法》设立的各类机构实现债权的诉讼，包括金融机构、银行、投资公司、房地产

金融公司、租赁公司及非银行金融机构等。

（2）替代性纠纷解决机制

替代性纠纷解决机制（ADR）是孟加拉国绵延数世纪之久的古老传统，尤其是在农村地区，这种机制又称"Sha lish"或者"Mi mang sha"，在这种机制下村庄长者或当地权威人士有权作出裁决或平息村民之间的纠纷。此种解讼方式一直作为准司法体系而存在，并且多年来持续发展；在上述地区，这种方式仍然是一类十分重要的解决争端机制。

然而在现代的孟加拉国，正式的替代性纠纷解决机制在过去10年内解决了大量商业纠纷，这些纠纷因外贸和外资而起。相比传统的诉讼制度，因具有快速解决争端、更具可预测性等优点，公司对替代性纠纷解决机制更加青睐。谈判、调解和仲裁成为孟加拉国普遍存在的几种替代性纠纷解决机制。

2. 法律适用

诉讼的法律适用主要有上文介绍的《民事诉讼法》《特殊救济法》《借贷法庭法案》等。

对于替代性纠纷解决机制，主要有下列法律对替代性纠纷解决机制进行规定。

（1）《民事诉讼法》

2003年，《民事诉讼法》通过第三修正案引入了第89A条和第89B条，替代性纠纷解决机制从此被正式引入了1908年《民事诉讼法》。除《借贷法庭法案》相关案件之外，授权法院在正式开庭前通过调解或劝解方式来解决争端。

（2）《借贷法庭法案》

早前由于缺席审理等缘故，金融机构或银行向个人、合伙企业及其他实体主张的实现债权不仅耗时甚巨，且往往最终难以实现。2003年《借贷法庭法案》第21、22节引入了两种替代性纠纷解决机制模式，用于商业纠纷的和解会议及仲裁程序。其中，第21节所规定的和解会议系由当事人、律师和代表人，在借贷法庭法官主持下，以一种非正式、不具强制力、保密及非对抗的方式，在相互合作和理解的基础上，处理相关纠纷。第22节规定了商事纠纷仲裁程序。

当事人在提交书面陈述后，法庭有权保留所有未决的后续诉讼程序，将争议交由各方的律师或者未委托律师的争议各方当事人解决。但当事人同意并尝试通过仲裁解决争议的，仲裁庭应重新召集并解决争议。

（3）1985 年《家事法庭条例》

1985 年《家事法庭条例》强制要求法官对离婚、彩礼、维持或恢复婚姻生活原状及抚养权相关案件，在案件预审阶段和审判阶段进行调解。该条例第 10 节规定，案件各方提交书面陈述后，法庭应就双方答辩及文件材料等进行审查，并在其认为适当的情形时，听取双方意见。法庭应当确定争议点并尝试促使当事各方之间达成折中意见。如在预审阶段无法达成和解或不具备调解可能性，法院方始着手进行庭审的准备。条例第 13 节再一次重申，家事法庭应在举证期限届满后、判决作出之前尽力促成当事人之间妥协或和解。

（4）《仲裁法》

2001 年《仲裁法》规定了三种类型的仲裁程序，即诉讼过程中的仲裁、在法庭调停下的仲裁和在实践中非出于诉讼程序或法庭调停而发生的仲裁。根据该法案的规定，任何归属于该法范围的争议，或任意类别的民事诉讼中，只要一方当事人在任一诉讼阶段撤回起诉并选择仲裁，仲裁程序将强制适用，该争议亦将根据 2001 年《仲裁法》予以解决。

（5）《劳工法》

《劳工法》第十四章第 210 节第（1）至（19）条规定了调解、和解和仲裁的程序。

（六）马来西亚

1. 争议解决方式和机构

马来西亚有各种程序帮助有关各方通过法院或法庭外的其他方式解决争议。

（1）通过马来西亚法院系统提起诉讼

马来西亚主要有两级法院，即初级法院和高级法院。初级法院由地方法院和法庭开庭法院组成，而高级法院按升序由高等法院、上诉法院和联邦法院（马来西亚的最高法院）组成。

①地方法院

地方法院由一名地方法官负责审理案件，可审理民事和刑事案件。它有权审理争议标的或争议金额低于 10 万币的民事案件以及最高处罚不超过 10 年监禁或仅可处以罚金的刑事案件。

②法庭开庭法院

法庭开庭法院由一名民事法院法官负责审理案件，可审理争议标的或争议金额低于 100 万马币的民事案件以及所有刑事案件（可判处死刑的案件除外）。法庭开庭法院也可全权负责审理涉及汽车事故和房东/租客纠纷的案件。

③高等法院

两个高等法院，即马来西亚高等法院以及沙巴和沙捞越高等法院，具有统筹管辖权。高等法院在马来西亚的各州设有分支机构。高等法院每个分支机构对刑事案件的属地管辖权的限制由《司法法院法》第 22（1）条所规定，对民事案件的属地管辖权的限制由该法案的第 23（1）条所规定。高等法院的案件审理管辖权分为初审管辖权、上诉管辖权、监督管辖权。

高等法院可针对民事和刑事案件全权行使其初审管辖权，因此可负责审理由初级法院无法裁定的民事案件和索赔超过 100 万马币的民事案件。它对可判处死刑的刑事案件可行使初审管辖权。其他刑事案件必须先由初级法院初审。

高等法院对所有初级法院具有一般监督和改判管辖权，并且有权审理就初级法院所审理的民事和刑事案件所提起的上诉。

④上诉法院

上诉法院由 3 名上诉法院法官负责审理案件，可审理针对高等法院所作任何裁决而提出的上诉，经同意的判决或命令除外。上诉法院可审理和裁定针对高等法院所作刑事案件裁决而提出的上诉。它可审理索赔不低于 25 万马币的民事上诉案件。对于未超过这一限值的案件，必须事先获得上诉法院的许可。

上诉法院对在初级法院提起的任何案件拥有最终管辖权。

⑤联邦法院

联邦法院通常由 3 名联邦法院法官负责审理案件，但有时需要 7 名法官全部出庭。联邦法院的管辖权分为三类：初审管辖权；协议管辖权；上诉管辖权。

通过行使初审管辖权，联邦法院有权处理《联邦宪法》第 128（1）、（2）条下关于法律生效的宪法问题。通过行使协议管辖权，联邦法院可裁定马来西亚最高元首向其提起的关于《联邦宪法》任何规定的效力问题（该等问题已出现或可能出现）。通过行使上诉管辖权，联邦法院有权审理针对上诉法院所作裁决以及高等法院初审案件所作裁决而提起的任何刑事上诉。

向联邦法院提起的民事上诉没有得到正当审理，在提出实质性上诉前，必须事先向联邦法院取得上诉许可。

（2）提起诉讼的方式

根据所寻求索赔和救济的性质，诉讼可通过起诉书或传唤令提起。该诉讼程序由 2012 年《马来西亚法院规则》所规定。

（3）执行判决和命令

判决和命令自宣布之日起生效。除其他方式外，判决或命令可通过以下方式执行：

扣押与变卖令：扣押判定债务人的货物，以进行拍卖。拍卖所得收益将用于结清判定债务。

扣押第三债务人保管财产之诉讼：偿还第三人欠判定债务人之债务，唯此类款项可直接支付给判定债权人。

破产诉讼：如果作为个人的判定债务人所欠债务超过 3 万马币，即可以判定债务人无力偿还判定债务为由而提出破产申请。

清算申请：申请清盘无力偿还超过 500 马币的无争议债务的公司。

（4）其他法院

除上述法院外，尚存其他法院和法庭可处理具体的问题或事项。

①特别法院

特别法院具有专门管辖权，可审理马来西亚最高元首或国家统治者的犯罪行为，以及由该州提起或针对该州提起的所有民事案件，以及由马来西亚最高元首或州行政长官提起或针对其提起的所有民事案件，无论何种诉由。

②劳动法院

经《劳资关系法》规定和授权，劳动法院的职责是通过仲裁解决与裁员、终止和解雇问题有关的劳动争议。劳动法院裁决可以与法院命令相同的方式执行。

（5）替代性争议解决方法

当有关各方不愿到法院解决争议时，可以通过其他方法让当事人有更多机会来决定何时和如何解决争议。

①仲裁

吉隆坡区域仲裁中心（KLRCA）提供了解决商业交易争议的仲裁方法。仲裁一般适用 2005 年《仲裁法》，但除 KLRCA 规则外，有关各方可自由商定仲裁所适用的仲裁规则。

仲裁员所作出的仲裁裁决具有约束力，可通过向高等法院申请执行令来强制执行。

②调解

马来西亚调解中心（MMC）是马来西亚律师协会的下设机构。MMC 受理谈判遇到僵局的案件以及处于任何诉讼阶段的案件。但目前 MMC 只受理商业案件，MMC 调解的多数案件涉及建筑和商业合同。争议各方受其签订的调解协议约束。

2. 法律适用

马来西亚法律可大致分为成文法和不成文法。

成文法被纳入法定立法，其起草借鉴了英国、澳大利亚和印度法律。另外，不成文法或普通法来自经马来西亚法院裁决的案件以及本地习俗。

在审理争议时，除本地立法外，马来西亚法院可以并且也会参考其他国家和地区法院的裁决，尤其是普通法司法管辖区的裁决，以及英国、印度、新加坡、澳大利亚和中国香港特别行政区的判例法。适用英格兰法律是有条件和严格限制的，也就是说，与本地情况有关的英格兰普通法只在本地立法存在缺陷（漏洞）时方可适用。马来西亚法院参照的其他国家和地区判例法，其被作为说服性的或指导性的内容，但不具有约束力。

马来西亚也有伊斯兰法（也称回教法），但只适用于穆斯林，即宣称加

159

入伊斯兰宗教的人。回教法由三级法院体系（回教初级法院、回教高级法院和回教上诉法院）管理，并行使其管辖权。

回教法院的管辖权涵盖穆斯朴家庭、继承法以及涉及违背伊斯兰教的其他事项。

三、"一带一路"沿线主要伊斯兰法系国家争议解决分析与研究

（一）沙特阿拉伯

1. 解决争议的方式和机构

（1）沙特的法院系统

申诉委员会负责处理沙特绝大多数的商事纠纷，对政府的申诉案件有专属管辖权，并有权监督破产程序。双方也可以书面形式同意将争议提请仲裁，以代替申诉。

伊斯兰普通法院负责审理任何关于土地或财产的纠纷。银行有关的纠纷通常由银行争议委员会在沙特货币署的领导下进行处理。沙特还有独立委员会（保险争议委员会）管辖保险争议。

伊历 1433 年 8 月 13 日（相当于公历 2012 年 7 月 3 日）皇家命令第 M/53 号（执行法）赋予执行法官以执行国内判决、外国判决和外国仲裁裁决的职责，这原先属于申诉委员会的司法权范围。

申诉委员会的程序特征如下：

①所有的听审和意见书均使用阿拉伯语。

②只能由具备合法资格的沙特国民代理当事人出庭。

③原告递交诉状启动程序后，申诉委员会安排将诉状送达被告，然后确定第一次开庭时间。

④截至第一次开庭时，必须出具被代理出庭当事人的授权委托书。

⑤任何对申诉委员会的管辖权异议均须在第一次开庭时提出，如以约定了仲裁条款为基础。

⑥接下来的庭审中进行证据意见交换，直至双方确认无其他意见补充。如上的程序走完通常需要 1 年多。

（2）争议解决方式的现实考量

准备在沙特投资的企业有必要花时间考虑一下沙特国内争议解决的实践情况。例如，考虑选择沙特法院之外的争议管辖法院，以及该种选择对外国仲裁裁决或外国判决在沙特执行的影响。在选择争议管辖法院时，若合同当事人在沙特登记注册或者合同及其执行条款同时在沙特生效，则准合同双方应认真考虑与合同有关的具体事实，还应认识到外国判决和仲裁裁决在沙特的财产执行程序是相当漫长、不确定且烦琐复杂的。一方对适用法律、管辖法院及在沙特执行的选择结果将影响该方在诉讼中的风险、成本负担及时间花费。在任何协议中，外国投资者均须认真考虑所选择适用的法律及管辖法院，并在签订合同之前对上述问题征求专家建议。

（3）沙特仲裁法

2012年《仲裁法》是沙特法律发展过程中的一大进步，对沙特国内和国际商业贸易产生了广泛影响。尤其是新仲裁法剔除了旧仲裁法很多消极影响，并以联合国国际贸易法委员会示范法为基础，对其进行了一些本土化的修订。

新仲裁法相对旧仲裁法的重大变化体现在以下方面。

①新法明确了只要仲裁协议独立有效，则合同的无效或终止不会导致仲裁协议无效。尽管这是其他很多国家的基本司法原则，但过去沙特立法并未规定该原则。新法还明定，各方当事人可协商同意通过纳入格式仲裁条款（如FIDIC合同）并按照仲裁机构（如ICC）实时发布的仲裁规则，将争议事项提交仲裁。

②除了1983年旧仲裁法对仲裁员资格条件的既有规定外，新法还要求独任仲裁员或仲裁庭多名仲裁员中的首席仲裁员必须持有至少一个伊斯兰教法学的大学学位。

③新法还对各方未能就仲裁庭组成达成一致时如何选择仲裁员作出有帮助性的程序规定。尤其在多名仲裁员的场合，新法规定各方提名一位仲裁员，然后两位选定的仲裁员再挑选第三名仲裁员（若未能选定的，将由法院指定）。该程序克服了一个共同障碍，否则在上述情况下监督仲裁的法院将会介入。

④仲裁员负有积极义务将可能造成利益冲突的情况告知各方当事人。

⑤新法针对妨碍仲裁庭组成的因素设定了限制性程序，如偏见或利益冲

突等，也规定了申诉方向有关法院提出异议的时间限制。若申诉人先前未能在该期限内提出异议，此后便不能再以此为由反对仲裁裁决的执行。

⑥新法允许仲裁庭在仲裁过程中向相关权威机构寻求帮助，如传唤证人或专家出庭并命令其提供书面文件。这对于仲裁庭本身无权对仲裁协议外的他方发号施令来讲，是一个重要的变化。

⑦当事人未能就适用具体仲裁规则（如 ICC 仲裁规则）达成一致的，新法规定了此种情况下适用的详细仲裁程序。该程序的许多特征与国际仲裁规则相似（如诉状、证人证言、专家报告和听证）。

⑧根据新法，如果当事人或仲裁庭已决定使用其他语言的，仲裁便无须以阿拉伯语言进行。此外，尽管选择的法律不是沙特法，仲裁庭也必须适用各方在相关合同中选择适用的实体法。仲裁裁决须在仲裁开始后的 12 个月内作出，但仲裁庭有权延长 6 个月，当事人也可以商定延长更长期限。该规定相比 1983 年的《仲裁法》，给予仲裁庭解决重要商事纠纷的时间更符合实际需求。

⑨仲裁裁决作出后，任何一方试图宣告裁决无效的，必须在 60 天内提出无效申请。由此，被申请方有权在限定时间内提出任何异议，而非等待胜诉方请求执行仲裁裁决。无效申请在规定的 60 天期限内一经提出，当事人只能从有限的方面来主张裁决无效。此外，只有在相关法院亦主动提出仲裁裁决违反伊斯兰教法、公共秩序或仲裁协议的，申请人的该等主张才被审理。新法规定相关法院在认定裁决是否无效时不能审查争议的实质内容和事实。相比 1983 年仲裁法赋予法官在裁决执行阶段的广泛自由裁量权以复审争议实质，从而削弱仲裁程序来讲，这是一项重大进步。

⑩受仲裁裁决无效程序的影响，依据新法作出的仲裁裁决取得既判力并具有执行效力。为使仲裁裁决得到实际执行，上述仲裁裁决胜诉方须从法院取得执行令状。法院在决定签发执行令状时会确认，不包含任何违反伊斯兰教法和公共秩序的部分（该部分可与其他部分相分离），且已经送达另一方。

2. 法律适用：外国判决和仲裁裁决的执行

根据沙特执行法，执行法官有权执行具有执行效力的所有外国判决或仲裁裁决。《执行法》第 9 条列举了具有执行力的文书形式，包括：终审判决，法院发布的决定和命令，仲裁裁决，有权主体作出的或经相关法院确认的和解协议，商业票据，经认证的合同、票据，判决或司法谕令以及在国外出具已经认证的票据。

在沙特执行的外国判决或裁决应属于上述列举的具有执行力的文书形式。如果裁决或判决属非终局性的（未发生效力者），将不会得到执行。

《执行法》第 11 条规定执行法官只能在互惠原则的基础上执行外国判决或仲裁裁决，且请求执行的一方能确保：

①沙特法院对该争议没有管辖权；

②裁决是在采取合乎正当程序之行动的基础上作出的；

③依据仲裁法，该裁决为终局性的；

④裁决未与沙特有管辖权的司法机关此前就同一事项作出的判决或命令相冲突。

另外，裁决不得含有任何悖于沙特公共政策的内容。例如，执行法不会保护不通晓沙特法律或伊斯兰法律的外国仲裁员对任何违反沙特公共政策的相关争端所出的裁决。

总之，互惠及合乎沙特通行的伊斯兰教法是判（裁）决在沙特得以执行的两个必须满足的前提条件。互惠原则体现在沙特与外国司法主体之间签订的条约或协定中，或体现于法律程序中。

沙特是许多关于承认和执行外国判决及仲裁裁决的国际公约的缔约国，最主要的是：

① AGCC 公约：该条约要求承认和执行 AGCC 成员国之间作出的法院判决和仲裁裁决；

②利雅得公约：该公约要求承认和执行中东许多国家与北非之间作出的法院判决和仲裁裁决。

③纽约公约：该公约要求彼此承认和执行公约现有签约国之间作出的外国仲裁裁决。

（二）阿曼

在阿曼，主要的争议解决方式有仲裁和诉讼。

（1）仲裁

选择仲裁手段在阿曼已经被成熟地应用于争议解决案件，须在相关合同条款中约定。和其他很多司法管辖区一样，仲裁往往被用于金额较大的合同争议解决，如工业发展、建筑、航运和石油天然气。

（2）诉讼

作为大陆法系国家，阿曼不承认判例作为有约束力的先例，法庭也不需要像普通法系一样基于过往案例进行审判。

阿曼法院有三个层级，遍及国家的各个行政区内，具体如下：

①一审法院；

②上诉法院；

③最高法院。

庭审使用阿拉伯语。

只有具备相应任职资格的阿曼律师才可以在各级法院出庭，还有关于出庭人员的进一步法律规定。

（三）卡塔尔

卡塔尔宪法规定了执法、立法、司法三权分立。司法系统由一审法院、上诉法院、最高法院、行政法院以及宪法法院组成。所有的法官都由埃米尔基于最高司法委员会的推荐任命。法官任期3年，可以连任。

此外，《民商事诉讼法》（以下简称《诉讼法》）规定了合同当事人双方同意将争议提交仲裁的情形下的仲裁程序。《诉讼法》第190条至第210条对仲裁进行了规定。《诉讼法》主要基于古埃及法律，无法满足卡塔尔目前大量的投资和建设发展需求。

（四）伊朗

在伊朗的法律体系中，通过非诉方式（替代性纠纷解决）、准诉讼方式（仲裁）和法院方式（诉讼）解决争议的机制具有悠久的历史且为世人所熟知。

1. 替代性纠纷解决方式（非诉解决机制）

诉讼成本和费用上涨，导致更多人选择替代性纠纷解决方式（非诉解决机制）。非诉解决机制的典型特征是可以帮助争议双方在保密的环境下，以更快捷和经济的方式解决争议，并且同时保有维系原有商业关系的可能。

尽管有上述优点，非诉解决机制也需要耗费大量的时间，且在和解可能性较低的情况下，会过早向对方披露信息。

所有的替代性纠纷解决方式均在伊朗被许可适用。协商、调停、争议审查委员会、争端裁决委员会、调解均普遍适用于伊朗。从某些方面来讲，所有的替代性纠纷解决方式都依靠并将最终导向调解，因为当每一种方法成功解决争议时，争议各方均需签订书面或者口头的调解协议。这样的调解协议在伊朗传统法律概念中称为"so lh"或者"mo sale he"。调解可以在国家法院进行，《民事诉讼法典》第178条与第193条系关于向对方提出调解有一系列规定。

尽管其他替代性纠纷解决方式在伊朗并不多见，比如中立事实裁决、早期中立审理、小型审理等其他方式，但是伊朗原则上准许适用这些方式，且伊朗法律对这些方式的适用没有任何限制。

2. 仲裁（准诉讼解决机制）

广义的替代性纠纷解决方式包括仲裁，因为仲裁提供了法院之外的争议解决机会，是除国家法院之外的替代性解决方式。然而，狭义理解的仲裁应该与替代性纠纷解决方式有所区分，因为仲裁程序具有约束力的特征，并且即使在另一方不到场和不参与的情况下，仲裁也可以进行，同时仲裁裁决也对各方具有法律约束力。因此，仲裁具有其他替代性解决方式所缺乏的一裁终局的优点，这也就是为什么仲裁兼具司法和合同性质的原因。

伊朗的法律制度属于"仲裁友好型"法律制度类型。对仲裁的友好氛围体现在若干个在约一个世纪前就已颁布的与仲裁相关的法律之中，比如1928年颁布的《仲裁法》，以及1939年颁布的《旧民事诉讼法》的第八章。此外，伊朗适用基于联合国国际贸易法委员会（UNCITRAL）起草的三个主要国际仲裁文件所做的决定：1983年，通过对联合国国际贸易法委员会1976年版《仲裁规则》进行修订并签署相关协议，使之作为伊朗与美国审裁处的程序规则，同时作为若干国家间协议适用的特别仲裁规则；1997年，参考并修订联合国国际贸易法委员会《国际商事仲裁示范法》作为《伊朗国际商事仲裁法》；2001年加入承认和执行外国仲裁裁决的《纽约公约》。

通过相关法律规定的概述，展现出伊朗两种不同的仲裁制度。

（1）2001 年的《民事诉讼法典》的第七章提及的一般制度适用于国内仲裁和非商事的国际仲裁，如具有可仲裁性的与人身身份相关的争议。国际商事仲裁是具有国际元素的仲裁，而不以达成仲裁协议的一方是否为外籍人员判断。

（2）基于联合国国际贸易法委员会《国际商事仲裁示范法》的《伊朗国际商事仲裁法》规定的特殊制度。该法主要有以下优点。

①没有一般制度中因死亡或者丧失行为能力而导致仲裁协议终止的条款及导致仲裁程序终止的条款。明确认可机构仲裁，并规定了有利于机构仲裁的条款，比如授权仲裁机构告知权，可以作为被选定的仲裁机构、初期对异议审查的权利以及可申请仲裁员回避。

②规定了仲裁协议的广泛适用范围和具有可仲裁性的大部分争议类型，不包括破产（2001 年《民事诉讼法典》第 496 条）案件和资本市场争议，因为证券纠纷专属管辖争议解决委员会有规定（2005 年《证券法》第 37 条），对政府类和公共资产类争议可仲裁性也有限制（源于《伊朗宪法》第 139 条、2001 年《民事诉讼法典》第 457 条）。

③明确认可仲裁条款的独立存在或自治性质（第 16 条）、管辖权原则的明示条款（第 16 条）。

④通过程序性法律强制规定确保公正审判，如规定正确通知的必要性、抗辩权、公正性以及仲裁员独立性（第 18、19、23、33、35 条）。

⑤关于仲裁员有权请求临时措施和颁布禁令的明示条款。关于法庭有权在仲裁前或仲裁过程中颁布临时性措施的明示条款。关于争议各方基于意思自治和自由意志有权选择争议适用法律的明示条款。

⑥通过穷尽列举适用条件和不可上诉的限制规定，明确了因异议而撤销仲裁裁决的情形。

执行 LICA 仲裁裁决参考《纽约公约》的相似制度。

当然，还有一些其他的优点，同时还有一些不足之处。这项特殊的制度主要有以下弊端。

①这项特殊制度的国际性因素适用范围窄。根据 LICA，如果仲裁协议的一方拥有外国国籍，则该仲裁将被视为国际仲裁。这样就排除了那些包含涉

外元素的国际仲裁，如主合同义务的执行义务（全部或者部分）在本国以外，所以此定义仍有不足之处。

②LICA 的空间效力不明确。

③对于在争议发生之前指定与外国当事人一方具有相同国籍的仲裁员有限制规定，然而，若在争议发生之后则允许这样的指定。

④没有明文确认司法判例的效力，限制了《伊朗宪法》第 139 条关于"国家以及公共资产属于主权国家并归于政府使用"准则的适用范围。

如上所述，LICA 是基于联合国国际贸易法委员会《国际商事仲裁示范法》，因此也是一部有利于仲裁并且保护外商和商业公司利益的现代法律。

LICA 促进了伊朗的机构仲裁发展，而伊朗目前现有仲裁机构包括大型仲裁机构，如德黑兰区域仲裁中心（TRAC）和伊朗商会仲裁中心（ACIC），以及新兴仲裁中心如琼迪律师事务所（Joneydi and Associates）设立的琼迪律师事务所调解和仲裁中心（Joneydi and Associates Conciliation and Arbitration Center of Joneydi and Associates）。前者是成立于 2004 年的独立国际机构，后者是成立于 2001 年旨在推动国际和国内商事仲裁而设立的仲裁机构。

如前文所述，伊朗自 2001 年已经加入承认和执行外国仲裁裁决的《纽约公约》，对于可适用此公约而执行的外国仲裁裁定将被视为常规的仲裁裁定。需要注意的是，伊朗对此公约在两个方面持保留态度：在商事及互惠待遇方面。

伊朗与很多国家已达成双边投资条约，投资者和政府之间的争议均可进行仲裁。

3. 法院（诉讼解决机制）

如前所述，伊朗受罗马——日耳曼法系影响，其法律渊源是成文法、习俗与惯例、法理学与学说。法院判决必须基于法律规定，具有明确目的性和说理性。

伊朗法院分为如下三个等级：

（1）一审法院。这个等级的法庭尽管称为公众法院，但是实际分为刑事法院和民事法院；

（2）省级上诉法院；

（3）最高法院（位于首都德黑兰）。

近几年设立的争议解决委员会对标的额 5000 美元或以下的小额诉讼有管辖权。

根据法律，伊朗没有专设的商事法庭，商事争议由具有普遍管辖权的民事法院审理，但在实践中商事争议由一些经验丰富的民事法院的分支法庭审理。通常诉讼程序耗时数个月到几年不等，视争议的复杂程度以及法院的工作量而定。

根据国际普遍接受的管辖规定，原告应该向被告住所地具有管辖权的法院提出诉讼请求。相关需提交的申请文件份数应以保证参与诉讼的被告各持一份和法庭持有一份的原则来确定。原告应以争议标的额的 3.5% 向法院支付程序性费用。申请人提交文件，提交的经核定的文件副本的份数应以保证参与诉讼的被告各持一份和法庭持有一份的原则来确定。除非诉讼请求是基于汇票、本票、支票、经公证的权证，或是原告在国外提起诉讼的案件中基于互惠原则被豁免的伊朗人，如果伊朗被告要求，考虑到外籍原告的诉讼请求可能被驳回的情况，原告应该提供至少等同于因诉讼可能会给伊朗被告所致损失金额的保证金。

一旦案件被法院受理，法院应该确定案件审理的日期和时间，通过送达传票通知诉讼各方，并向被告送达起诉状和相关文件的副本。如果被告居住在国外，法院应该在庭审日期前至少 2 个月通知各方。一审庭审时诉讼各方必须亲自或者通过委托的律师提供庭审中可能涉及的文件原件。若经送达传票任一方未到庭，除非缺席方提供有效的正当理由，法院有权继续审理。法官有权要求提供专家证据和进行实地调查。

原告可在提交诉讼请求原件前或者在诉讼程序中任何时间点提出临时措施和保全措施的请求。法院应该就紧急措施请求作出裁判。申请人必须缴纳的保证金金额至少应等同于执行临时措施或者保全措施可能会给被告带来的损失。法院应在若干天内对临时和保全措施的申请作出裁判。

法院的裁判文书应该包含对其所作判决或者裁定的理由。法院应将经核定的裁判文书通知并送达给诉讼各方。除非有以下《民事诉讼法》第 331 条和第 332 条规定的情形，一审法院的裁判文书将为终审裁判文书，不得继续追索并将被执行：

（1）任何标的额超过 300 万里亚尔（约 81 美元）的经济纠纷。

（2）所有非经济诉讼请求。

在上诉层面，在将案件移交给上诉法院或者最高法院前应该进行证据交换，且在上诉时可以提交新的证据。上诉法院和最高法院有权决定是否开庭审理或仅基于各方提交的材料而作出裁判，即"书面审"。胜诉一方可根据《民事判决执行法》要求执行裁判文书。

（五）马尔代夫

1. 司法体系及民事法庭

2010 年，马尔代夫根据《马尔代夫司法法》（法律号：22/2010）对其司法系统进行了改革。该法案确定了在马尔代夫法律管辖范围内法院的管辖权，以及以维护马尔代夫司法为目的建立的法院职能的原则。

根据《马尔代夫司法法》的规定，位于马累并且负责处理民商事业务的民事法院，被指定为高等法院。未在马累民事法院受理业务范围内的民商事纠纷，可由地方法院受理。民事法院对以下民事法律纠纷具有管辖权：①合同违约；②贸易事务；③抵押事务；④要求清偿的债务超过特定数额的事务；⑤所有涉及公司的事务，包括公司解散。

2. 民事诉讼程序

《马尔代夫司法法》规定了民事法院案件的起诉和处理程序，简述如下。

①当事人必须使用法院的格式表格起诉。

②所有案件均须在民事法庭注册官审核后予以注册（登记）。

③如果民事法庭的注册官核准登记了该案件，诉讼的原告和被告将被传唤出庭。在第一次审理期间听取诉讼请求，被告在法定期间须针对诉讼请求答辩（答辩期间经法院批准可酌情延长）。

④法官根据双方提交的案件材料，作出判决。

⑤如果被告未能出庭的，法院也可根据《法院传唤法规》作出缺席判决。

向法院提交的文件必须用马尔代夫语书写。

3. 对抗式诉讼制度

马尔代夫司法程序采用对抗式诉讼制度。原告和被告双方律师均要提供证据以支持其观点，并由证人出庭作证。

法官有权审查证据和要求提供证据。

4. 审判阶段临时禁令

民事法庭法官在审判阶段可根据具体情况发布临时禁令。同样，高级法院和最高法院在诉讼期间，根据双方提交的与禁令申请相关的材料，也可以发布临时禁令。

5. 上诉至高级法院

若认为民事法院的判决在法律解释或法律适用有误，可在判决送达之日起 10 日内向马累高级法院提起上诉。高级法院会基于上诉请求，通过口头审理或书面审理的方式审理上诉案件，并一般在提出上诉之日起 6 个月内作出判决。

高级法院还可受理广泛的一审非上诉案件，包括行政案件、宪法案件以及高级法院根据《选举法》受理的与选举有关的具有特殊管辖权的案件。

6. 最高法院的终审

对高级法院作出的判决不服的，可向最高法院上诉。上诉必须在高级法院判决送达之日起 60 日内提出。

7. 执行的规则及程序

民事法院受理关于民事案件判决的执行申请。依据《已判决且无抵押债务的执行法规》的规定，民事法庭可依法采取相关执行措施。

根据上述规定，若债务人未能依判决执行，可以裁定对该债务人进行软禁或进入破产程序，并可公开拍卖其财产（不包括土地和建筑物）。

8. 仲裁条款

依据 1991 年《马尔代夫合同法》第 18（c）条，若当事人在合同中约定争端解决方式为仲裁，则该条款有效且应完全履行。

依据 1991 年《马尔代夫合同法》第 18（c）条，若合同双方同意将仲裁作为最终争端解决方式，且双方均愿意执行仲裁裁决，那么马尔代夫法院可要求当事人将争议事项提交仲裁。

9. 2013 年马尔代夫仲裁法

2013 年《马尔代夫仲裁法》于 2013 年 7 月生效，旨在为企业之间的争端提供另一种法律解决机制。根据 2013 年《马尔代夫仲裁法》第 2（f）条，马尔代夫的仲裁制度根据联合国国际贸易法委员会规定的程序制定。2013 年 12 月，高级法院基于 2013 年《马尔代夫仲裁法》制定了关于马尔代夫仲裁审理程序的法规。该规定于 2013 年 12 月 31 日经高级法院总理事会通过，其对高级法院提交、接受和审理仲裁案件时必须遵守的程序做了如下规定。

（1）2013 年《马尔代夫仲裁法》旨在建立一个法律认可的机制来解决商业纠纷，即由独立的第三方在提起诉讼之前根据联合国国际贸易法委员会仲裁规则进行处理，而不是先向法院提起诉讼。

（2）双方当事人可根据仲裁协议申请仲裁。该法以多种方式确定仲裁协议的效力。

（3）《马尔代夫仲裁法》规定了仲裁员的任命程序，可任命与马尔代夫有政治关系的外国仲裁员解决争端。该法案进一步规定了仲裁中心指定仲裁员的程序、解决利益冲突的问题、仲裁员离职以及任命替代仲裁员的问题。

（4）该法规定了仲裁法庭的管辖权、仲裁法庭的纠纷诉讼管辖权和保全的权力（维持现状、恢复原状、事故防止、涉及赔偿时维持财产及资产状态和证据保全）。

（5）所有仲裁案件根据仲裁委员会多数意见进行裁决。争议双方当事人都可在仲裁过程中的任何时间通过和解结案。仲裁当事人请求和解并经仲裁庭同意即可据此作出裁决。

（6）根据《马尔代夫仲裁法》第 69 条，仲裁裁决只能由高级法院在十分特殊且有限的情况下推翻。

（7）马尔代夫高级法院在不违背仲裁法原则的情况下可执行外国裁决，但最高法院可根据《马尔代夫仲裁法》第 74 条决定不执行外国仲裁裁决。

（8）该法案要求总检察长在法案开始施行起 6 个月内建立"马尔代夫国际仲裁中心"。该中心由董事会管理运行。2014 年 1 月总检察长办公室公布了董事会成员。

（9）该中心存有一份仲裁员名册。仲裁员的行为需遵守"班加罗尔原则"。

（10）高等法院拥有对仲裁法规定事项的听审权。

171

10. 《高级法院关于裁决仲裁案件的法规》关键问题的总结

高级法院关于裁决仲裁案件的规定摘要如下。

（1）本法规中关于管辖权的问题，依据《马尔代夫仲裁法》第87条，规定如下：

①申请撤销仲裁裁决的案件；

②申请撤销临时禁令的案件；

③对仲裁裁决中裁定有管辖权而有异议（仲裁机构对具体案件没有法定管辖权）提起上诉的案件。

（2）本法规还规定了向高级法院提交仲裁的行政程序：

①案件必须在双方决定（提交仲裁）之日起3个月内提交（包括公众假期）。

②案件将在受理后提交法官审理。提交程序规定在本法规中。

③本法规也规定了法院的诉讼程序，即被告应在收到立案文件之日起14日内提交答辩状。

④案件登记费（或受理费）为2000卢菲亚。

（3）只有在高级法院裁决认定适用《马尔代夫仲裁法》第69条时，仲裁裁决才会被宣告无效。

（4）该法规还进一步就高级法院对仲裁裁决作出修正、修正的时间、对正在执行的执行行为发出停止令、仲裁裁决内容保密制度及与执行相关的内容等都作出了规定（与民事执行案件相同规定）。

四、"一带一路"沿线主要混合法系国家争议解决分析与研究

（一）阿拉伯联合酋长共和国

1. 争议解决方式和主体

（1）阿联酋争议解决的民法体系

阿联酋是由7个酋长国组成的联邦国家，除迪拜和哈伊马角保留对自己法院的管理权外，其他酋长国的法院都属于联邦司法系统的一部分。除哈伊马角外，其他酋长国都拥有由一审法院、上诉法院、最高法院组成的三级法院体系。该司法体系建立在民法基本原则和伊斯兰教法律的基础上，前者由成文法组成，是法律的主要来源，后者构成法律的指导性原则及其法律依据。

由于缺乏强制性的判例原则，每个案件都根据其案件事实和法律依据作出判决。该司法体系内的法庭审理使用阿拉伯语，由在司法部注册的翻译人员翻译后提交至法庭。

简而言之，当诉讼请求以电子方式提交至法院后，一旦分配案件编号，法院将会通知被告并确定首次开庭的时间。首次开庭时，原被告双方的代理人必须到庭，被告方将会提交答辩意见。随后，该案将会作出裁判或者提请专家进行进一步审查。专家将会对该案进行调查，收取双方当事人提交的意见，该意见可由双方当事人提出反驳。专家在事实确定后将向法院提交案件报告。

（2）迪拜国际金融中心（DIFC）

除了上述司法系统外，DIFC拥有独立的司法体系，由它自己的法律、独立的司法机构和法院组成，解决在DIFC地区发生的争议。2004年DIFC地区第10号法律根据联邦司法机构的原则规定了DIFC享有司法独立。DIFC法院是建立在英国普通法基础上的普通法司法机构，对于在阿联酋的任何人都有"选择加入"的管辖权，但自动处于其管辖权范围内的个人和公司除外。DIFC法院允许当事人选择适用任何法律，除非DIFC内的主体属于DIFC自己法律的管辖范围内。

（3）仲裁

阿联酋（DIFC地区除外）的仲裁规定在1992年第11号联邦法律第三章。属于该法范围的主要替代性争议解决机构包括迪拜国际仲裁中心、阿布扎比商业调解和仲裁中心、沙迦仲裁中心。位于迪拜的国际伊斯兰和解与商事仲裁中心也是伊斯兰金融争议解决机构。在双方当事人同意按照伊斯兰法律解决纠纷时就可选择该机构。

2008年，DIFC与英国伦敦国际仲裁院合作创立了DIFC/LCIA仲裁中心，在当事人以书面形式同意适用仲裁程序后，有权依据其规则进行仲裁。

（4）专门法庭

根据有关联邦法律，某些专门法庭负责调解特定争议。根据1980年第8号联邦法律，劳动争议在向阿联酋法院提起诉讼之前，必须由联邦劳工部对该劳动纠纷进行调解。1981年第18号《商业代理法》规定，允许就终止正

173

式注册代理合同的争议提交阿联酋经济和商业部委员会处理。在迪拜，与财产有关的纠纷可以提交迪拜财产法院，该法院是迪拜一审法院的一个部门。作为迪拜土地部的专业部门，迪拜地产局（RERA）被授权调解开发商与业主之间的纠纷。

（5）替代性纠纷解决程序体系

迪拜法院还成立了"争议解决中心"，在提起诉讼前提供了友好解决争端的替代途径。该纠纷由一群有经验的调解员负责处理，并由迪拜一审法院的一位法官主持和监督。如果达成和解，所有当事人必须签署和解协议，该和解协议将在迪拜法院作为执行令直接执行。如果未能达成和解，该中心会出具意见将纠纷提交有关的迪拜专门法院。

（6）调解

目前，阿联酋没有关于调解的法律和法规，正因为如此，调解相当于在当事人之间达成一种私人交易。迪拜国际金融中心已经公布了调解规则，当事人可直接适用，而不是向法院提起诉讼。当事人可自由商定调解程序，并可根据规则共同选择调解员。

2. 法律适用

民商事案件的庭审程序由 1992 年第 11 号联邦法律（已修订）规定，联邦和地方酋长国法院都受其约束。最近的联邦立法规定，除迪拜和哈伊马角外，其他酋长国内的商事纠纷需首先提交至司法部指定的和解委员会，促进当事人之间达成和解。如果和解不成，将允许当事人继续向相关法院提起诉讼。

在起诉前，诉讼当事人必须确保提起诉讼的法院根据阿联酋的法律享有该案的管辖权。这是在确保仲裁不是合同中约定的纠纷解决方式。值得注意的是，阿联酋法院不支持当事人在协议中约定赋予外国法院管辖权，排除阿联酋法院的管辖。此外，阿联酋不允许外国法院或者仲裁庭审理与阿联酋相关的商业代理、劳动争议以及特定的房地产纠纷。

然而，通过阿联酋法院或 DIFC 法院是可以执行外国仲裁裁决的。通过2006 年第 43 号联邦法令，阿联酋毫无保留地批准了 1958 年《关于承认及执行外国仲裁裁决公约》（《纽约公约》）。同样，DIFC 已于 2008 年颁布了第 999 号"迪拜规则"，在很多方面都体现了《纽约公约》的核心原则。然而，一定的立法空白也会带来挑战，因此，在阿联酋和 DIFC 法院中，对外国仲裁裁决的法律态度和方法将会继续发展。

（二）菲律宾

1. 争议解决的方法和机构

（1）通过法院解决争议

菲律宾法律规定，有关法律上可主张和可强制执行的权利的实际争议的解决，通常是由政府司法部门负责处理。《菲律宾宪法》规定，司法权属于最高法院和依法设立的较低级法院。修正后的 1980 年《司法机构重组法》规定了以下法院的设立：上诉法院、区域审判法院、大都会审判法院、市审判法院和市巡回审判法院。上述法院的相应管辖权同样由 1980 年《司法机构重组法》加以界定。

根据争议的性质，上述法院行使职权审理提交给其的案件。所有法院保护和加强宪法权利、诉求、惯例和程序的规则，均被编入《菲律宾法院规则》。

（2）替代性争议解决

除了通过向法院起诉来解决争议之外，各种替代性争议解决方法的使用，也被认为是实现迅速和公正司法及加快法院日程的重要手段。在替代性争议解决体系下，除了通过法院主审法官或政府机构官员裁决外，中立第三方参与者有权协助解决问题。双方可以约定将争议期间或未决期间出现的一个、多个或所有问题通过各种形式的替代性争议解决方法解决，包括但不限于第三人评估、小型审判、调解仲裁，或上述方法的组合。

（3）调解

无论是临时的还是有组织性的，自愿调解都被认为是替代性争议解决方法的一种形式。调解一词包括调停。在调解过程中，如果调解成功，当事人应当在各自律师的协助下，和调解员准备好调解协议。如果各方愿意，那么其可以向任何一方居住地的区域审判法院的合适书记员交存该调解协议。如果需要强制执行调解协议，任何一方当事人均可向同一法院提出请求，在此情况下，法院应概括性地对其进行听证。

175

（4）国际商事仲裁

国际商事仲裁应受联合国国际贸易法委员会通过的《国际商事仲裁示范法》的管辖。如果仲裁涵盖了由商业性质的关系（无论是否为合同关系）引起的事项，则该仲裁为商事仲裁。

在菲律宾进行的国际仲裁，当事人可以选择任何人作为其代表，前提是该代表未被授权在菲律宾的任何法院或其他准司法机构以律师身份出庭，不论其出庭是否与当前仲裁有关，但被允许在菲律宾从事法律职业的除外。双方当事人可自由就仲裁的地点以及仲裁程序中使用的（多种）语言达成一致。

（5）国内仲裁

国内仲裁也是替代性争议解决的另一种方法，且受《仲裁法》条款的约束。《仲裁法》规定，两个或两个以上的当事人，就彼此之间存在的任何争议，可以向一个或多个仲裁员提交仲裁，也可以提交诉讼；或者协议当事人可以在协议中约定彼此之间的争议通过仲裁解决。这类提交或协议，应当是有效的、可执行的和不可撤销的，除非存在撤销合同的法定理由。

如果争议的当事人之一是未成年人，或者被司法宣告为无行为能力人，那么该争议无法提交仲裁，除非经具有管辖权的合适法院批准，允许其一般监护人或法定监护人就该争议提交仲裁的请求。但是，如果有行为能力人在提交仲裁或签署仲裁协议时，明知对方为无行为能力人，那么无行为能力人可以以其欠缺行为能力提出反对理由。

（6）建筑工程争议仲裁

建筑工程争议的仲裁，同样受《建筑业仲裁法》条款约束。建筑业仲裁委员会对菲律宾建筑工程双方当事人之间因合同或与合同相关而引发的争议享有最初和专属管辖权，且不论该争议是在合同履行完毕之前还是之后发生，也不论该争议是否在放弃或违反合同义务之后出现。这些争议可能涉及政府或私人合同。如果需委员会管辖或仲裁，争议各方必须同意将争议提交仲裁。

2. 适用法律

（1）外国判决的承认

菲律宾法律允许承认外国判决。这一过程需要向法院提交一份承认外国判决的申请书。为使菲律宾法院承认外国判决，申请人只需要通过以下方式证明外国判决为事实：官方文件，或保管判决的官员提供的证明文件或复印件。一旦外国判决被承认，那么针对特定事物的判决或最终命令应被视为对该事物所有权的最终判定；而针对特定人的判决或最终命令应被视为在当事人及其继承人之间权利的推定证据。

（2）外国仲裁裁决

《纽约公约》管辖其所涵盖的仲裁裁决的承认和执行。此类仲裁裁决的承认和执行应向区域审判法院提出。申请人应确定作出外国仲裁裁决的国家是《纽约公约》的缔约国。外国仲裁裁决经外国法院确认后，应当按照外国仲裁裁决承认和执行，而不是按照外国法院的判决。外国仲裁裁决经区域审判法院确认后，应按照适用菲律宾法院执行裁决的方式来最终执行。

（三）斯里兰卡

1. 争议解决的途径和机构

在没有强制要求外国投资者在斯里兰卡启动诉讼程序的情况下，缔约方可以确定适用的争端解决机制。在商业协议中，争议解决通常通过仲裁或提交法院处理。当事方为政府或政府机构或国有公司的协议通常将根据《1995年第11号仲裁法修正案》（以下简称《仲裁法》）作为争议解决机制进行仲裁。在这种情况下，仲裁所在地通常是斯里兰卡。

（1）法院

斯里兰卡法院主要有治安法院、地方法院、高等法院、上诉法院和最高法院。

治安法院是轻微刑事犯罪一审法院。治安法院行使《刑法》《刑事诉讼法》或任何其他成文法规定的所有权力和权限。治安法院有权以简易程序进行审判、判决和处置在其地方管辖范围内实施的轻微刑事犯罪的诉讼和公诉案件。

地方法院在每个地方为一个存卷法院，并在其区域内具有民事、税收、信托、婚姻、破产和遗嘱事项的初审管辖权，除非有任何法律将之赋予其他法院。地方法院是提交商事高等法院的争议之外的民事纠纷的一审法院。

高等法院。斯里兰卡有3个各自独立且性质不同的高等法院，即省高等法院、高等民事上诉法院和高等商业法院。

①省高等法院：各省都有一个省级高等法院。省级高等法院对于谋杀、强奸等严重刑事犯罪具有初审刑事管辖权，对治安法庭和劳动法庭的上诉行使上诉管辖权。

②高等民事上诉法院：各省均有一个高等民事上诉法院。高等民事上诉法院就区法院的上诉案件行使民事管辖权。设立高等民事上诉法院的目的是为了推进区法院的民事上诉案件。

③高等商业法院：斯里兰卡仅有一个高等商业法院，该法院坐落在斯里兰卡的首都科伦坡。高等商业法院对所有申请和诉讼进行审理并裁决行使专有管辖权，所涉申请、诉讼系由商业行为产生的金额超过5000000卢比的债务、损害或请求，且相关法律争议涉及公司和知识产权。

上诉法院对一审在省高等法院的上诉刑事案件具有管辖权。它还有权发调卷令、禁止令、强制判决令（发还再审令）、执行令和权利出示令状。斯里兰卡只有一个上诉法院，且位于科伦坡。

最高法院对宪法事务、基本人权保护案件有管辖权，对来自高等法院和上诉法院上诉案件享有终审管辖权，以及对咨询、选举请愿、违反议会特权和关于议会可以通过法律授权或规定的其他事项享有管辖权。

（2）仲裁

仲裁根据《仲裁法》的规定进行。根据仲裁协议仲裁的一方当事人，在作出仲裁裁决届满14日起1年内，可向商业高等法院申请执行。

2. 法律的适用

合同双方无论是斯里兰卡人还是外籍人士，也无论是在斯里兰卡境内还是在境外签订，都可以在合同中明确约定由外国法律管辖并根据外国法律解释。

（1）外国判决

根据《1937年第41号相互执行判决条例》，斯里兰卡对享有司法管辖权的外国判决可以予以执行。

前述条例规定，英国、毛里求斯、新加坡、乌干达、马来西亚、澳大利亚、新西兰和西萨摩亚的上级法院的判决均可在斯里兰卡执行。为使外国法院判决在斯里兰卡得到执行，判决确定债权人必须在这些法院判决作出之日起12

个月内（或法院允许的更长期限）随时向科伦坡地方法院申请登记判决。

斯里兰卡法院根据案情判断在斯里兰卡执行该判决公正且方便，即可命令登记该判决书。

（2）外国仲裁裁决

《仲裁法》规定，外国仲裁裁决不论由哪个国家作出，均应认为具有约束力。一旦一方当事人向高等商业法院提出申请，则该仲裁裁决可以根据《仲裁法》的规定被执行。不论裁决由哪个国家作出，拒绝承认或执行外国仲裁裁决具体理由如下：

①仲裁协议的一方当事人是某类无行为能力人，或者根据当事人双方均接受的法律所规定该协议为无效的，或者裁决作出国法律有规定，但当事人并未对合同所适用的法律作出说明的；

②该裁决被执行一方当事人没有得到关于选定仲裁员或仲裁程序的适当通知，或无法以其他方式提出其案；

③该裁决处理的争议不属于提请仲裁范围，或者包括对提交仲裁范围以外事项的决定；

④仲裁庭组成或仲裁程序构成，或者在不符合当事双方的约定或者没有协议约定的情况下，该组成不符合仲裁国法律；

⑤该裁决尚未对当事人具有约束力，或已被该裁决作出国法院或根据该国家法律搁置或暂停；

⑥除非仲裁法另有规定，外国仲裁裁决可在斯里兰卡得到承认和执行。

（四）印度尼西亚

1. 争议解决方式及机构

印度尼西亚有许多争议解决方式以解决商业纠纷，如诉讼、仲裁、调解、和解。

（1）诉讼

在诉讼中，印度尼西亚的司法系统包括：一般司法机构，处理一般的民事和刑事案件；宗教司法机构，处理与穆斯林家庭法律相关的继承、离婚等；军事司法机构；国家行政司法机构。

印度尼西亚法院由初审法院、上诉法院和翻案法院组成，这里"翻案"

179

是一个法语中的法律词汇，意思是打破判决效力、撤销判决或推翻判决。虽然初审法院和上诉法院因司法制度而异，但在翻案阶段，最高法院将管辖所有司法系统中的案件。

一般司法机构中的法院包括地方法院即初审法院，高等法院即上诉法院，以及最高法院即"翻案"法院和民事再审法院。

此外，在一般管辖法院框架下，还在某些地方法院设立了特别法庭处理特定类型的案件。商事法庭是由雅加达、泗水、三宝垄、棉兰和望加锡地方法院建立的专门管理商事领域的法庭，主要处理破产、止付和知识产权案件。雅加达、泗水、棉兰和望加锡地方法院也建立了人权法庭，处理严重违反人权的案件。此外，在雅加达也建立了税务法庭处理纳税人与政府机构关于税务征收及税务部门发布有关税务决定的纠纷。

除上述法庭外，也有许多特别法庭处理特别事务，如消费者和劳动法庭。

（2）仲裁

1999 年第 30 号法令《仲裁法和非讼纠纷解决程序》（以下简称《仲裁法》）对仲裁做了规定，包括国际仲裁和国内仲裁。《仲裁法》虽然没有明确规定可以在印度尼西亚国内设立仲裁机构，但印度尼西亚已经设立了几个仲裁机构，如印度尼西亚国家仲裁委（BANI）；伊斯兰教仲裁委（BASYARNAS），主要运用伊斯兰法律解决商事纠纷；资本市场仲裁委（BAPMI），致力于资本市场纠纷的解决；印度尼西亚商品仲裁机构（BAKTI）。所有的仲裁机构中，印度尼西亚国家仲裁委处理的纠纷最多。国家仲裁委于 1977 年由印度尼西亚商会发起建立，并在雅加达、泗水、登巴萨、万隆、棉兰、坤甸、巨港、巴淡这几个重要城市都设有办事处。

《仲裁法》规定，只有涉及由争议双方完全享有权利的商业领域争议才可以通过仲裁解决。以下领域属于商业领域：①商业；②银行；③金融；④资本投资；⑤工业；⑥知识产权。

《仲裁法》或其他法律并没有全面地规定调解与和解。不得不提的是，根据最高法院的规定，所有提交到法院的争议必须经过一个调解的前置程序。只有调解失败才能提交到法院。

2. 适用法律

印度尼西亚的法律系统仍然受殖民地时期的法律多元化影响。历史上，印度尼西亚采用过三部民事诉讼法：Het Herziene Indonesische Reglement(HIR)，适用于对爪哇岛和马都拉岛的本地人、非华裔民事案件有管辖权的法院；Reglement Buitengewesten(RBg)，适用于爪哇岛和马都拉岛之外的 landraden；Reglement op de Burgerlijke Rechtsvordering(Rv)，适用于对爪哇岛和欧洲人及华裔的民事案件有管辖权的法院和印度尼西亚当时的最高法院。上述法院已经不存在。

HIR（爪哇岛和马都拉岛的地方法院和高等法院适用）和 RBg（爪哇岛和马都拉岛之外的地方法院和高等法院适用）仍然适用于一般司法体系，除此之外，印度尼西亚有大量的国家法律（如司法部、上诉法院、最高法院的一般原则）和最高法院对民事诉讼作出规定的告知函。虽然 Rv（比 HIR 和 RBg 规定更细）不再适用，但在一些 HIR 或 RBg 没有充分规定的领域可以提供指导方向。

像其他大陆法系国家一样，印度尼西亚同样不适用判例法。但上级法院（尤其是最高法院）在实践中却有很高的权威性。为使法律具有确定性，法律面前一律平等，并具有统一性，某些上级法院的裁决被认为是"固定裁决"，通常被下级法院参照采用。然而，需要注意的是，法院裁决，包括"固定裁决"往往并不会被公开。

第五章　国际商事争端及其解决机制之探讨

一、国际商事争议及争议解决概况

（一）国际争端

1. 国际争端的类别

国际争端有广义和狭义之分，广义上包括国家行为体与非国家行为体之间的争端，狭义上指国家行为体之间的争端，即国家间关于事实上或法律上或对某项权益所持的立场、观点和主张不同而发生的对立和冲突。

国际争端是国际社会存在的一种客观现象，随着国家的产生、国家之间交往的开始和发展而出现，由于国家之间利益、主张、权利、要求甚至对客观事实认识等方面的差异和矛盾，就可能产生国际争端。

国际争端由于发生的原因和性质不同，具有四种不同的类型，第一类是法律争端；第二类是政治争端；第三类是事实争端；第四类是混合型争端。

2. 国际争端的解决方法

传统国际法把解决国际争端的方法分为强制和非强制两大类。

一类是强制方法，是一国为使另一国同意按其意愿解决争端而采取的单方行为，诸如反报、报复、平时封锁和干涉。早期西方一些国际法学者把战争和非战争的武力方法也列为强制方法，已被废弃。平时封锁和干涉与战争有着本质的联系，它们都直接或间接地涉及"使用威胁或武力"，属于强制性的非和平方法，为现代国际法所不容，应加以废弃和禁止。反报和报复，由于其可以作为主权国家具有的自助手段和自卫行为，对于国际法律秩序的维持尚有一定的积极意义，在严格遵守国际法的基础上和在特定条件下，则是允许的。

另一类是非强制方法，是和平解决国际争端的方法。《联合国宪章》第33条明确规定："任何争端之当事国，于争端之继续存在足以危及国际和平与安全之维持时，应尽先以谈判、调查、调停、和解、公断、司法解决、区域机关或区域办法之利用，或各该国自行选择之其他和平方法，求得解决。"此外，依据国际条约和国际实践，又把协商方法确认为和平解决国际争端的新方法。上述方法可概括为和平解决国际争端的政治方法、法律方法以及国际组织和区域组织解决办法。

（1）和平解决国际争端的政治方法

和平解决国际争端的政治方法包括谈判与协商、斡旋与调停、和解与调查。争端当事方直接谈判最适合国际关系的特点，使争端的解决达到双方都满意的结果。谈判是一种独立的方法，又为其他方法所包容。谈判应遵守国际法的基本原则和国际条约法关于达成协议的规则。

调查适用于由事实不清或对事实判断分歧引起的争端，即事实争端。但许多争端都涉及对事实的判断，因而调查又是一项解决争端的辅助方法。调查多以委员会的方式进行。

调停或斡旋。调停是在调停人的善意帮助下促成当事各方以和平方法解决争端。调停多用于争端各方尖锐对立的情况，其直接目的是为了缓和局势。

调停人应一秉善意，在经争端方同意的前提下进行调停。调解人的建议和调停人传达的争端方的意见，未经争端各方接受没有拘束力。调停成功，调停人可以参加谈判或和解；调停失败，调停人应退出。

调停是和平解决争端的一个步骤，一种辅助的方法。和解是以委员会的方式解决争端，和解委员会可以是常设的，也可以是特设的专案和解委员会。和解是在争端方同意的基础上，经和解委员会的工作促成争端方达成解决争端的协议。

（2）解决国际争端的法律方法

解决国际争端的法律方法有仲裁和司法解决。

仲裁，又称公断，1907年《和平解决国际争端公约》把它定义为"各国由它们自己选择的法官，在尊重法律的基础上解决它们之间的分歧"。

国际争端的司法解决，是指在争端当事国同意的基础上，由一个常设的国际司法机关，对于提交给它的争端根据国际法进行审理，作出有拘束力的判决。

国际投资争端按照不同的区分标准有不同的分类，而国内学者大多数倾向于按照主体对国际投资争端做出分类。按照争端双方的主体可以将国际争端分为三种：一种是资本输出国与资本输入国之间的投资争端；另一种是资本输出国私人投资者与资本输入国私人投资者之间的争端；第三种是投资者与东道国政府间的投资争端。

（二）国际投资争端

1. 国际投资争端的类型

国际投资争端即 international investment disputes，私人海外投资者同接受投资的东道国政府、企业或他方间的争议。按照争端主体不同可以分为外国投资者与东道国政府之间的争端、外国投资者与东道国投资者之间的争端以及外国投资者的投资企业与东道国国内其他企业之间的争端。

（1）外国投资者与东道国政府之间的争议

①因东道国政府的行政管理行为而引起的争议。东道国政府依其经济主权而享有管理外国投资、管理和监督外国投资者的权力，东道国政府在行使这些权力时可能会与外国投资者发生争议，这种争议可能是由于行政机关行使职权而引起的，也可能是国家公务员在执行公务时引起的。

②因东道国政府的立法行为而引起的争议。外国投资者还可能认为东道国政府的立法侵害其利益而引起争议，特别是东道国政府在外汇管制及税收方面的法律变化最可能引起争议，当然也可能因外国投资者违反东道国法律而发生争议。

③因特殊原因引起的争议。东道国政府依其经济主权对于外国投资同样享有国有化或征收的权力。东道国政府采取上述措施或东道国内乱都可能会给外国投资者造成损失，因而可能会涉及对国有化措施的合法性或因损失的补偿问题而发生争议。

④因特许协议而引起的争议。对于东道国政府与外国投资者签订的特许

协议，如果是由于对协议的解释或执行产生争议，因其不会引起关于东道国政府与外国投资者间基本关系或有关各方面全部安排和完整性的根本问题而较易解决，主要是根据契约的规定进行评判。但是如果是因东道国政府违反特许协议而产生争议，则问题就变得非常复杂了。

（2）外国投资者和东道国投资者之间的争议

这种争议主要体现为合资或合作企业中双方的利益分配及权力之争，应依其投资契约解决。

（3）外国投资企业与东道国国内其他企业之间的争议

这种争议在性质上属于东道国企业之间的争议，一般适用东道国国内法调整，因而较容易解决。

2. 国际投资争端的解决方式

解决国际投资争端的手段有政治手段，也有法律手段，包括司法诉讼和仲裁程序；有国内法解决，也有国际法解决。政治解决有两类，一是调停与斡旋，一是外交保护。前者只具有劝告性质，对当事人没有拘束力；后者指投资者本国政府出面，通过外交途径，对在国外的本国国民行使外交保护权。为了适应于解决国家和他国国民间投资争议，1965年在世界银行倡导下，制定并通过了《关于解决各国和其他国家的国民之间的投资争端的公约》，于1966年10月14日正式生效，并根据该公约成立了解决投资争端国际中心，设在世界银行主要办公处。公约及国际中心的目的在于使国际投资争端摆脱"政治和外交领域"，而纳入正常法律秩序的范畴，运用国际专设仲裁机构和程序予以解决。

在国际投资活动中产生争端是不可避免的，但是如何妥善地解决这些争端对于维护两国友好合作关系、促进长远发展和推动世界经济发展具有十分重要的意义。在实践中，对于解决国际投资争端已形成了如下几种解决方式。

（1）协商和调解

协商和调解是一种友好解决争议的方式。争端双方在自愿、平等互利、协商一致的基础上达成协议，使争议得到解决。这种争议解决方式的特点是简单、灵活、省时省力，更重要的是这种争议解决方式充分尊重了当事人意思自治原则，妥善解决争议双方产生的纠纷，有利于双方合作关系的进一步

185

发展。

（2）东道国当地救济

东道国当地救济指在争议发生后私人投资者根据东道国的程序法和实体法将争议提交给相关机构来解决。一国处于维护国家主权的目的，对其境内发生的纠纷享有当然的管辖权，法律另有规定或另有约定除外。

（3）外国法院诉讼

外国法院诉讼指在东道国以外的国家进行的诉讼，包括外国私人投资者或任何其他第三国的法院。实践中，权益被侵害的一方投资主体在寻求当地救济后权益仍无法得到保障而另一方主体又不愿意提起仲裁的情形下，权益被侵害方可以向外国法院提起诉讼。然而，在实践中，由于外国法院诉讼违反了属地管辖原则，因此通常会受到东道国政府的反对，所以向外国法院提起诉讼通常设有诸多限制条件，也因此给权益被侵害方增加了不必要的负担。

（4）外交保护

外交保护是指本国私人投资者在与东道国政府之间产生争端时，在用尽当地救济和采取其他维权措施均无法保障自己合法权益时请求本国政府通过外交手段来维护自己权益的一种救济方式。在实践中，这种争议解决方式存在诸多弊端，严重的可能会引发国家与国家间的力量抗衡，不利于世界和平与稳定。

（5）国际仲裁

国际仲裁是争议双方在纠纷发生后，按照之前订立的仲裁协议将争议提交给协议中约定的仲裁机构进行仲裁的一种纠纷解决方式。与诉讼相比，仲裁具有中立性、排他性、终局性、保密性等特点。对于仲裁庭的裁决，胜诉方可以根据《纽约公约》或其他国内法的有关规定向本国法院申诉，要求强制执行。败诉方可以充分合理的理由向受理执行申请的所在国法院申请撤销或不予执行仲裁裁决，法院在审查核实后，可裁定是否执行。

充分尊重当事人的意思自治且具有一裁终局等特点使得国际仲裁成为国际投资争端解决的重要方式，在解决国际投资争端方面发挥着重要作用。

3. 《华盛顿公约》

解决投资争端国际中心（International Center for Settlement of Investment

Disputes，ICSID）是 1966 年 10 月 14 日根据 1965 年 3 月在世界银行赞助下于美国华盛顿签署的、1966 年 10 月 14 日生效的《解决各国和其他国家国民之间投资争端的公约》（1965 年《华盛顿公约》）而建立的一个专门处理国际投资争议的国际性常设仲裁机构，它是国际复兴开发银行下属的一个独立机构。其主要宗旨是为参加该公约的各缔约国和其他缔约国的国民之间的投资争端提供调停和仲裁的便利，以排除政治干预和外交干涉，从而改善投资氛围，有利于国际私人资本不断流入发展中国家。

根据《华盛顿公约》，设立中心的宗旨在于专为外国投资者与东道国政府之间的投资争端提供国际解决途径，即在东道国国内司法程序之外，另设国际调解和国际仲裁程序。但中心本身并不直接承担调解仲裁工作，而只是为解决争端提供便利，为针对各项具体争端而分别组成的调解委员会或国际仲裁庭提供必要的条件，便于他们开展调解或仲裁工作，中心可以受理的争端仅限于一缔约国政府（东道国）与另一缔约国国民（外国投资者）直接因国际投资引起的法律争端。对一些虽具有东道国国籍，但事实上却归外国投资者控制的法人，经争端双方同意，也可视同另一缔约国国民，享受"外国投资者"的同等待遇。

调解和仲裁是"中心"的两种业务程序。按《华盛顿公约》规定，在调解程序中，调解员仅向当事人提出解决争端的建议，供当事人参考。而在仲裁程序中，仲裁员作出的裁决具有约束力，当事人应遵守和履行裁决的各项条件。《华盛顿公约》实际上是为了保障资本输出国（多为发达国家）海外投资者的利益，它尽可能把本来属于东道国的管辖权，转移给"中心"这一国际组织。

1965 年华盛顿公约主要规范关于缔约国与其他缔约国国民之间关于投资争端的解决机制，不涉及实体权利义务内容。甚至对于公约名称中"投资"一词，也有意没有定义，而留待缔约国之间通过双边投资协定（BIT）或者多边协定（MAI）解决。另外有关最惠国待遇（MFNT）、透明化、货币的自由兑换、征用补偿的程序与标准等都在这些投资协定中规定。Salini Costruttori S.P.A. 诉约旦一案的仲裁庭指出，最惠国待遇并不涵盖在投资协定中针对程序作出的规定。

公约的前言部分明确指出，公约本身不构成 ICSID 管辖权的基础，任何缔约国不因仅仅批准、接受、核准公约就被视为接受特定案件的管辖。

在 20 世纪 80 年代中期，几乎所有的 ICSID 案件的管辖权均源自缔约国与投资人之间的合同约定，而现在绝大多数的案件管辖权源于缔约国的法律规定或者缔约国之间签订的双边、多边投资协定。如北美自由贸易区协定就将 ICSID 作为争端解决途径之一。这说明，一方面 ICSID 获得了越来越多的国际社会的认可，另一方面虽然各缔约国作为主权国家，可以自由决定是否将特定的或者特定类型的投资争议提交或者不提交 ICSID，但是对于外国投资的需求迫使他们不得不放弃这方面的主张。

ICSID 与 WTO 的争端解决机制不同，ICSID 的案件一般都是一方为缔约国，一方为另一缔约国的国民，而争议的内容主要涉及缔约国是否违反了保护其他缔约国的国民（投资人）的国际义务。ICSID 的仲裁庭在审理案件中特别注意区分合同请求和 ICSID 请求。前者为私法意义上违约救济请求，而后者则主要是指缔约国违反条约义务或者其他国际法义务。在 Azinian 诉墨西哥一案中，仲裁庭指出单纯违反合同的政府行为并不足以构成 ICSID 的诉因，只有在缔约国弃绝正义（a denial of justice），如拒不受理合法诉讼、过分的迟延、严重的欠缺公正或者显然恶意的曲解法律，从而构成违反了公正对待（fair and equitable treatment）作为投资人的其他缔约国国民的国际义务（在本案中直接源于北美自由贸易区协定），才构成 ICSID 的诉因。

在双边投资协定中，缔约国往往约定保证履行或者遵守投资合同，这样的条款被称为伞式条款（umbrella clause）。在 SGS 诉巴基斯坦一案中，原告代理人即提出根据瑞士与巴基斯坦的双边条约中的伞式条款的约定，违反个别投资合同的行为升格或者转化为违反条约的行为，然而该仲裁庭却认为，将数量众多和内容各异的合同义务，都转换为国际公法上的国家义务显然不妥当。2006 年 4 月 27 日在 El Paso 国际能源公司诉阿根廷一案中，仲裁庭再次否定了伞式条款将合同义务升格的国际义务的主张。

ICSID 仲裁裁决的执行机制相当有效。这是因为一方面，不同于 WTO 争端解决机制，ICSID 裁决主要是金钱给付问题，对于缔约国而言，兑现承诺并不难；另一方面，由于 ICSID 与世界银行的关系，以及各缔约国均承认该仲裁裁决的效力，金钱给付裁决的执行还是十分容易解决的。

此外，ICSID 没有常设的上诉机制。

（三）国际商事争议

在当今国际商事交往中，由于各国法律有别、当事人的利益不同，以及其内在或外在、人为或自然的原因，难免发生这样或那样的商事争议，即国际商事争议。国际商事争议即是指国际商事交往中各方当事人之间在权利义务方面所发生的各种纠纷。为了促进和保障国际商事交往的正常进行，公正、及时、有效地解决国际商事争议是国际私法的重要任务。

1. 国际商事争议的特点

由于国际商事法律关系的特殊性和复杂性，国际商事争议既不同于国内商事争议，也不同于国际公法上的国际争端。国际商事争议具有如下特点。

（1）国际商事争议含有国际因素或涉外因素

国际商事争议或是不同国家的自然人、法人相互之间发生的争议，或是在特定情况下不同的国家、国际组织、不同国家的自然人或法人相互之间发生的争议，或是具有相同国籍的当事人之间基于跨国交易发生的争议，或是具有相同国籍而其营业所在不同国家的当事人之间的争议。简言之，国际商事争议的主体、客体或内容至少应有一个为涉外、跨国或国际因素。这一特点使国际商事争议同纯粹的国内商事争议区别开来。

（2）国际商事争议为国际私法争议

也就是说，国际商事争议是在国际商事领域发生的争议，是在商事事项上发生的商事争议，这一特点使国际商事争议同国家之间的政治、军事、外交和领土等争端区别开来。

（3）国际商事争议的解决方式多元化

国际商事争议既可以通过一国国内的商事争议解决机制来解决，也可以通过国际性的商事争议解决机制来解决。同时，协商、调解、仲裁和诉讼等多种争议解决方式广泛用于国际商事争议的解决。

2. 国际商事争议的类型

从不同的角度，根据不同的标准，可以对国际商事争议做如下几种主要的分类。

（1）主体不同

根据争议的主体不同，国际商事争议可以分为私人（包括自然人和法人）之间的争议、国家和外国私人之间的争议、国家之间的争议、国家和国际组织之间的争议、国际组织和私人之间的争议等。实践中，私人之间的争议最为普遍，后几类争议较为少见，通常只在特定情况下发生。国际商事争议的主体本应都是平等的，但在国家、国际组织参加国际商事活动时，它们处于特殊地位。争议主体地位不同，对争议的解决方式和法律适用均有影响。

（2）起因不同

根据争议的起因不同，国际商事争议可以分为契约性争议和非契约性争议。前者是指直接基于契约所产生的争议，而后者是指非直接基于契约所产生的争议。争议的起因不同有时会导致争议的管辖权、争议的解决方式以及当事人的权利和义务有所不同。

3. 国际商事争议的解决方式

国际商事争议解决方式是多种多样的。根据争议是否裁判解决，国际商事争议解决方式可分为非裁判性的解决方式和裁判性的解决方式。非裁判性的解决方式包括和解或协商、调解，裁判性的解决方式包括仲裁和司法诉讼。根据争议的解决是否有第三人介入，国际商事争议解决方式可分为当事人自行解决争议的方式和第三人参与解决争议的方式。当事人自行解决争议的方式包括和解或协商，第三人参与解决争议的方式包括调解、仲裁和司法诉讼等。通常使用的争议解决方式主要有和解、调解、仲裁和司法诉讼等。

在争议解决方式方面，所谓的"替代争议解决方式"（ADR，Alternative Dispute Resolution）越来越受到重视。替代争议解决方式是指司法诉讼以外的解决争议的各种方式的总称。替代争议解决方式主要包括和解、协商、调解、仲裁、无约束力仲裁、调解仲裁、小型审判、借用法官、私人法官、附属法院的仲裁以及简易陪审团审判等。替代争议解决方式一般是以当事人自愿为基础的，当事人意思自治原则在替代争议解决方式中非常重要。由于替代争议解决方式具有形式多样、程序灵活和快捷、费用低廉等优点，其越来越受到国际商事争议当事人的青睐，是非常流行的解决争议方式。

2018 年 6 月 29 日，最高人民法院第一国际商事法庭和第二国际商事法庭分别在广东深圳和陕西西安揭牌，受理当事人之间的跨境商事纠纷案件。最高人民法院民事审判第四庭负责协调并指导两个国际商事法庭工作。最高人民法院国际商事法庭的成立，开辟了新时代司法体制改革的又一块"试验田"。在这块"试验田"里，国际商事法庭持续耕耘司法改革的新沃土，探索国际商事纠纷解决的新思路，形成国际商事纠纷解决的新举措。根据《意见》第十一条，最高人民法院国际商事法庭建立"三位一体"的"一站式"国际商事纠纷解决平台，致力于支持包括仲裁、调解、诉讼在内的多元化纠纷解决机制的发展和完善。"在其他国际商事法庭，解决纠纷仅有审判一种方式，而当事人一进入中国国际商事法庭，就可以选择通过调解、仲裁和诉讼三种方式来解决纠纷。"国际商事专家委员会专家委员、对外经济贸易大学国际商法研究所所长沈四宝表示，调解、仲裁、诉讼相结合的"一站式"纠纷解决机制体现了中国国际商事法庭特有的东方智慧。

从国际层面来看，迪拜于 2004 年设立迪拜国际金融中心法庭、新加坡于 2015 年设立新加坡国际商事法庭、英国于 2016 年设立英格兰及威尔士商事与财产法庭，与此同时，哈萨克斯坦、荷兰、比利时等国的国际商事法庭也已设立并投入运营。

哈萨克斯坦作为"一带一路"沿线的重要国家，在其首都阿斯塔纳建立了阿斯塔纳国际金融中心。哈萨克斯坦议会对该国宪法进行了修正，允许在阿斯塔纳的金融领域运行一套特殊法律制度。随后，议会于 2015 年通过了《阿斯塔纳国际金融中心宪法令》（*AIFC Constitutional Statute*），批准设立阿斯塔纳国际金融中心，并批准在中心内部设立独立的法院。2017 年 12 月 5 日，阿斯塔纳国际金融中心管委会通过了《阿斯塔纳国际金融中心法院条例》（*AIFC Court Regulations*），就法院的各方面事项作出了具体规定。阿斯塔纳国际金融中心法院于 2018 年正式开始开展工作。

荷兰议会于 2017 年 7 月 18 日通过了《荷兰国际商事法庭法案》（*The Netherlands Commercial Court Act*），该法案于 2018 年 1 月 1 日正式生效。该法案包含了对于荷兰民事程序法典的修正案，修正案允许在阿姆斯特丹地区法院和上诉法院（荷兰国际商事法庭和荷兰国际商事上诉法庭的上层机构）使用英文作为工作语言。同时该法案还对荷兰民事诉讼法进行了修

191

正，对国际商事法庭的诉讼费用作出了特殊规定。荷兰国际商事法庭于 2018 年 1 月正式开展工作，其将成为荷兰第一个使用全英文进行工作的商事法庭，负责管辖涉及荷兰的复杂国际贸易纠纷。

比利时政府于 2017 年 10 月 27 日通过了设立布鲁塞尔国际商事法庭（Brussels International Business Court）的法案。根据比利时政府的声明，设立该法庭的目的在于应对英国脱离欧盟后激增的国际商务纠纷，通过提供一个新的司法工具吸引当事人在比利时解决纠纷，而无须前往海外或诉诸私人仲裁。通过这一方式，比利时希望将布鲁塞尔打造成一个新的国际商务中心。根据该法案的规定，布鲁塞尔国际商务法庭将使用英语举办听证会并印发判决书，法庭将依据专业技能选择法官，并且该法庭的判决将无法上诉，以确保纠纷取得快速、决定性结果。

二、主要的争端解决方式

长期业务关系通常是最有利可图的。经验丰富的高管和国际经理都明白这一点，因此无论是在个人层面还是在公司层面，他们都致力于建立这种关系。长期关系建立在信任之上。在当今世界，我们与之开展贸易的人的肤色、谈吐和举止与我们截然不同，生活与工作地点也与我们远隔重洋，这时我们与他人进行生意往来，信任就变得前所未有的重要。事实上，有种看法认为所有国际业务都建立在信任的基础上。任何威胁到信任关系的争端也会威胁到未来的商业机会，给个人和企业声誉带来无法弥补的伤害，并且对长期业务关系造成永久性损害。因此，当争端变得激烈时，它会费钱、费时，让双方都身心疲惫。毕竟，很有可能其中一方或者双方都要面对一场漫长且昂贵的诉讼。在外国法院，面对外国法官，使用外国语言，由外国实体法和程序法来判定他们的权利。通常当事人必须在不止一个国家聘请律师。因此，当分歧出现时，友好协商通常是最好的解决办法，它为双方重新挽回长期业务关系带来了希望。当事人之间的信任和信誉对于友好协商解决争端总是很有帮助的。但是，这种情况并不是总会发生，谨慎的国际商人在任何合同或风险中都会寻求法律意见，总是"抱最好的希望，做最坏的打算"。商业合同的谈判和起草无比重要。合同是一切讨价还价的基础，它的重要性再怎么强调也不为过。如果出现争端，合同中的相应条款则能为争端的解决提供基础。所以提前了解每一种争端解决方式的特点和程序并将自己想要通过哪种争端解决方式写进合同条款中对于当事人高效解决争议是十分必要的。

实际上文化因素会影响当事人对争端解决的态度。例如美国的律师以偏爱诉讼方式，通过迅速求助法庭寻求救济而著称。他们好斗的姿态导致了"要么赢，要么输"的心态。亚洲人则以竭尽全力寻求友好解决而著称。毕竟，按照亚洲的文化传统，追求和谐是一种美德，挑起争端则是恶习。这些差别在美国商人及日本商人达成合同或洽谈业务的方式中体现得淋漓尽致。在美国，将律师和企业顾问纳入谈判小组是十分普遍的做法。事实上，西方许多经理和高管从没有想过使用别的方式。但对于日本人来说，这种做法似乎有些挑衅、没有必要，甚至预示着分歧不可避免。

世界各地对于谈判的态度因国家而异，不应该一概而论。这给横跨不同大洲和文化的商业交易争端的解决带来了许多复杂的法律和战术问题。尤其是"一带一路"沿线国家数量众多，文化背景、经济发展水平、法律环境各不相同，思想、观念以及对争端的态度各异，差异性更大。假设有这样一场争端：一家中国制造商从一家印度供应商处采购了几千米布料。按照合同约定，布料运往越南进行刺绣加工，缝制成枕套。成品抵达中国时，发现已有损坏。显然，织物从印度发货时就有质量问题，但是，此次交易中越南公司并没有像通常那样检查货品。这家印度公司声称通知织物质量缺陷的期限已经过去很久，越南公司认为这不是自己的责任。那么，这家中国制造商应该向谁寻求赔偿？这几方当事人之间的关系还值得维护吗？这件事情就此打住，还是说制造商应该毫不留情？与一方签订的合同中是否规定了争端解决方案，比如调解、仲裁或诉讼，如果有，在何处，又是基于何种法律来解决争端？假如合同中对此没有规定，将采用何种法律来决定该案在何处适用何种法律来进行审理？最后，如果通过诉讼得到了裁决，跨国执法又将如何进行？这些都是我们应该考虑到的问题。

在国际商务中，相关争议的解决通常采取协商、调解、仲裁（arbitration）、诉讼等方式。

采取协商、调解这两种方式解决争议，程序简单，气氛和缓，成为交

193

易双方解决争议的首选。事实上，多数国际商务纠纷均由交易双方通过协商和第三方调解方式私下解决。若协商调解不成，双方才会进一步诉诸仲裁或诉讼。

仲裁（arbitration）是指双方协议将有关争议提交第三者（仲裁员）裁决的争议处理方式。"仲裁"就是由地位居中的人对争议事项公正地做出评判和结论。也就是说，居中公断。所谓商事仲裁，就是商事领域的仲裁制度，即商事关系的当事人通过合议，自愿将其有关争议提交给第三方，由其依据法律或依公平原则作出裁决，并承诺自觉履行该裁决所确定的义务的制度安排。

仲裁和诉讼这两种方式各有利弊，总的来看，仲裁方式对解决商务纠纷更为可取。仲裁条款也因之成为商务合同的标准条款。若打算通过仲裁解决争议，交易双方应订有书面仲裁协议。所谓仲裁协议，是指合同双方当事人同意将争议提交仲裁解决的意思表示，是仲裁机构受理案件的法律依据。

（一）调解

调解是指中立的第三方在当事人之间调停疏导，帮助交换意见，提出解决建议，促成双方化解矛盾的活动。在中国，调解主要有四种形式：诉讼调解，即法院在诉讼过程中的调解；行政调解，即行政机关在执法过程中的调解；仲裁调解，即仲裁机关在仲裁过程中的调解；人民调解，群众性组织即人民调解委员会的调解。

中国的调解历史悠久。原因在于：中国封建社会历史很长，又缺乏成文的民事法律作为审判根据；中国的传统文化与道德均提倡以和为贵，以让为贤。所以遇有民事权益纠纷，双方当事人习惯于在当地邀集同乡、同族中长辈耆老进行调解、鉴证。从婚丧嫁娶到买卖土地房产、继承遗产等纠纷，一般都愿在当地调解解决。《大明律集解附例》载："凡民间应有词状，许耆老里长准受于本亭剖理。"亭即指申明亭。辛亥革命后，有的地方也有"息讼会"的调解组织，但多数为当地绅士、族长、地主所把持。中华民国时期国民政府于1931年颁布的《区乡镇坊调解委员会权限规程》，对乡、镇调解委员会的组织、权限、调解方法等做了规定。但由于农村阶级的对立，调解委员会的实际领导权仍然掌握在绅士、族长、地主手里。

抗日战争和解放战争时期，中国共产党领导的陕甘宁边区政府以及各个解放区政府，把人民调解推进到一个新的发展阶段。在抗日战争时期尽管还有地主阶级，但他们在社会上已经从优势变为劣势，到解放战争时期，通过大规模的土地改革，人民群众当家做主，掌握了调解组织的领导权。从调解组织的实际活动中，人民相信它是解决民事纠纷的有力工具，于是大量民事纠纷都在当地及时解决了。

中华人民共和国成立后，人民调解获得了空前广泛的发展。在总结新中国成立前人民调解工作经验的基础上，政务院于1954年2月25日通过了《人民调解委员会暂行组织通则》，并公布施行。2010年8月28日第十一届全国人民代表大会常务委员会第十六次会议通过了《调解法》，并于2011年1月1日起施行。

1. 调解的种类

在中国，调解的种类很多。根据调解的主体不同，有人民调解、法院调解、行政调解、仲裁调解以及律师调解等。人民调解是人民调解委员会主持的调解；法院调解是人民法院主持的调解；行政调解是基层人民政府或者国家行政机关主持的调解；仲裁调解是仲裁机构主持的调解。在这几种调解中，法院调解属于诉内调解，其他都属于诉外调解。

（1）法院调解

法院调解又称诉讼内调解，包括调解活动、调解的原则、调解的程序、调解书和调解协议的效力等，是当事人用于协商解决纠纷、结束诉讼、维护自己的合法权益，审结民事案件、经济纠纷案件的制度。诉讼中的调解是人民法院和当事人进行的诉讼行为，其调解协议经法院确认，即具有法律上的效力。

《中华人民共和国民事诉讼法》规定，人民法院审理民事案件，应遵循查明事实、分清是非、自愿与合法的原则，调解不成，应及时判决。法院调解，可以由当事人的申请开始，也可以由人民法院依职权主动开始。调解案件时，当事人应当出庭；如果当事人不出庭，可以由经过特别授权的委托代理人到场协商。调解可以由审判员一人主持，也可以由合议庭主持，并尽可能就地进行。除法律规定的特殊原因外，一般应当公开调解。在法院调解中，被邀请的单位和个人，应当协助人民法院进行调解。在审判人员的主持下，双方当事人自愿、协商达成调解协议，协议内容符合法律规定的，应予批准。调解达成协议，人民法院应当制作调解书。调解书应当写明诉讼请求、案件的事实和调解结果，由审判人员、书记员署名，加盖人民法院印章，送达双方当事人签收后，即具有法律效力。下列案件调解达成协议，人民法院可以不制作调解书：①调解和好的离婚案件。②调解维持收养关系的案件。③能够即时履行义务的案件。④其他不需要制作调解书的案件。

（2）人民调解

人民调解又称诉讼外调解，是指在人民调解委员会主持下进行的调解活动。人民调解委员会是村民委员会和居民委员会下设的调解民间纠纷的群众性自治组织，在基层人民政府和基层人民法院指导下进行工作。人民调解工作应遵循的原则有：①必须严格遵守国家的法律、政策进行调解；②必须在双方当事人自愿平等的前提下进行调解；③必须在查明事实、分清是非的基础上进行调解；④不得因未经调解或者调解不成而阻止当事人向人民法院起诉。经调解达成的协议不具有法律效力，即诉讼外调解，又称群众调解或人民调解。18世纪末北欧各国已建立调解组织。1797年挪威将全国划分为若干调解区，各区设调解委员会，调解委员由人民选择有声望的人担任。到19世纪，美国和日本等国也先后建立了群众调解制度。

由于人民调解委员会是群众性组织，其成员扎根于群众之中，对群众之间的民事纠纷和轻微刑事案件，知根知底，所以调解委员的能动作用很大，方式灵活，方便易行。它突出的特点是能把纠纷解决在基层组织，还能起到宣传法制、预防纠纷、防止矛盾扩大的作用，因而受到人民群众的欢迎。由于人民群众的调解有强大的生命力，对调解民事纠纷、正确解决人民内部矛盾、加强人民之间的和睦团结、维护社会治安、促进社会主义的精神文明起着重要的作用，所以《中华人民共和国民事诉讼法（试行）》在第1编第1章基本原则中，明文规定了人民调解委员会的法律地位，使调解委员会成为国家提倡、支持的合法组织。此外，《中华人民共和国刑事诉讼法》规定，人民法院对于自诉的刑事案件也可以进行调解，自诉人在宣告判决前，可以同被告人自行和解或撤回自诉。自2021年1月1日起，《中华人民共和国民法典》施行，《中华人民共和国民法典》在婚姻、继承、侵权等方面也规定了调解的争议解决方式。

（3）仲裁调解

中国《经济合同法》规定，国内企业签订经济合同双方发生争议，可向合同管理机关申请仲裁。仲裁机构首先进行调解，调解不成再进行仲裁。在涉外民商事仲裁实践中，绝大多数案件均可调解解决，不仅受到中外当事人的欢迎，也受到了国际仲裁界的重视。1999年施行的《合同法》也秉承了这一做法。1982年3月通过并颁布的《中华人民共和国民事诉讼法（试行）》，总结发展了40多年仲裁调解经验，把调解列为基本原则之一，并提出对离婚应当进行调解。中国仲裁调解的重要特点在于调解范围广泛，不受诉讼案件或诉讼金额的限制，只要双方当事人同意或有调解的希望与可能，都可以按照调解程序进行调解。同时，调解程序贯穿于民事诉讼的各个阶段，不仅在仲裁前可以调解，在仲裁系属中的各个阶段均可以进行调解。仲裁调解并不意味着都在仲裁机构进行。仲裁人员调解一个民事案件，要对双方当事人做许多艰巨细致的思想工作，有时候还需要离开仲裁机构到当事人的住所，依靠群众，依靠当事人信赖的亲朋好友共同说服、疏导，使双方当事人心悦诚服，达成调解协议。因此，着重调解和就地办案就自然地联系起来，成为中国仲裁调解的又一特点。

（4）行政调解

行政调解是国家行政机关处理行政纠纷的一种方法。国家行政机关根据法律规定，对属于国家行政机关职权管辖范围内的行政纠纷，通过耐心的说服教育，使纠纷的双方当事人互相谅解，在平等协商的基础上达成一致协议，从而合理地、彻底地解决纠纷矛盾。行政调解是指在有关行政机关的主持下，依据相关法律、法规、规章以及政策，处理纠纷。行政调解达成的协议不具有强制约束力。

2. 调解的方式

调解员可以采用其认为有利于当事人达成和解的方式对争议进行调解。这种方式包括但不限于：调解程序开始之后，调解员可以单独或同时会见当事人及其代理人进行调解；调解员单独会见一方当事人的，可向他方当事人通报单独会见的情况，当事人另有要求的除外；调解员可以对争议进行面对面的调解，也可以进行背对背的调解；在调解过程中，调解员可以要求当事人，提出书面或口头的建议或方案；调解员可以根据具体案情，在征得当事人同意后，聘请有关专家就技术性问题提供咨询建议或鉴定意见；调解员可以要求当事人提交补充材料；在调解过程中，调解员可以根据已掌握的情况，依据公平合理的原则，向当事人提出解决争议的建议；经过调解，在当事人之间仍无法达成和解的情况下，调解员可以提出最后的建议或方案。

调解在调解中心所在地进行。如当事人另有约定，经调解中心同意，或由调解中心建议并经当事人一致同意，亦可在其他地点进行。由此产生的费用，由当事人承担。聘请有关行业的专家参与调解工作，所产生的费用，由当事人承担。经过调解，如当事人达成和解协议，由各方当事人在和解协议上签字或盖章。应当事人的要求，调解员可根据和解协议的内容，制作调解书，由调解员在调解书上签字并加盖调解中心的印章。除非为执行或履行之目的，和解协议或调解书不得公开。双方当事人签订和解协议时，可以在和解协议中加入仲裁条款。该仲裁条款的内容如下："本协议书对各方当事人均有约束力。任何一方均可将本和解协议提交中国国际经济贸易仲裁委员会，请求该会按照现行有效的仲裁规则进行仲裁。各方同意由仲裁委员会主任指定一名独任仲裁员，组成仲裁庭，进行书面审理。仲裁庭有权按照适当的方式快捷地进行仲裁程序，仲裁庭根据本和解协议的内容作出裁决书。仲裁裁决是终局的，对各方当事人均有约束力。"

3. 调解的程序

调解协议系指当事人在合同中写明的调解条款，或者以其他方式达成的同意以调解方式解决争议的协议。当事人之间没有调解协议，一方当事人申请调解的，调解中心也可以受理，并征求对方当事人的意见。凡当事人同意将争议提交调解中心进行调解的，均视为同意按照调解中心的调解规则进行调解。但当事人另有约定且调解中心同意的，从其约定。

当事人向调解中心提出调解申请时，按下述要求办理：提交调解申请书（一式四份），其中应写明或提供：申请人和被申请人的名称（姓名）和地址、邮政编码、电话、传真、电子邮件等；调解所依据的调解协议争议事实、证据材料和调解请求；其他应当写明的事项。如聘请代理人参与调解程序，应提交书面授权委托书。

在调解中心调解员名册中，选定或委托调解中心代为指定一名调解员。如当事人在争议发生前或发生后达成调解协议或就以调解的方式解决争议达成一致，则由申请人及被申请人按照本规则所附调解收费表的规定分别预交调解费的50%。如申请人在提出调解申请时尚未与被申请人取得联系，或双方尚未就以调解的方式解决争议达成一致，则申请人在提交前述材料的同时按照本规则所附调解收费表的规定先预交调解费的50%。

调解中心收到调解申请书及其附件后，经审查完毕，立即转送给被申请人一式一份。被申请人应在收到上述文件之日起15日内确认同意调解并在调解中心的调解员名册中选定或委托调解中心代为指定一名调解员，同时按照本规则所附调解收费表的规定预交调解费的50%。调解被申请人未在第十四条规定的期限内确认同意调解的，视为拒绝调解；在规定期限届满后确认同意调解的，是否接受，由调解中心决定。

（二）国际商事仲裁

1. 仲裁的定义与特点

订立仲裁协议既可以在争议之前，也可在争议之后。商务合同中常见的仲裁条款属于在争议之前订立的仲裁协议。

我国《仲裁法》第4条规定："当事人采用仲裁方式解决纠纷，应当双方自愿，达成仲裁协议。没有仲裁协议，一方申请仲裁的，仲裁机构不予受理。"我国《合同法》第128条规定：当事人可以通过和解或者调解解决合同争议。涉外合同的当事人可以根据仲裁协议向中国仲裁机构或者其他仲裁机构申请仲裁。当事人没有订立仲裁协议或者仲裁协议无效的，可以向人民法院起诉。2021年1月1日起《中华人民共和国民法典》生效，同时《合同法》废止，《民法典》虽然没有明确规定解决合同的方式，但是其第470条规定合同的内容由当事人约定，包括解决争议的方法。故当事人可以约定双方愿意采用的争议解决方法。

诉讼是人民或检察官请求司法官本着司法权做裁判的行为。在中国人的观念中，"诉讼"一词是由"诉"和"讼"两字组成的。"诉"为叙说、告诉、告发、控告之意，"讼"为争辩是非、曲直之意。两个字连用即为向法庭告诉，在法庭上辩冤、争辩是非曲直。如果就"诉讼"一词从法律角度下定义，可以简要地概括为：诉讼就是国家专门机关在诉讼参与人的参加下，依据法定的权限和程序，解决具体案件的活动。仲裁与诉讼相比，具有以下特点。

（1）诉讼时，法院是国家机器，具有法定的管辖权，法官由国家任命。仲裁属于民间行为与性质，仲裁员由双方当事人指定。

（2）诉讼时，争议双方没有任意选择法官和法院的权利。可以是一方提出，无须对方同意。仲裁时，争议双方可选择仲裁机构和仲裁员。需双方同意，不达成协议，任何一方无权强迫对方进行仲裁。

（3）法院开庭审理，只要有一方要求或提出即可。而设立仲裁，必须根据双方达成的仲裁协议。

（4）从程序上看，诉讼时间长、程序多、费用高，而且原告与被告之间关系紧张。而仲裁时间短、程序简便、费用低，且争议双方关系较缓和。

2. 仲裁协议的作用

根据大多数国家法律，有效的仲裁协议必须载有请求仲裁的意思表示、选定的仲裁委员会和约定仲裁事项；必须是书面的；当事人具有签订仲裁协议的行为能力；形式和内容合法等。否则，该仲裁协议无效。一般来说，仲裁协议具有以下方面的作用：

（1）约束合同双方当事人只能以仲裁方式解决争议，不得向法院起诉；

（2）排除法院对有关案件的管辖权，如果一方违背仲裁协议，而自行向法院起诉，另一方可根据仲裁协议要求法院不予受理，并将争议退交仲裁庭裁断；

（3）仲裁机构取得对争议案件的管辖权。

上述三项作用中最主要的是第（2）条，即排除法院对争议案件的管辖权。因此，双方当事人不愿将争议提交法院审理时，就应在争议发生前在合同中规定出仲裁条款，以免将来发生争议后，由于达不成仲裁协议而不得不诉诸法院。

3. 仲裁协议的基本内容

仲裁协议必须具备一定的内容。在国际商事仲裁（international

commercial arbitration）实践中，通常认为仲裁协议应具备以下内容：提交仲裁的意思表示、仲裁事项、仲裁地点、仲裁机构、仲裁规则和仲裁裁决的效力等。

（1）仲裁地点

国际商务合同的当事人双方往往远隔重洋，一旦发生争议，无不希望在本国仲裁。若事先对仲裁地点未作规定，届时难免发生分歧。仲裁地点的选择与仲裁适用的规则与法律有密切关系。在哪国（地区）仲裁，通常就适用该国（地区）的仲裁规则（arbitration rules）和程序法（procedural law）。有关仲裁地点的常见规定包括：①在出口国仲裁；②在进口国仲裁；③在双方同意的第三国仲裁；④在被告所在国仲裁。

（2）仲裁机构

国际商务仲裁机构有两种形式：一种是常设仲裁机构，另一种是临时仲裁机构。据此，可将国际商务仲裁分为两类，即"机构仲裁"和"临时仲裁"。常设仲裁机构可分成三类。

①国际性仲裁机构，如国际商会仲裁院（Court of Arbitration of the International Chamber of Commerce，Paris）。

②国内仲裁机构，如伦敦国际仲裁院（The London Court of International Arbitration）、美国仲裁协会（American Arbitration Association）、斯德哥尔摩商会仲裁院、苏黎世商会仲裁院、日本国际商事仲裁协会等。我国常设的涉外商事仲裁机构是中国国际经济贸易仲裁委员会（又称中国国际商会仲裁院）和中国海事仲裁委员会。

③行业性仲裁机构，如伦敦谷物与饲料贸易协会（Grain and Feed Trade Association，GAFTA）、伦敦海事仲裁员协会（London Maritime Arbitrators' Association，LMAA）、纽约海事仲裁员协会（Society of Maritime Arbitrators，SMA）等。

（3）仲裁程序

仲裁程序主要规定进行仲裁的程序和做法，包括仲裁申请、仲裁庭组成、案件审理、仲裁裁决效力、仲裁费用支付等事项。各国的常设仲裁机构一般都制定有仲裁程序规则，规定仲裁的程序和具体做法，为仲裁机构、仲裁员、争议各方提供了一套仲裁的行为准则。具体的商事仲裁程序如图 5-1 所示。

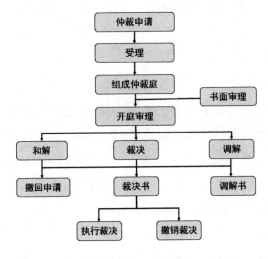

图 5-1　仲裁程序流程图

一般而言，在哪个仲裁机构进行仲裁就应适用该机构的仲裁规则。但一些仲裁机构也允许争议双方协商确定适用的仲裁规则。仲裁适用的实体法由当事人双方在合同中确定，或根据仲裁地所在国的冲突法确定与交易有最密切关系的法律。

仲裁申请是仲裁机构立案受理的前提。根据《中国国际经济贸易仲裁委员会仲裁规则》，我国仲裁机构受理争议案件的依据是双方当事人的仲裁协议和一方当事人（申请人）的书面申请。仲裁机构收到仲裁申请书及有关附件后，经审查确认申请人申请仲裁的手续完备，即予立案，并即向被申请人发出仲裁通知。案件提交仲裁后，即由争议双方当事人或法定机构所指定的仲裁员组成仲裁庭对案件进行审理并作出裁决。根据一般惯例，允许争议双方在仲裁协议中规定仲裁员的人数和仲裁员的指定方式。如果仲裁协议未作规定，则根据仲裁法或仲裁规则的规定办理。

需要注意的是，仲裁裁决通常都是终局性的，对双方当事人都有约束力。在某些特殊情况下，允许争议当事人就仲裁裁决向上一级仲裁机构或法院上诉，对一些明显违背法律的裁决予以重新审查。仲裁费用通常由败诉方承担。

4. 仲裁裁决的承认与执行

仲裁裁决的承认是指法院根据当事人的申请，依法确认仲裁裁决具有可予以执行的法律效力。仲裁裁决的执行是指当事人自动履行仲裁裁决，或法院根据一方当事人的申请依法强制另一方当事人执行仲裁裁决。仲裁裁决具备法律效力。如一方不愿执行裁决，另一方可向法院申请强制执行。

对于本国仲裁机构所作的裁决，申请法院执行相对容易。外国仲裁裁决在本国执行，或本国仲裁裁决在外国执行相对比较困难。原因是：有关外国仲裁裁决的执行，不仅事关争议双方当事人的权益，也涉及两国双边关系和仲裁裁决的相互承认问题。

关于仲裁与裁决执行的国际公约有：国际商会倡导由国际联盟制定的《关于仲裁条款的日内瓦议定书》（1923）、《关于执行外国仲裁裁决的公约》（1927），以及在联合国主持下，1958 年在纽约缔结的《承认和执行外国仲裁裁决公约》（*Convention on the Recognition and Enforcement of Foreign Arbitral Awards*），简称《纽约公约》（1958）。据联合国官网 2020 年 4 月 2 日消息，帕劳加入《承认及执行外国仲裁裁决公约》（《纽约公约》）的文书于 2020 年 3 月 31 日生效，帕劳正式成为《纽约公约》第 163 个缔约国，公约于 2020 年 6 月 29 日对帕劳生效。《纽约公约》成为承认和执行外国仲裁裁决最重要的国际公约。我国于 1986 年加入该公约，公约于 1987 年 4 月 22 日起在我国生效。

《纽约公约》的核心内容是：要求各缔约国承认当事人之间书面仲裁协议的法律效力，并根据公约的规定和申请执行地的程序，承认和执行外国仲裁裁决。作为公约成员国，我国仲裁机构的涉外仲裁裁决在公约签字国可由当事人直接向有管辖权的外国法院申请承认和执行。外国仲裁裁决需要我国法院承认和执行的，争议一方当事人也可直接向被执行人住所或其财产所在地的中级人民法院申请。我国法院将根据公约或按照互惠原则办理。

（三）国际商事诉讼

商事诉讼是因商事纠纷引发的诉讼，是民事诉讼的一种。商事纠纷是指商事法律关系主体之间在商事活动中发生的具有一定经济内容的纠纷。

商事法律关系主体，是指参加到商事法律关系中来，并在法律上享有和承担一定的商事权利和义务的当事人，包括国家机关、企业和其他经济组织、事业单位和社团、个体工商户、农村承包经营户和公民以及外国企业和其他经济组织及外国公民。

商事法律关系主体是真正的市场主体，在市场经济中享有平等的民事权利，承担平等的民事义务。

较一般的民事诉讼，商事诉讼具有明显的商事属性，如在诉讼主体方面，商事诉讼的当事人主要是依法从事营利性经营活动的商事主体；在诉讼请求的内容方面，权利人追求的主要是商业上应当实现的经济利益；在诉讼裁判依据的实体法方面，主要适用公司法、保险法、票据法、证券法、破产法等商事法。

1. 诉讼主体

商事诉讼主体，是指依法参与诉讼活动，享有权利并承担义务的公民、法人或其他组织。它主要包括三种类型：主导诉讼活动的国家审判机关，如各级法院；商事纠纷的双方或者多方当事人，即诉讼的原告和被告；诉讼当事人以外的其他诉讼参与人，包括诉讼代理人、证人、鉴定人等。

（1）法院

法院是在现代国家中职掌审判、解决争议、解释法律、执行司法权的机关。负责审理人与人、人民与政府或政府各部门之间的争议，并作出判决。随各国采取法律制度的不同，法院也有不同的架构。一般来说，法院以追求正义和公平为标准。

在商事诉讼中，法院是商事诉讼活动的主导者，是具体诉讼案件的组织者、指挥者和最终裁判者，它决定着案件的受理、审理和裁判的整个过程。法院依据法律规定的权力和程序，依法审理和裁决纠纷，对于商事纠纷的公开、公平和公正解决具有决定作用。

（2）诉讼当事人

商事诉讼当事人，是指因商事纠纷而以自己的名义参加商事诉讼活动，并受法院裁判约束，与案件审理结果有直接利害关系的公民、法人和其他组织。这是商事纠纷的直接利害关系人，往往是诉讼活动的发动者（原告）、诉讼请求的承受者（被告）或者争议利益的相关者（第三人）。他们是商事诉讼活动的主体，是商事裁判后果的直接承担者，有权参与诉讼活动，充分行使自己的程序权利和实体权利，以维护自己的合法权益。

（3）商事诉讼代理人及其他诉讼参与人

商事诉讼代理人，是指根据法律规定或者当事人的委托，为当事人的利益而代理其参与诉讼活动，其诉讼活动的后果由被代理人承担的人。代理人参与商事诉讼，必须依据法律的规定或者当事人的明确授权，在代理权限范围内，以当事人的名义进行。诉讼代理人参与诉讼活动的目的在于维护当事人的诉讼权益，其诉讼行为的后果也由其代理的当事人承担。商事诉讼代理人往往能以自己的特定身份或者专业知识，积极参与诉讼活动，为保障诉讼活动的正常进行，维护当事人的合法权益起到积极作用。

其他诉讼参与人，主要是指除上述人员以外的其他参与到诉讼活动中的人，主要包括证人、鉴定人、勘验人、翻译人等。他们与案件所争利益没有直接关系。其参与诉讼活动的原因往往是因为他们具备某些特定的条件，能够为法院查明争议事实，进而作出公正裁判提供一定的协助。他们积极参与商事诉讼活动，是使诉讼活动得以顺利进行的重要保证。这些参与人应当积极、客观地协助法院查明案件事实，促进商事纠纷的顺利解决，维护法院审判活动的权威和公正。

此外，在中国，人民检察院依法行使抗诉权，对法院的审判活动进行法律监督，维护当事人的合法权益，保障国家法律的公正实施，是商事诉讼的重要主体。

2. 商事诉讼的效力

商事诉讼的效力，是指商事诉讼在何时、何地，对何人、何事直接发生作用，包括对人的效力、对事的效力、对空间的效力和对时间的效力四个方面。我国现行《民事诉讼法》于1991年4月9日公布实施，2007年10月28日、2012年8月31日、2017年6月27日经全国人大常委会修订。根据法律适用的一般原则，该法对于其生效之前发生并审理的民商事案件，不溯及既往。虽然民事实体法没有溯及力，但民事诉讼法作为程序法具有溯及力。根据2013年1月1日起施行的《最高人民法院关于修改后的民事诉讼法施行时未结案件适用法律若干问题的规定》司法解释第1条，2013年1月1日未结案件适用修改后的民事诉讼法，但本规定另有规定的除外。前款规定的案件，

2013 年 1 月 1 日前依照修改前的民事诉讼法和有关司法解释的规定已经完成的程序事项，仍然有效。凡该法公布之后才受理的案件，或诉讼活动尚在进行之中的民商事案件均应适用修订的《民事诉讼法》的规定。根据该司法解释，民事诉讼中的民商事诉讼活动法律适用问题要根据具体情况来看。

（1）对人的效力

对人的效力，是指商事诉讼活动对于哪些人可以适用。基于国家主权原则对于司法管辖的一般要求，商事诉讼不仅适用于中华人民共和国公民、法人和其他组织，也适用于在我国进行诉讼的外国人、无国籍人或国籍不明的人，以及在我国进行诉讼的外国企业和组织。当然，享有司法豁免权者除外。从权利的角度讲，凡在我国进行商事诉讼的人在诉讼中都享有商事诉讼权利，负有商事诉讼义务。

（2）对事的效力

对事的效力，是指对哪些商事纠纷应当适用商事诉讼。明确对事的效力，有助于法院受理并审结案件，减少或避免法院和其他国家机关之间因职责不明而可能发生的争执，同时也方便当事人起诉。公民之间、法人之间、其他组织之间，以及他们相互之间因商事纠纷引起的争议，除可能因仲裁协议等其他原因排除司法管辖的，都可以依法提起商事诉讼。

（3）对空间的效力

对空间的效力，是指商事诉讼在什么样的空间范围内可以适用。如在中国进行的商事诉讼活动，适用于中华人民共和国的一切领域，包括陆地、水域及其地下层和上空以及延伸领土等。需要注意的是，中国香港地区、中国澳门地区实行"一国两制"，对台湾地区也采取类似的办法。中国香港、中国澳门和中国台湾地区发生的商事纠纷，不适用中国大陆的商事诉讼。

（4）对时间的效力

对时间的效力，是指商事诉讼何时生效、何时终止效力以及法律对其生效以前的时间和行为有无溯及力。

法律的溯及力或法律溯及力，也称法律溯及既往的效力，是指法律对其生效以前的事件和行为是否适用。如果适用，就具有溯及力；如果不适用，就没有溯及力。法律一般以不溯及既往为原则。目前各国采用的通例是"从旧兼从轻"的原则,即新法原则上不溯及既往,但是新法不认为犯罪或者处刑较轻的,适用新法。但在某些有关民事权利的法律和程序法中,法律有溯及力。

3. 商事诉讼的基本原则

商事诉讼的基本原则,是指由法律规定的指导整个商事诉讼活动的基本行为准则。它对法院进行审判活动及当事人、代理人和其他诉讼参与人参与诉讼活动,具有重要的指导意义。一般来说,这些基本原则主要有当事人诉讼权利平等原则、处分原则、辩论原则等。

（1）当事人诉讼权利平等原则

当事人诉讼权利平等原则,是指在商事诉讼中,当事人平等地享有和行使诉讼权利。任何一方不得有高于另一方的特权存在。这种平等首先来源于当事人实体法律地位的平等,双方当事人都是平等的商事主体,平等地参与各种商事活动,平等地享有各种商事权利,而诉讼活动是商事实体活动的自然延伸,实体法律地位上的平等必然要求双方在诉讼活动中同样地拥有平等的地位,享有平等的权利。其次,诉讼地位的平等还来源于程序公正的客观要求,商事诉讼活动是法律主导下的一种审判程序,程序公正是商事诉讼活动的题中应有之义,只有确认争议各方当事人享有平等的诉讼地位和权利,才能保障审理过程客观公正地进行。

（2）处分原则

处分原则,是指当事人在商事诉讼的过程中有权在法律许可的范围内自主地处分自己的民事实体权利和诉讼权利。处分原则是私法自治原则在商事诉讼活动中的体现,商事诉讼解决的是当事人的私权,而根据私法自治原则,对于私权,只要不违背法律的强行性规定,不损害国家利益和社会公共利益,当事人有权在行使或者放弃之间自行决定,在诉讼过程中也不例外。其内容包括三个方面:①处分权的主体限于商事诉讼当事人及其法定代理人,委托代理人只能在其代理权限内享有该权利。②处分权包括处分自己的实体权利和诉讼权利两个方面。③处分原则贯穿于诉讼程序的始终。在诉讼程序提起后至法院的最后裁判作出前,当事人可以自主决定是否或者怎样行使该权利。

（3）辩论原则

辩论原则,是指在法院的主持下,当事人在商事诉讼过程中有权就案件事实和争议问题，各自陈述其主张和根据，互相反驳和答辩。这是诉讼程序自身的要求，因为诉讼程序本身是解决争议的过程，而解决争议首先要厘清事实，厘清事实就需要认定相关证据，倾听各方主张，进而需要通过争论、质证等辨明是非和真相，辩论就是这样一个过程。它包括四个方面的内容：①辩论主体限于当事人及其代理人。②辩论形式包括书面和口头两种。③辩论的内容可以围绕商事纠纷的实体问题进行，也可以围绕商事诉讼的程序问题进行，不过通常有关实体的辩论是双方辩论的核心内容。④辩论权的行使可以贯穿整个诉讼过程。

4. 商事诉讼的基本制度

商事诉讼的基本制度，即商事审判的基本制度，是指法院审判商事案件所必须遵循的基本操作规程。它有别于商事诉讼的基本原则，基本原则具有宏观性和指导性，往往贯穿于商事诉讼的整个过程。基本制度则体现为一些具体的操作规则，其主要目的和作用在于规范法院的审判活动。我国及大多数国家商事诉讼的基本制度主要包括合议制度、回避制度、公开审理制度和两审终审制度。

（1）合议制度

合议制度，是指由三名以上的审判人员组成合议庭，代表法院行使审判权，对案件进行审理并作出裁判的制度。这是一种集体审判制度，可以避免由一人审判可能产生的不足，有利于提高审判质量，保证案件的正确处理。这也是法院审判商事案件的基本组织形式，除简单的诉讼案件可以采取独任审判制外，其他各种商事纠纷，包括一般、重大、复杂和疑难的商事纠纷，都应组成合议庭进行审理。

（2）回避制度

回避制度，是指审判人员和其他有关人员遇有法律规定不宜参加案件审理情形时，退出案件审理活动的制度。其适用对象首先是法官，包括职业法官和非职业法官（陪审员）。其次是其他有关人员，包括书记员、翻译人、鉴定人、勘验人等。审判人员有下列情形之一的，必须回避，当事人有权用口头或者书面方式申请他们回避：①是本案当事人或者当事人、诉讼代理人的近亲属；②与本案有利害关系；③与本案当事人有其他关系，可能影响对案件公正审理的。此外，审判人员接受当事人、诉讼代理人请客送礼，或者违反规定会见当事人、诉讼代理人的，当事人有权要求他们回避。其直接目的在于，排除与案件有利害关系的法官等参与案件的处理过程，以保证案件得到公正审理。

（3）公开审理制度

公开审理制度，是指法院对民事案件的审理过程和判决结果向群众和社会公开的制度。这是对诉讼案件进行审判的基本制度，它有两方面的基本要求：①审判要向群众公开，允许群众旁听案件的审判活动；②审判要向社会公开，允许大众传媒对案件的审判情况进行采访和报道。除涉及国家秘密等不应公开审理及涉及商业秘密等可以不公开审理的案件外，商事诉讼案件的审理都应当公开进行，而且不论是否公开审理，都应当公开审判。

（4）两审终审制度

两审终审制度，是指一个商事案件经过两级法院的审判即告终结的制度。也就是说，对于一般的商事案件，一审法院的判决和裁定并不立即发生法律效力，而允许在规定的时间内提出上诉，经过二审法院审理后作出的判决和裁定，一经宣判，立即发生法律效力。这是我国及大多数国家实行的诉讼制度。这样，可以减少当事人的诉讼，避免各种纠纷长期处于不确定的状态之中，有效减轻高级法院和最高法院的负担，使其更好地将精力放在对审判业务的监督和指导当中。同时，审判监督程序也能够有效纠正两审终审后仍然存在的不公正裁判问题。2018年6月最高人民法院设立了两个国际商事法庭，第一国际商事法庭设立在广东省深圳市，第二国际商事法庭设立在陕西省西安市，最高人民法院民事审判第四庭负责协调并指导两个国际商事法庭工作。国际商事法庭是最高人民法院设立的专门处理国际商事纠纷的常设审判机构，案件审理由三名或者三名以上法官组成合议庭进行。国际商事法庭依法实行一审终审制，作出的判决、裁定是发生法律效力的判决、裁定。

5. 国际商事诉讼

国际商事争议发生后，如果不存在有效的仲裁协议，任何一方当事人都可以向有管辖权的法院起诉，请求司法解决，这就是国际商事诉讼。尽管国际商事诉讼存在程序严格、烦琐及法官专业知识欠缺等不足，但它作为调解或和解与仲裁外的另一种补救手段仍然具有重要意义。下面仅就国际商事诉讼中外国当事人的诉讼地位、诉讼管辖权以及商事诉讼的一般程序问题作简要介绍。

（1）外国当事人的诉讼地位

外国当事人的诉讼地位是指外国自然人或法人在某一国家境内享有什么样的诉讼权利、承担什么样的诉讼义务，以及具有什么样的诉讼行为能力。外国人在某一国境内具有一定的诉讼地位是国际商事诉讼开始进行的前提，各国的诉讼法及有关国际公约都对此作了明确规定：①规范外国自然人诉讼权利义务的一般原则是国民待遇原则，即规定外国人享有与本国国民同等的民事诉讼权利，承担同样的诉讼义务；②确定外国自然人的诉讼行为能力原则上依属民法，但为保护善意的对方当事人，尤其是本国国民的合法权益，各国又补充规定，如果依法院地方法有关外国人具有诉讼行为能力，即视为有行为能力；③外国法人的诉讼地位一般都由诉讼法作出特别规定。

（2）诉讼管辖权

国际商事诉讼的管辖权是指一国法院有受理和审判具有国际因素或涉外因素的商事案件的权限。它要解决的是某一特定的国际商事案件究竟哪个国家的法院具有管辖权的问题。由于彼此政治经济利益的不同，各国关于诉讼管辖权的规定各异，故至今国际上尚未形成统一的国际商事诉讼管辖权制度，现将几个主要国家关于诉讼管辖权确定的规则介绍如下。

①英美法系国家一般将诉讼分为对人诉讼和对物诉讼。对人诉讼指仅能对特定的债务人提起，以保护特定债权人的诉讼；对物诉讼是指可对任何侵害人提起，以保护物权和身份权的诉讼。英美法系国家的法院根据"有效控制原则"分别确定对这两类诉讼是否具有管辖权。在对人诉讼中，只要被告在送达传票时处于本国境内，有关传票能有效送达该被告，本国法院就对此案件具有管辖权；在对物诉讼中，只要有关财产处于本国境内，或有关被告的住所处于本国境内，本国法院就对该案件具有管辖权。

②以法国为代表的拉丁法系各国一般根据有关当事人的国籍来确定一国法院的管辖权，规定本国法院对有关本国国民的诉讼具有管辖权，即便有关诉讼与本国毫无联系也不例外。

③德国、奥地利、日本等国根据被告人的住所来确定本国法院对有关案件是否具有管辖权，同时把依国籍确定管辖权作为例外。比如规定除了如不动产物权诉讼、继承案件等由本国法院专属管辖的案件外，其他案件都依被告的住所地来确定国际商事诉讼管辖权，而有关婚姻案件和各种涉及身份关系的诉讼才由当事人的国籍法院管辖。

④在中国，根据主权原则，涉外商事诉讼应当适用我国法律，我国缔结或者参加的国际条约同我国法律有不同规定的，适用该国际条约的规定，但我国声明保留的条款除外。如果商务合同在我国领域内签订或者履行，或者诉讼标的物在我国领域内，或者被告在我国领域内有可供扣押的财产，或者被告在我国领域内设有代表机构，可以由合同签订地、合同履行地、诉讼标的物所在地、可供扣押财产所在地、侵权行为地或者代表机构住所地法院管辖。

（3）商事诉讼的程序

商事诉讼的一般程序通常包括起诉、受理、审理前的准备、开庭审理和宣判等步骤，如一方当事人不服一审法院的未生效裁判，在法定期限内向上一级法院提出上诉，上一级法院对案件进行重新审理所适用的程序与一审程序基本相同。图5-2为中国法院对商事诉讼审理的一般程序。

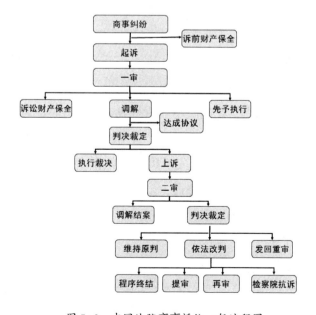

图5-2　中国法院商事诉讼一般流程图

①起诉和受理

起诉，是指当事人认为自己的合法权益受到侵犯或与他人发生商事纠纷，以自己的名义向法院提起诉讼，请求法院依法进行裁判的行为。起诉是当事人的一项重要诉讼权利，是商事诉讼开始的前提。起诉必须符合下列条件：原告是与本案有直接利害关系的公民、法人和其他组织；起诉必须有明确的被告；起诉要有具体的诉讼请求和事实、理由；所诉的事项属于人民法院受理民事诉讼的范围；所诉案件属于受诉人民法院管辖。

起诉要提交起诉状，并按对方当事人的人数提交副本，书写起诉状要用钢笔、毛笔或签字笔，不能用圆珠笔。法院收到起诉状，经审查，认为符合起诉条件的，应当在 7 日内立案，并通知当事人；认为不符合起诉条件的，应当在 7 日内裁定不予受理；原告对裁定不服的，可以提起上诉。

②审理前的准备

审理前的准备，是指法院在受理案件后至开庭审理前，为保证诉讼的顺利进行，依法所做的各项准备工作。这些准备工作主要包括：在立案之日起 5 日内将起诉状副本发送被告，被告提出答辩状的，法院在收到之日起 5 日内将答辩状副本发送原告。在受理案件通知书和应诉通知书中向当事人告知有关的诉讼权利义务，或者口头告知。组成合议庭，并在合议庭组成人员确定后，3 日内告知当事人。认真审核诉讼材料，调查收集必要的证据。通知必须共同进行诉讼的当事人参加诉讼。决定是否采取诉讼保全或先予执行措施等。诉讼保全，是指人民法院在民事案件作出判决前，对于可能因当事人一方的行为或者其他原因，使判决不能执行或难以执行时，为了保证将来作出的判决得以顺利执行，或为了避免财产遭受损失，对当事人的财产或争议的标的物所采取的一种强制措施。先予执行，是指人民法院在终局判决之前，为解决权利人生活或生产经营的急需，依法裁定义务人预先履行一定数额的金钱或者财物等措施的制度。

③开庭审理和宣判

开庭审理，是指在当事人及其他诉讼参与人的参加下，法院依照诉讼程序，在法庭上对案件当事人所争议的事实问题和法律问题进行审理的全部诉讼活动。这是第一审普通程序的一个最基本、最主要的诉讼阶段，是审判过程的中心环节。法院审理商事纠纷，除涉及国家秘密等应不公开审理及因涉及商业秘密等当事人申请不公开审理外，都应公开审理。

适用普通程序开庭审理一般包括开庭准备、法院调查、法庭辩论、合议庭评议和宣告判决等阶段。无论是否公开审理，宣告判决一律公开进行。宣判有当庭宣判和定期宣判两种。当庭宣判时，应当在 10 日内发送判决书。定期宣判的，宣判后立即发给判决书。宣告判决时，必须告知当事人上诉权利、上诉期限和上诉的法院。法院适用普通程序审理的案件，应当在立案之日起 6 个月内审结。有特殊情况需要延长的，由本院院长批准，可以延长 6 个月；还需要延长的，报请上级法院批准。

④二审

二审或第二审程序，亦称上诉程序，是指当事人不服第一审法院的未生效判决，在法定期限内向上一级法院提出上诉，上一级法院对案件进行重新审理所适用的程序。

提起上诉必须符合以下法定条件：上诉的对象必须是法律允许上诉的判决或裁定，包括各级法院一审普通程序所作判决，二审法院发回重审后的判决，一审法院按审判监督程序再审所作判决，一审法院所作的不予受理裁定、驳回起诉裁定、处理管辖权异议裁定、驳回破产申请裁定等；必须有合格的上诉人和被上诉人，包括一审的原告、被告、共同诉讼人、诉讼代表人、有独立请求权的第三人等；必须在规定的期限内提出上诉，当事人不服一审裁定的，应在裁定书送达之日 10 日内向上一级法院提起上诉；上诉必须递交上诉状。上诉状应当通过原审法院提出，并按照对方当事人或者代表人的人数提出副本。当事人直接向第二审法院上诉的，第二审法院应当在 5 日内将上诉状移交原审法院，原审法院收到上诉状，应在 5 日内将上诉状副本送达对方当事人，对方当事人在收到之日起 5 日内提出答辩状。法院应当在收到答辩状之日起 5 日内将副本送达上诉人。对方当事人不提出答辩状的，不影响法院审理。原审法院收到上诉状、答辩状，应在 5 日内连同全部案卷和证据，报送第二审法院。

二审法院对上诉案件审理，应当组成合议庭，开庭审理。经过阅卷和调查，询问当事人，在事实核对清楚后，合议庭认为不需要开庭审理的，也可以进行判决、裁定。二审法院应当对上诉请求的有关事实和适用法律进行审查。二审法院对上诉案件的处理，有四种结果：原判决认定事实清楚，适用法律正确的，判决驳回上诉，维持原判；原判决适用法律错误的，依法改判；原判决认定事实错误，或者原判决认定事实不清，证据不足，裁定撤销原判决，发回原审法院重审，或者查清事实后改判；原判决违反法定程序，可能影响案件正确判决的，裁定撤销原判决，发回原审法院重审。

二审法院审理上诉案件，可进行调解。调解达成协议，应当制作调解书，由审判人员、书记员签署，加盖法院印章。调解书达成后，原审法院的判决即视为撤销。二审法院判决宣告前，上诉人申请撤回上诉的，则不需由第二审法院裁定。

法院审理对判决的上诉案件，应当在第二审立案之日起 3 个月内审结。有特殊情况需要延长的，由本院院长批准。法院审理对裁定的上诉案件，应当在第二审立案之日起 30 日内作出终审裁定。

⑤审判监督程序

审判监督程序，亦称再审程序，是指法院对确有错误的，已经发生法律效力的判决、裁定或调解协议，依照法律规定再行审理的程序。再审程序非每一个案件的必经程序，只是法院为纠正已经发生法律效力的错误裁判或调解协议所适用的一种补救程序。

再审程序的发生有以下三种情况。

第一，法院依审判监督程序决定再审。法院对已经发生法律效力且确有错误的裁判，可依一定程序提起再审。各级法院院长对本院已经发生法律效力的判决、裁定确有错误，认为需要再审的，应当提交审判委员会讨论决定再审。最高人民法院对地方各级法院已经发生法律效力的判决、裁定，上级法院对下级法院已经发生法律效力的判决、裁定，发现确有错误的，有权提审或者指令下级法院再审。

第二，当事人申请再审。当事人对已经发生法律效力的判决、裁定，认为有错误的，可以向上一级法院申请再审。当事人的申请符合下列情形之一的，法院应当再审：有新的证据，足以推翻原判决、裁定的；原判决、裁定认定的基本事实缺乏证据证明的；原判决、裁定认定事实的主要证据是伪造的；原判决、裁定认定事实的主要证据未经质证的；对审理案件需要的证据，当事人因客观原因不能自行收集，书面申请法院调查收集，法院未调查收集的；原判决、裁定适用法律确有错误的，或违反法律规定，管辖错误的；审判组织的组成不合法或者依法应当回避的审判人员没有回避的；无诉讼行为能力人未经法定代理人代为诉讼或者应当参加诉讼的当事人，因不能归责于本人或者其诉讼代理人的事由，未参加诉讼的；违反法律规定，剥夺当事人辩论权利的；原判决、裁定遗漏或者超出诉讼请求的，或者据以作出原判决、裁定的法律文书被撤销或者变更的。

对违反法定程序可能影响案件正确判决、裁定的情形，或者审判人员在审理该案件时有贪污受贿、徇私舞弊、枉法裁判行为的，法院应当再审。当事人对已经发生法律效力的调解书，提出证据证明调解违反自愿原则或者调解协议的内容违反法律的，可以申请再审。经法院审查属实的，应当再审。

当事人申请再审，应当在判决、裁定发生效力后2年内提出，2年后据以作出原判决、裁定的法律文书被撤销或者变更，以及发现审判人员在审理该案件时有贪污受贿、徇私舞弊、枉法裁判行为的，自知道或者理应知道之日起3个月内提出。

第三，人民检察院抗诉提起再审。抗诉，是指人民检察院对法院已经生效的判决、裁定，发现确有错误的，要求法院再行审理，纠正错误的诉讼活动。最高人民检察院对各级法院已经发生法律效力的判决、裁定，上级人民检察院对下级人民检察院已经发生法律效力的判决、裁定，发现有法定需要提起抗诉情形的，应当提出抗诉。地方各级人民检察院对同级法院已经发生法律效力的判决、裁定，发现有法定需要提起抗诉情形的，应当提请上级人民检察院向同级法院提起抗诉。人民检察院决定对法院的判决、裁定提出抗诉的，应当制作抗诉书。人民检察院提出抗诉的案件，接受抗诉的法院应当自收到抗诉书之日起30日内作出再审的裁定，法院再审时，应当通知人民检察院派员出席法庭。

⑥执行程序

执行程序，是指负有义务的一方当事人拒不履行生效法律文书确定的义务，法院依法强制其履行义务所适用的程序。执行程序不是每个案件的必经

215

程序，仅是义务人不履行生效法律文书确定的给付义务时应权利人的申请或者审判员移送执行而发生的一种程序。权利人申请执行的期限为 2 年。申请执行时效的中止、中断，适用法律有关诉讼时效中止、中断的规定。

执行员接到申请执行书或者移交执行书，应向被执行人发出执行通知，责令其在指定的期间履行，逾期不履行的，强制执行。被执行人不履行法律文书确定的义务，并有可能隐匿、转移财产的，执行员可以立即采取强制执行措施。强制执行措施主要有：查询、冻结、划拨被执行人的存款；扣押、提取被执行人的收入；查封、扣押、冻结、拍卖、变卖被执行人的财产；搜查被执行人隐匿的财产；强制被执行人交付法律文书指定的财物或票证；强制被执行人退出房屋或退出土地；强制被执行人完成法律文书指定的行为；强制被执行人支付延迟履行金或者延迟履行期间的债务利息；采取或者通知有关单位协助采取限制出境措施；通过媒体公布其不履行义务的信息等。

三、"一带一路"国际商事争端解决机制新思路——中国国际商事法庭

（一）建立"一带一路"国际商事争端解决机制和机构的原则

2018 年 1 月 23 日，中共中央总书记、国家主席、中央军委主席习近平主持召开中央全面深化改革领导小组会议，审议通过了《关于建立"一带一路"国际商事争端解决机制和机构的意见》，积极促进"一带一路"国际合作，依法妥善化解"一带一路"建设过程中产生的商事争端，平等保护中外当事人合法权益，努力营造公平公正的营商环境，为推进"一带一路"建设、实行高水平贸易和投资自由化便利化政策、推动建设开放型世界经济提供更加有力的司法服务和保障。并指出，建立"一带一路"国际商事争端解决机制和机构，应当遵循以下原则。

1. 坚持共商共建共享原则。保持开放包容心态，倡导"一带一路"建设参与国精通国际法并熟练掌握本国法的专家积极参与，尊重当事人选择国内外法律专家解决纠纷的权利，使"一带一路"国际商事争端解决机制凸显国际化特征、体现共商共建共享精神。

2. 坚持公正高效便利原则。研究借鉴现行国际争端解决机制有益做法，

设立符合"一带一路"建设参与国国情特点并被广泛接受的国际商事争端解决新机制和机构，公正地、高效地、便利地解决"一带一路"建设过程中产生的跨境商事纠纷。

3. 坚持尊重当事人意思自治原则。尊重"一带一路"建设参与国当事人协议选择纠纷解决方式、协议选择其熟悉的本国法或第三国法律的权利，积极适用国际条约、国际惯例，平等保护各方当事人合法权益。

4. 坚持纠纷解决方式多元化原则。充分考虑"一带一路"建设参与主体的多样性、纠纷类型的复杂性以及各国立法、司法、法治文化的差异性，积极培育并完善诉讼、仲裁、调解有机衔接的争端解决服务保障机制，切实满足中外当事人多元化纠纷解决需求。通过建立"一带一路"国际商事争端解决机制和机构，营造稳定、公平、透明、可预期的法治化营商环境。

（二）国际商事法庭的特色

国际商事法庭是最高人民法院设立的专门处理国际商事纠纷的常设审判机构，案件审理由三名或者三名以上法官组成合议庭进行。国际商事法庭实行一审终审制，作出的判决、裁定是发生法律效力的判决、裁定。国际商事法庭的主要特色有如下几方面。

1. 聘请精通国际法并熟练掌握本国法、具有丰富实务经验和较高国际声誉的中外法律专家组成国际商事专家委员会。

2. 法官在最高人民法院在具有丰富审判工作经验，熟悉国际条约、国际惯例以及国际贸易投资实务，能够同时熟练运用中文和英文作为工作语言的资深法官中选任。

3. 国际商事法庭处理平等主体之间的国际商事纠纷。

4. 国际商事法庭以公正、高效、便利、低成本为目标。国际商事法庭建立了信息化的工作平台，当事人可以通过这个平台，比如说交换相应的证据，甚至通过网络化的方式开庭及送达、电子送达等信息化手段为当事人的诉讼提供更大方便，节约诉讼时间，缩短诉讼周期，以达到便利化、快捷化和低成本的效果。

5. 采取一审终审制。

6. 推动诉讼、调解、仲裁有机衔接，形成便利、快捷、低成本的"一站式"争端解决平台。为了满足当事人的多元纠纷解决需求，根据当事人的意愿，可以由国际商事法庭委托国际商事专家委员会的成员、国际商事调解机构对国际商事争议进行调解，充分发挥调解解决纠纷的作用。国际商事法庭支持具备条件、在国际上享有良好声誉的国内仲裁机构开展涉"一带一路"国际商事仲裁，我国法院将依法提供财产保全、证据保全等方面的司法支持，国际商事法庭引导支持当事人采用多元化纠纷解决机制解决纠纷，形成调解、仲裁与诉讼的有机衔接、功能互补的多元纠纷解决机制。

7. 积极推动国际民商事司法协助工作，促进国际司法协助机制高效畅通。

8. 充分运用信息化手段，实现网上调解、网上证据交换、网上开庭，将"智慧法院"成果贯穿运用于国际商事纠纷解决机制。

设立这样一个争端解决机制，主要是为当事人快速、便捷地解决纠纷搭建一个平台，形成这样一个机制。事实上，现在很多国家也在做这方面的工作，比如说新加坡、哈萨克斯坦、阿联酋等国家都建立了解决国际商事纠纷的机构，中国设争端解决机制，与目前存在的国际争端解决机构并行不悖，是这个大家庭中的成员之一。从另外一个角度来说，即便是中国现在设立了这样一个机制，对现有的争端解决方面的各种机构，还是要持尊重、支持的态度。比如说这些机构作出的相应裁决或者相应法律文书，中国会按照国际条约的规定，在中国依法及时承认和执行。

（三）国际商事法庭的受案范围

界定国际商事案件，应该把握两个尺度。第一个尺度，民商事纠纷，是平等主体之间的民商事纠纷。第二个尺度，具有涉外因素，所谓涉外因素，具有下列情形之一的商事案件，可以认定为国际商事法庭所称的国际商事案件：当事人一方或者双方是外国人、无国籍人、外国企业或者组织的；当事人一方或者双方的经常居所地在中华人民共和国领域外的；标的物在中华人民共和国领域外的；产生、变更或者消灭商事关系的法律事实发生在中华人民共和国领域外的。

根据规定，国际商事法庭受理下列案件。

1. 当事人依照民事诉讼法第三十四条的规定协议选择最高人民法院管辖且标的额为人民币 3 亿元以上的第一审国际商事案件。

2．应当由高级人民法院受理的第一审国际商事案件，但是高级人民法院认为需要由最高人民法院审理且经过最高人民法院准许的。

3．在全国有重大影响的第一审国际商事案件。

4．在国际商事争端解决机制的框架内进行仲裁的案件，当事人申请国际商事法庭进行财产保全、申请撤裁、申请执行仲裁裁决的案件。

5．最高人民法院认为应当由国际商事法庭审理的其他国际商事案件。

国际商事法庭排除另外两类案件：一类是国与国之间的贸易或投资争端；一类是东道国和投资者之间的投资争端。这两类按照现有国际上的争端解决规则来解决。

（四）国际商事法庭专家委员会

国际商事专家委员会是一项重大制度创新。国际商事专家委员会选任的专家委员包括中国及"一带一路"沿线国家等国内外的专家学者，来自不同法系、不同国家、不同地区的专家委员组成国际商事专家委员会，具有广泛国际性、代表性以及中立性、专业性。所选聘的专家委员应当在国际贸易法、国际投资法等领域具备深厚功底，在司法和仲裁实务界具有公认的影响力，专家委员可以接受国际商事法庭的委托，主持调解，就国际商事交易的规则进行解释，以及为域外法律的查明和适用提供专家咨询意见，被认为是外国法官的合理替代。

2018年8月24日，最高人民法院发布《关于成立国际商事专家委员会的决定》。来自14个国家和地区的31名专家委员群策群力，为建立健全国际商事争端解决机制贡献智慧。

2018年12月5日，最高人民法院组织召开国际商事纠纷多元化解决机制座谈会，发布并正式施行《最高人民法院办公厅关于确定首批纳入"一站式"国际商事纠纷多元化解决机制的国际商事仲裁及调解机构的通知》《最高人民法院国际商事法庭程序规则（试行）》《最高人民法院国际商事专家委员会工作规则（试行）》三项规范性文件。

其中，《最高人民法院办公厅关于确定首批纳入"一站式"国际商事纠纷多元化解决机制的国际商事仲裁及调解机构的通知》确定中国国际经济贸易仲裁委员会、广东深圳国际仲裁院、上海国际经济贸易仲裁委员会、北京仲裁委员会、中国海事仲裁委员会 5 家国际商事仲裁机构，以及中国国际贸易促进委员会调解中心、上海经贸商事调解中心两家国际商事调解机构作为首批纳入"一站式"国际商事纠纷多元化解决机制的仲裁和调解机构，为形成"一站式"国际商事多元化纠纷解决机制提供了明确的制度保障。

四、争端解决机制的完善

最高人民法院所设计的建立在国际商事法庭和国际商事专家委员会基础上的"一站式、多元化争端解决平台"，可望成为世界上第一个真正把诉讼、仲裁和调解机制性、系统性整合在一起的一体化平台，是第一次真正要把诉讼、仲裁、调解有机地融合到一个协调统一机制的"融解决"纠纷解决方案。这不仅充分地借鉴了现有国际商事法庭的先进经验，顺应了当前争端解决"融合化"的趋势，而且走得更远，更具创意，展示了中国的体制优势。展望未来，最高人民法院国际商事法庭需要进一步明确管辖范围，更加充分地发挥专家委员会作用，完善"三位一体"的"融解决"机制，为世界商事争端解决贡献更完备、更有吸引力的"中国方案"。建立一套全新的高端国际化争端解决机制并非易事，在中国这样一个在国际上举足轻重的国家创设这样一套机制更属不易。

2019 年 4 月 29 日，最高人民法院第一国际商事法庭就原告广东本草药业集团有限公司与被告贝思迪大药厂产品责任纠纷一案；2019 年 5 月 15 日，最高人民法院第二国际商事法庭就原告泰国华彬国际集团公司与被告红牛维他命饮料有限公司及第三人红牛维他命饮料（泰国）有限公司股东资格确认纠纷一案，以及原告泰国华彬国际集团公司与被告红牛维他命饮料有限公司及第三人英特生物制药控股有限公司股东资格确认纠纷一案。除公开庭审的两起案件外，目前国际商事法庭已经受理了涉及日本、意大利、泰国等国家当事人在内的一批案件，已有部分案件进行了庭前会议、询问等程序。

最高人民法院国际商事法庭在一年之内不仅完成了制度与机构框架的初创，而且开始了第一批案件的实质性公开庭审，这一速度较之其他国际商事法庭堪称"迅速"。"万事开头难"，最高人民法院国际商事法庭在第一年克服了种种困难，取得了突出的成绩，堪称精彩开局。展望未来，为更充分、有效发挥最高人民法院国际商事法庭的作用，在此提出以下几点参考建议。

第一，进一步明确管辖范围，实现对纯粹国际案件的有效管辖。一方面，最高人民法院国际商事法庭对纠纷进行管辖的"国际性"标准亟待明确和细化，与涉外民事诉讼中"具有涉外因素"的内涵和外延应有所区分；另一方面，协议管辖中的"实际联系"要求也亟须突破，以确保最高人民法院国际商事法庭可以受理与我国没有具体联系的纯粹"国际性"商事案件。

第二，充分发挥专家委员作用，使其更多地参与商事争端的仲裁与调解。国际商事专家委员会机制是最高人民法院国际商事法庭最显著的创新所在，也是国际争端解决界最为关注的一项机制。目前这一机制发挥的作用比较有限，已明确规范的业务性功能仅限于审前调解一项。考虑到审前调解20天的时限要求，其真正发挥作用的实际空间更为有限。未来需要认真考虑如何更充分、更实质性地发挥专家委员的作用，让专家委员更多、更直接地开展独立的仲裁与调解活动，使各位专家委员在争端解决方面的专长和国际影响力得到最充分的发挥，从而更有效地服务最高人民法院国际商事法庭。

第三，完善机制衔接，打造国际商事争端"融解决"大平台。最高人民法院国际商事法庭及其"一站式"争端解决机制的终极目标，应该是一个集仲裁、调解、诉讼等方面最优质资源的国际商事争端解决平台。在平台里，不同争端解决机构与模式之间可以自由切换，实现无缝对接。核心是服务于争端当事人，努力实现以最低的成本获得最优质的争端解决服务。设计这样一个集约的大平台，有两个方面需要重点考虑：一是案件在平台内不同纠纷解决方式间的切换机制；二是相应的收费及其流转与分配机制。当这些衔接的机制和细节明确到位，参与其中的各方齐心、协作共进，最高人民法院国际商事法庭及其"一站式"平台充分发挥作用，拓展乃至引领"一带一路"与世界商事争端解决发展完善，为期当不会太远。

最高人民法院《关于设立国际商事法庭若干问题的规定》（以下简称《规定》）中指出，国际商事法庭当事人协议管辖，需符合协议选择法院与本国有"实际联系"的要求，与目前其他国家国际商事法庭的管辖标准有所不同。从国际商事法庭的发展实践而言，当事人来自不同国家并希望指定中立的第三国解决争议时，最有可能选择国际商事法庭。就我国国际商事法庭而言，未来也应考虑放弃协议管辖对实际联系的要求。但为平衡起见，可赋予法庭拒绝管辖的权利。在诉讼程序的便利化方面，需要继续关注和完善以下几个方面的问题。

第一，程序的自治和法定问题。我国国际商事法庭的自治主要体现在允许当事人的协议管辖并优先适用当事人选择的法律。未来可考虑允许当事人申请指定个别法官、允许当事人申请指定专家委员进行外国法的查明等。

第二，兼顾程序的公正与效率。我国国际商事法庭在证据方面已有创新。例如，对域外证据不做公证认证的强制性要求，经对方当事人同意可以不提交英文证据材料的中文翻译件等。我国国际商事法庭实行一审终审，就保证案件公正性而言，需要严格设定法官的选任标准及合议庭的组成，并明确合议庭少数意见可以在裁判文书中载明。这对于推动裁判文书的细致说理、提升审判质量有积极影响。

第三，关于程序的公开性与私密性。我国国际商事法庭的案件审判要充分坚持司法公开原则，在委托调解之外的其他阶段，除非涉及国家机密、个人隐私或法律另有规定的情形，程序应公开进行。

提供便捷、高效、低成本的"一站式"争议解决机制，是中国国际商事法庭区别于其他国家国际商事法庭的特色之一。2018 年 7 月 1 日起正式实施的《规定》第十一至十七条，就调解、仲裁、诉讼三种方式如何"有机衔接"、当事人如何通过"一站式"争议解决平台获得便利，提供了较为细化的规定。

就调解与诉讼的"有机"衔接而言，选择调解方式解决争议的当事人，可以在调解达成以后，直接请求国际商事法庭制作判决书，从而形成有效的判决。向国际商事法庭提起诉讼的当事人，也可以在提起诉讼后，将争议交由国际商事专家委员会成员或国际商事调解机构进行调解。就仲裁与诉讼的"有机"衔接而言，选择仲裁方式解决争议的当事人，可以在仲裁前或程序开始后，向国际商事法庭请求证据、财产或行为保全。由国际商事仲裁机构作出的仲裁裁决，可以直接向国际商事法庭请求撤销或者执行。

"一站式"纠纷解决机制不仅为国际商事争议的当事人提供了便利和多种选择，也提供了跨越传统地域管辖和级别管辖、直达最高人民法院的"直通车"，从而避免了可能产生的地方保护主义，有利于维护国际商事争议解决的质量和一致性。值得注意的是，和中国传统文化相一致，"一站式"纠纷解决机制同样鼓励当事人先考虑通过调解方式解决争议，调解不成，再通过诉讼或仲裁的方式解决。

参考文献

［1］《一带一路沿线国家法律风险防范指引》系列丛书编委会．一带一路沿线国家法律风险防范指引（印度尼西亚）［M］．北京：科学经济出版社，2017．

［2］《一带一路沿线国家法律风险防范指引》系列丛书编委会．一带一路沿线国家法律风险防范指引（菲律宾）［M］．北京：科学经济出版社，2017．

［3］《一带一路沿线国家法律风险防范指引》系列丛书编委会．一带一路沿线国家法律风险防范指引（埃及）［M］．北京：科学经济出版社，2016．

［4］《一带一路沿线国家法律风险防范指引》系列丛书编委会．一带一路沿线国家法律风险防范指引（新加坡）［M］．北京：科学经济出版社，2017．

［5］《一带一路沿线国家法律风险防范指引》系列丛书编委会．一带一路沿线国家法律风险防范指引（越南）［M］．北京：科学经济出版社，2019．

［6］《一带一路沿线国家法律风险防范指引》系列丛书编委会．一带一路沿线国家法律风险防范指引（老挝）［M］．北京：科学经济出版社，2017．

［7］《一带一路沿线国家法律风险防范指引》系列丛书编委会．一带一路沿线国家法律风险防范指引（印度）［M］．北京：科学经济出版社，2019．

［8］《一带一路沿线国家法律风险防范指引》系列丛书编委会．一带一路沿

线国家法律风险防范指引（马尔代夫）［M］.北京：科学经济出版社，
2017.

［9］《一带一路沿线国家法律风险防范指引》系列丛书编委会.一带一路
沿线国家法律风险防范指引（伊朗）［M］.北京：科学经济出版社，
2017.

［10］《一带一路沿线国家法律风险防范指引》系列丛书编委会.一带一路
沿线国家法律风险防范指引（俄罗斯）［M］.北京：科学经济出版社，
2016.

［11］《一带一路沿线国家法律风险防范指引》系列丛书编委会.一带一路
沿线国家法律风险防范指引（白俄罗斯）［M］.北京：科学经济出版社，
2016.

［12］《一带一路沿线国家法律风险防范指引》系列丛书编委会.一带一路
沿线国家法律风险防范指引（哈萨克斯坦）［M］.北京：科学经济出
版社，2017.

［13］《一带一路沿线国家法律风险防范指引》系列丛书编委会.一带一路
沿线国家法律风险防范指引（马来西亚）［M］.北京：科学经济出版社，
2017.

［14］《一带一路沿线国家法律风险防范指引》系列丛书编委会.一带一路
沿线国家法律风险防范指引（沙特阿拉伯）［M］.北京：科学经济出
版社，2015.

［15］敬云川，谢辰阳.“一带一路”案例实践与风险防范·法律篇［M］.北京：
海洋出版社，2017.

［16］中华全国律师协会.“一带一路”沿线国家法律环境国别报告（第一卷）
［M］.北京：北京大学出版社，2017.

［17］中华全国律师协会.“一带一路”沿线国家法律环境国别报告（第二卷）
［M］.北京：北京大学出版社，2017.

［18］中华全国律师协会.“一带一路”沿线国家法律环境国别报告（第三卷）
［M］.北京：北京大学出版社，2019.

［19］中华全国律师协会.“一带一路”沿线国家法律环境国别报告（第一卷）

［M］.北京：北京大学出版社，2018.

［20］韩玉军.国际商法（第2版）［M］.北京：中国人民大学出版社，2017.

［21］理查德·谢弗，菲利伯多·阿格斯蒂，卢西思·杜格，贝弗利·厄尔.国际商法（第8版）［M］.韩永红译.北京：中国人民大学出版社，2018.

［22］彭江，陈功.一带一路沿线国家贸易投资法［M］.厦门：厦门大学出版社，2018.

［23］林秀芹.一带一路著作权法律制度研究［M］.北京：知识产权出版社，2019.

［24］辛先章.国际投资争端解决机制研究［M］.辽宁：东北财经大学出版社，2014.

［25］卫德佳，王佳佳."一带一路"背景下油气国际合作法律制度的完善［J］.西南石油大学学报（社会科学版），2019（9）.

［26］陈建军，曹倩倩."一带一路"国际投资争端解决机制完善思考［J］.山西高等学校社会科学学报，2019（6）.

［27］牛涵，季金华."一带一路"争端解决机制的构建路径——以欧盟先予裁决制度为参照［J］.法治论坛，2019（6）.

［28］宋锡祥，田聪."一带一路"视野下国际商事争端解决机制的构建［J］.海峡法学，2019（6）.

［29］龚柏华，何力，陈力."一带一路"投资的国际法［J］.《上海法学研究》集刊，2019（4）.

［30］徐艺宛."一带一路"倡议下涉外商事争端解决机制问题研究［D］.郑州：郑州大学，2019（5）.

［31］裴普，冯倩倩."一带一路"中的司法服务与保障［J］.人民法治，2019（4）.

［32］徐晓楠，朱名仁.中国与"一带一路"沿线国家所签订的双边航空运输协定研究——以航空运输自由化为视角［J］.法制与社会，2019（4）.

［33］翟语嘉．"21 世纪海上丝绸之路"框架下能源通道安全保障法律机制探究［J］．法学评论，2019（3）．

［34］刘敬东．全面开放新格局的国际法治内涵与路径［J］．经贸法律评论，2019（2）．

［35］张心宇．"一带一路"建设相关法律问题研究［J］．法制博览，2019（2）．

［36］伍红梅．"一带一路"国际商事争端解决机制之构建［A］．司法体制综合配套改革与刑事审判问题研究——全国法院第 30 届学术讨论会获奖论文集（上）［C］．北京：人民法院出版社，2019.

［37］王晓青．"一带一路"背景下国际投资争端解决机制研究［M］．兰州：兰州大学出版社，2019（3）．

［38］贾瑞．"一带一路"背景下中国双边投资准入模式的选择［M］．天津：天津大学出版社，2018（5）．

［39］新浪网［EB/OL］．http：//news.sina.com.cn/sf/news/fzrd/2019-08-28/doc-ihytcitn2564128.shtml.

［40］中共中央办公厅，国务院办公厅印发《关于建立"一带一路"国际商事争端解决机制和机构的意见》［EB/OL］．http：//www.gov.cn/xinwen/2018-06/27/content_5301657.htm.

［41］经济日报网站［EB/OL］．https：//baijiahao.baidu.com/s?id=1673526806387671087&wfr=spider&for=pc.

［42］中国一带一路网［EB/OL］．https：//www.yidaiyilu.gov.cn/xwzx/roll/77298.htm（最后访问日期：2021 年 2 月 19 日）．

［43］中国一带一路网［EB/OL］．https：//www.yidaiyilu.gov.cn/jcsjpc.htm（最后访问日期：2021 年 2 月 19 日）．

［44］人民法院报［EB/OL］．http：//rmfyb.chinacourt.org/paper/html/2018-06/29/content_140606.htm?div=-1.

［45］百度百科［EB/OL］．https：//baike.baidu.com/item/%E6%B3%A2%E7%BD%97%E7%9A%84%E6%B5%B7%E4%B8%89%E5%9B%BD/4324121?fr=aladdin.

［46］商务部网站［EB/OL］. http：//www.mofcom.gov.cn/article/i/jyjl/j/201712/20171202683395.shtml.

［47］中国驻缅甸经商处网站［EB/OL］. http：//mm.mofcom.gov.cn/article/jmxw/201808/20180802771711.shtml